母校因你而绚丽

沈建华 等◎主编

中国水利水电出版社
www.waterpub.com.cn
·北京·

图书在版编目（CIP）数据

母校因你而绚丽 / 沈建华等主编. -- 北京 : 中国水利水电出版社, 2018.9
ISBN 978-7-5170-6994-2

Ⅰ. ①母… Ⅱ. ①沈… Ⅲ. ①浙江水利水电学院—校友—回忆录 Ⅳ. ①G649.285.51

中国版本图书馆CIP数据核字(2018)第225150号

书　　名	**母校因你而绚丽** MUXIAO YIN NI ER XUANLI
作　　者	沈建华 等 主编
出版发行	中国水利水电出版社 （北京市海淀区玉渊潭南路 1 号 D 座　100038） 网址：www.waterpub.com.cn E-mail：sales@waterpub.com.cn 电话：（010）68367658（营销中心）
经　　售	北京科水图书销售中心（零售） 电话：（010）88383994、63202643、68545874 全国各地新华书店和相关出版物销售网点
排　　版	北京时代澄宇科技有限公司
印　　刷	天津嘉恒印务有限公司
规　　格	184mm×260mm　16 开本　19.5 印张　328 千字
版　　次	2018 年 9 月第 1 版　2018 年 9 月第 1 次印刷
印　　数	0001—5500 册
定　　价	**79.00** 元

本书编委会

序

书声琅琅六五载，薪火熠熠耀乾坤。学风浓郁的浙江水利水电学院，历来强调学生的培养质量。从建校以来，学校始终秉持“立德树人”的办学宗旨，为浙江省乃至我国的水利事业和地方经济建设培养了一批又一批的优秀人才，不少校友已成为优秀的专家、学者、企业家、管理人才和工匠型应用技术人才。

最近这二十年，学校发展尤为迅速。从岁月沧桑的老校区迁址万象更新的新校区，升格更名为本科院校“浙江水利水电学院”，成为浙江省与水利部共建高校，获评全国文明单位，高质量通过学士学位授予权评审，等等。一桩桩大事、喜事推动着学校发展的历史车轮滚滚向前，一代又一代的优秀学子也孕育而出。

学校培育了一大批专业技术和管理人才，他们活跃在祖国建设的各条战线，有的是“五水共治”工作组骨干成员，有的是“百项千亿”工程负责人，有的是勇于开拓创新的企业家，有的是勤勤恳恳服务在各行各业的一线工作人员……他们贡献着自己的聪明才智，在美丽浙江、美丽中国的各大战场上建功立业，为母校赢得了良好声誉和无上荣光。

为反映优秀校友的成长成才事迹和思想结晶，集中展示学校办学理念和优良传统在校友人生历程中的巨大作用，激励广大在校学子拼搏进取，学校曾分别于 2005 年和 2008 年编撰出版了《离开母校的日子》（校友风采录专辑一）和《风帆从母校启航》（校友风采录专辑二），展示了一大批优秀老校友的事迹和风采。今年，正值学校建校65周年，我们延续专辑一、专辑二的基本体例，编写出版《母校因你而绚丽》（校友风采录专辑三）一书，集中展现了多位优秀校友与母校难舍难分的绵长深情，分享优秀校友们的成长历程与人生体悟，以不断传承水利文化，弘扬学校精神，展现校友风采，激励学生成长成才。同时，为学校65周年华诞献上一份殷殷的精神食粮。

本书收录了65位不同年代、不同院系、不同专业优秀校友的成长故事。他们是实干当先、扎根基层、恪尽职守的一线员工，是心怀家国、为民服务、不辞辛劳的公务人员，是敢为人先、艰苦奋斗、坚持不懈的创业人员，是追求卓越、内外兼修、勇攀高峰的管理人员……

贺水院六五沧桑，勉青年继往开来。这些奋斗在各行各业的优秀校友，以生动的奋斗历程诠释着"博学求实"的校训，传承着"自强、务实、尚德、求真"的学校精神。他们是学校发展进程中的无形资产和宝贵财富。母校感谢他们，为他们感到骄傲！

本书编写时间紧、任务重，感谢所有提供信息的师生和各地区校友分会的大力支持！

党委书记：

校　　长：

2018年8月

目录

序

锐意进取　默默劳作

——记 1989 级电气 16 班校友、华东师范大学哲学系教授刘梁剑　/1

你的能量超乎你的想象

——记 1990 级水动专业校友、杭州宝润机电设备安装有限公司董事长程飞　/7

像山一样做事，像水一样做人

——记 1991 级水工 24 班校友、浙江省永嘉县水利局局长黄金锡　/11

做个创业的追梦人

——记 1993 级农专 1 班校友、浙江四维水利设计有限公司董事长蒋小浦　/16

路漫漫其修远兮　吾将上下而求索

——记 1996 级管专校友、杭州酷丞网络科技有限公司董事长金浩　/21

越勤奋越充实，越努力越幸运

——记 1996 级机专 8 班校友、平安保险公司销售经理吴兴财　/26

不忘初心　勇于创新

——记 1997 级电专 4 班校友、杭州市拱墅区公安分局流动人口服务管理综合协调科科长薛承余　/30

追逐风雨潮水的水利人

——记 1998 级电高 2 班校友，全国水利技术能手、浙江省技术能手、浙江金蓝领万志军　/36

做一个平凡的人

——记 1998 级电专 12 班校友、淳安千湖口腔医院有限公司/杭州欧丹口腔门诊部有限公司总经理黄淑萌　/40

徐徐而行，立志成才

——记 1999 级汽车专业校友、浙江农资集团金诚汽车有限公司徐立 /44

工程数字化建设之路的积极探索者

——记 1999 级电高职 01 班校友、中国电建华东勘测设计研究院有限公司子公司浙江华东工程数字技术有限公司副总经理邓新星 /48

干一行 爱一行

——记 2000 级水本专业校友、绍兴市越城区蕺山街道党工委书记童云英 /54

一个勤于付出 敢于担当 勇于奉献的基层水利人

——记 2000 级水本专业校友、普陀区东港街道办事处副主任汤法利 /59

做一头基层水利的老黄牛

——记 2000 级水本专业校友、舟山市普陀区农林水利围垦局高工胡建跃 /64

行业开拓者

——记 2000 级造价专业校友、杭州良忆创社信息科技有限公司 CEO、行行造价创始人徐海军 /68

不忘水电 逐梦前行

——记 2000 级电力 01 班校友、高知特信息技术有限公司销售总监金春 /73

爱岗敬业 实现价值

——记 2000 级电力 01 班校友、杭州继高电力技术有限公司总经理王定富 /77

不忘匠心 方得始终

——记 2000 级电力 01 班校友、浙江省送变电工程公司继保室主任俞林广 /81

奋斗的青春最美丽

——记 2002 级水本专业校友、长兴县水口乡乡长刘文献 /85

迎头而上 不惧风雨

——记 2002 级房屋建筑专业校友、杭州建业建筑设计事务所温州分所常务副所长朱清浦 /90

环保行业的领军者

——记 2002 级给水专业校友、清华控股集团有限公司启迪桑德副总经理周炬锋 /94

勤学苦干 求是创新

——记 2002 级机电专业校友、杭州恒信电气有限公司总经理王彤东 /98

学以致用 用以致学

——记 2002 级商务 2 班校友、浙江开盛电气有限公司总经理刘宪明 /102

不鸣则已，一鸣惊人

——记 2003 级房建 2 班校友、永嘉县真山园林工程有限公司董事长、永嘉县第十届政协委员陈候 /106

绝知此事要躬行

——记 2003 级房建专业校友、杭萧钢构股份有限公司一级项目经理黄耀辉 /110

深深扎根工地的“寻常人”

——记 2003 级测量 1 班校友、上海隧道工程有限公司项目经理方杰 /115

测绘心　责任心　立人心

——记 2003 级测绘 1 班校友、浙江省河海测绘院计划经营科副科长凌佳 /119

行成于思，业精于勤

——记 2003 级机电一体化专业校友、杭州娃哈哈集团有限公司部门经理毛伟栋 /124

认认真真做事　踏踏实实做人

——记 2003 级商务专业校友、浙江物产物流投资有限公司佛山分公司总经理助理张慧麟 /128

用自己的双手铸造梦想

——记 2004 级测量专业校友、浙江华东测绘地理信息有限公司舟山分公司总经理翁剑帆 /132

献身、负责、求实的道桥人

——记 2004 级道桥专业校友、浙江银润休闲旅游开发有限公司工程副总监杨锦 /136

艺术设计的心与感恩母校的魂

——记 2004 级建筑装饰工程技术专业校友、杭州“一梵设计”工作室设计总监林金波 /141

扬起梦想的风帆，驶向幸福的彼岸

——记 2004 级软件技术 2 班校友、杭州伊晨电子商务有限公司 CEO 王建新 /146

年轻不是不成功的借口，十年足矣

——记 2005 级道桥专业校友、浙江大舜公路建设有限公司安全部经理王海涛 /151

坚定信念　砥砺前行

——记 2005 级模具专业校友、英格斯模具制造（中国）有限公司设计部经理周峰 /156

自强者胜　自胜者强
——记 2005 级市场营销专业校友、松阳县公安局团委书记兼办公室副主任叶冬军　/160
面对困难　请保持微笑
——记 2006 级电力 1 班校友、中国电力传媒集团浙江区域负责人顾卫锋　/166
坚持奋斗初心　重燃创业梦想
——记 2006 级电信 1 班校友、杭州莱宸科技创业合伙人吴德　/172
立鸿鹄志　做奋斗者
——记 2006 级营销 2 班校友、杭州牛墨科技有限公司首席运营官杨跃仁　/176
公路上的青春
——记 2007 级道桥专业校友、浙江省丽水市莲都区公路管理局副局长沈凯　/181
情系母校　不忘初心
——记 2007 级电气 2 班校友、宁波白溪电站运行值长赵佑军　/186
做自己眼中的文化人，做学生眼中的领航人
——记 2007 级企管 1 班校友、浙江水利水电学院辅导员吴伟泉　/191
脚踏实地　行成于思
——记 2007 级企管专业校友、浙江富春江光电科技有限公司
人事秘书科科长王爽　/196
平凡人生亦含饴
——记 2007 级数媒 2 班校友、杭州瞄眼网络科技有限公司
执行董事王勇民　/200
学会把握每一个人生的转折点
——记 2008 级机电专业校友、杭州杰廷服饰有限公司总经理邱华华　/204
不忘砥砺前行　书写无悔青春
——记 2008 级电力 2 班校友、国网浙江省衢州供电公司计量室团支部副书记
汪如毅　/208
悠悠寸草心　难以报春晖
——记 2008 级风电 1 班校友、浙江续航新能源科技有限公司研发二部经理蒋建东　/214
对自己负责
——记 2008 级电气 02 班校友、杭州美仪营销中心副总兼市场部经理郑功尧　/218
忆往昔峥嵘岁月，看今朝美好时光
——记 2008 级风电 1 班校友、杭州联华华商集团有限公司鲸选执行总监姜飞勇　/222

男儿志兮天下事，但有进兮不有止
——记 2008 级计算机应用技术 1 班校友、阳光雨露信息技术服务（北京）有限公司杭州服务部经理郑超 /225
拼搏进取　勇闯天涯
——记 2009 级电信 1 班校友、杭州银行余杭支行个人业务主管方正 /230
心有所向　用之以行
——记 2009 级物流 1 班校友、杭州瑞康冷链物流有限公司总经理王振林 /234
敢于拼搏的筑梦者
——记 2010 级建筑设备专业校友、浙江“至梦餐饮”有限公司创始人谢永亮 /238
路虽弥，不行不至
——记 2010 级测量 1 班校友、杭州市勘测设计研究院项目负责人李永亮 /243
做一名实干家
——记 2010 级给水专业校友、杭州市水务集团城西分公司团总支书记、营业管理科副科长李光跃 /247
漫漫求学路，深深校友情
——记 2010 级模具专业校友、杭州老板电器股份有限公司培训总监陈毕成 /252
投身乡村振兴的梦想家
——记 2010 级商务英语专业校友、杭州搜沙网络有限公司总经理张峰 /256
杭州路桥，因为有你而更加绚烂
——记 2011 级道桥专业校友、杭州市路桥集团股份有限公司团委副书记汪天福 /261
不忘初心的 90 后
——记 2011 级市场营销（中新合作）专业校友、浙江省公安厅高速交警总队温州支队民警胡兴隆 /266
逆风奔跑的追梦者
——记 2011 级计算机信息管理（中新合作）专业校友、浙江笑眯眯电子商务有限公司总经理何郑峰 /272
博观约取，厚积薄发
——记 2012 级计算机信息管理（中新合作）专业校友、中国人寿浙江省总公司信息技术部吕叶晖 /277

青春，在奉献中闪光

——记 2012 级计算机信息管理（中新合作）专业校友、温州市烟草专卖泰顺分局（分公司）饶正航 /281

扎根环材　奋斗不止

——记 2013 级工管 01 班校友、杭州稳牛建材有限公司总经理朱少波 /286

心怀灯塔　穿越迷雾

——记 2014 级计算机信息管理专业校友、合肥神之梯文化科技有限公司赛事总监程天泽 /291

以肌肤之柔，展创业之美

——记 2014 级市场营销（中新合作）专业校友、浙江淳尔生物科技有限公司董事长陈诺涵 /296

锐意进取　默默劳作

——记 1989 级电气 16 班校友、
华东师范大学哲学系教授刘梁剑

明代大儒王阳明的“知行合一”说深入人心，而他对于“默之道”也有精辟的论述：“夫诚敏于行，而后欲默矣。”默子，是他用过的笔名，出自他笔下的文章，金声玉振，掷地有声。多年来，他见证着“博学求实”。他就是浙江水利水电学院 93 届电气 16 班校友刘梁剑。如今，他已在高等教育事业上默默耕耘了十年。

穆如清风，润物无声

“沉稳蕴藉，儒雅洒脱”，这是学生们对刘梁剑教学风格的感受。

水土养人。中国山水诗的故乡，千百年来宛转流淌着的楠溪江，给予了他最初的滋养。鲲鹏水击三千里，浪潮澎湃、自在奔涌的钱塘江，灌溉过他的心田。江河奔流不息，人的成长也是学无止境。1993 年水院毕业后，刘梁剑进入浙江水电安装公司做技术员。1997 年他参加高考，顺利进入华东师范大学哲学系。来到东海之滨沪上，九年寒窗，取得中国哲学博士学位，并留系任教。他沉稳蕴藉、儒雅洒脱的教学，给一批又一批学生留下了难忘的成长记忆。

至今，刘梁剑为本科生开设有十余门课程，为研究生开设有近十门课程，为留学生开设全英文课程三门，参编教材《中国哲学史》（中国人民大学出版社，2012年）等三部。在课堂教学上，他以“学习组织者”的自我定位，重视哲学原典的教化力量，以课堂讨论和小论文写作等为重要手段，努力实现“知”“思”“技”“道”四重课程学习目标。用心良苦的教学设计收获了极佳的课堂效果。

作为课堂教学的延续，毕业论文指导是培养学生专业兴趣、提升科研能力的重要途径。在刘梁剑的悉心指导下，诸多学生的论文取得了系级或校级“优秀毕业论文”的荣誉。此外，他还以合作的形式，鼓励并带领学生进行学术访谈、学术翻译、论文撰写等科研活动，在实践中提升学生的科研学术能力。

他获得华东师范大学2012年度实践创新“优秀指导教师”奖、哲学系2012“年度人物”奖、2014年度申银万国奖教金……这些对于一位高校教师的育人事业自是一种肯定。而育人事业之意义，对于刘梁剑而言，则是在于学生的成长以及教学相长，他以教学为人生一大乐事。

作为中国哲学专业的教师，刘梁剑深深服膺孔孟老庄的教学之道。孔子说，有教无类；孟子说，得天下英才而施教之，乐莫大焉；依老庄自然之道，每位学生都是生机勃勃的生命体，其心智、生存意境等都会自然生长。教学，在刘梁剑看来，是参赞天地之化育最切近的方式。有种东西叫做薪火相传，有种东西叫做生命在文化传承中的延续与拓展。教学相长，意味着理智在问答切磋中共同提升，也意味着生命在教学活动中共同成长。这是他多年来的教学心得与理念。

学海无涯，静水流深

“科研方面取得国内同行公认的突出的创新性成绩，在学界和社会上具有较大影响的青年学者”——这是上海年度“社科新人”的评选标准。“专业基础扎实，哲学思维能力敏锐，对中西哲学有相当宽广的视野”，“加上其在语言和义理方面的天分，足可以使人对他在学术上有更大的发展抱有很高的信心”——这是2014年刘梁剑入选“社科新人”时的专家推荐意见。

刘梁剑的主要研究领域在中国哲学、中西哲学比较。迄今，他已出版有专著《王船山哲学研究》（上海人民出版社，2016年；初版《天·人·际：对王船山的形而上学阐明》，上海人民出版社，2007年）、《汉语言哲学发凡》（高等教育出版社，2015 年)，译著《知识与文明》《剑桥中国哲学导论》《存在的遗骸》(与友人合作) 等，并在权威期刊《哲学研究》、*Dao: A Journal of Comparative Philosophy* 等海内外学术刊物上发文 70 余篇。

“汉语言哲学”是刘梁剑数年来着力研究的课题。从语言哲学的角度出发，反思中国哲学通行的研究范式，提出新的理念、方法和观点，是他的基本研究思路。他完成上海市哲学社会科学规划课题“汉语言与汉语哲学思想特质的关联：一个世界范围内的讨论”、教育部人文社会科学重点研究基地重大项目“汉语与中国思想的特质：中国当代文化建设的语言哲学向度”。他的一系列代表性成果在学界产生了影响。2010 年，他的相关研究成果“Virtue Ethics and Confucianism: A Methodological Reflection”收入美国知名学者安靖如 (Stephen Angel) 与著名美德伦理学家斯洛特 (Michael A. Slote) 主编的论文集，2013 年由知名出版社劳特利奇 (Routledge) 出版。2015 年 5 月，他在《哲学研究》上发表文章《天人共同体视域下的正义观——一项哲学语法考察》，为《人大复印资料》全文转载；他在此基础上撰写的英文论文收入布拉格查尔斯大学研究全球伦理的 Janusz Salamon 教授所主编的论文集。自 2016 年起，担任巴塞罗那法普拉大学瓦提莫哲学与档案中心 (UPF Center for Wattimo's Philosophy and Archives) 外籍研究员。现在，刘梁剑正在有条不紊地推进相关课题的研究：上海市社科规划一般课题“中国现代哲学话语创新机制研究”，国家社科基金一般项目“‘汉语言哲学’视域下中国哲学话语创建的理论与实践”，2018 年上海市社科规划中青班专项课题《金岳霖语言哲学研究》，等等。

躬行不怠，默而成之

2016 年 10 月，刘梁剑担任华东师大哲学系副主任。如何用哲学的智慧办好哲学系，实现华东师范大学哲学系的内涵式、跨越式发展，开始成为他不断摸索的问题。

经过几代人近半个世纪的努力，学科多、师资强、学术传统深厚的华东师范大学哲学系已经成为我国在哲学教育与人才培养方面的重镇之一。在新时代新形势下，哲学系的建设与发展也有了新的命题、新的使命。作为系领导，刘梁剑与党政班子成员及全系同仁密切合作，为促进哲学系 (师生) 学术共同体的建设劳心劳力、夙夜在公。

刘梁剑分管的工作包括科研、研究生教学和国内外交流，每一块对于哲学系的发展都至关重要。尽管事务繁多，他却总能于千头万绪中将各方面工作安排得井然有序。在科研方面，组织申报国家重大项目、中华经典外译项目、国家社科基金项目；与工会主席王韬洋等老师一起多方联络，推动青年哲学沙龙的开展；与党委副书记武娟老师一起制定激励措施，采用读书会、会讲、论文交流会等形式激发博士生的研修热情，鼓励博士生积极参与相关学术活动。在研究生教学方面，通过学生社团、读书会、博士生论坛等形式与平台，推动研究生同学的读书科研活动。在国内外交流方面，积极推动与国际学界的交流。积极配合美国同事 Paul D'Ambrosio 副教授，在中国哲学"全英文研究生项目"的基础上建立"跨哲学中心"（Intercultural Center for Philosophical Research，Translation and Education），聘请多位英语世界从事中国哲学研究的知名教授为哲学系客座教授。刘梁剑和全系同仁一起，共同努力，哲学系的教学、科研与国际化建设风生水起。

建设，不能没有远虑和远见。刘梁剑处理好日常工作的同时，还时时构想着哲学系未来的发展。他设想让学生参与院系的运行，把院系管理作为学生的"第二课堂"，培养他们的实践能力，同时增强共同体意识；他试图开拓新的教材编撰思路，以哲学精神的培育为根本目标，以哲学问题为基本导向，实现二级学科（中西马等）及一级学科（哲学与自然科学、社会科学）之间的交叉融通；他还设想在哲学系之外办哲学系，把哲学系"办入"全校不同专业之中，发挥哲学在大学通识教育、校园文化建设中的引领作用，提升哲学对于其他学科的辐射能力，同时也更好地将哲学系"金冯学脉"（金岳霖—冯契）追求原创之思的精神发扬光大……

十年磨一剑。昔日，刘梁剑在哲学系孜孜不倦地求学近十年；而今，他已为哲学系兢兢业业地工作了十余年。同时，他也需要在更广的层面思考中国教育的理论与实践：2018 年 7 月，被聘为华东师大第十届教学委员会委员；2018 年 7 月，被聘为山东莱芜汶源书院学术委员会委员。

作为校友的感言

2018 年 6 月 21 日，刘梁剑作为校友代表参加了水院 2018 届毕业典礼。他发表感言，深情回忆在母校的青春岁月，分享对生活的感悟，表达对母校的美好祝愿。其中说道：

毕业季，收获的季节，洋溢着幸福与喜悦；毕业季，离别的时刻，总有挥之不去的淡淡哀愁，“乐莫乐兮新相知，悲莫悲兮生别离。”在这样一个容易让人百感交集的时刻，我也不由想起自己在水院度过的五年时光，从 1989 年到 1993 年，从 15 岁到 19 岁，正是意气风发的少年时代。记得那时有一个学期在嵊州新昌南山水库实习，站在雨后的大坝上眺望雾蒙蒙的水面，不由想到刘勰《文心雕龙》里的一句话：“登山则情满于山，观海则意溢于海。”此情此景，宛在眼前。每当回想起这段美好的时光，心里总是充满温暖感激之情，同时还有一丝莫名的惆怅。电气工程学院罗云霞老师、赵玉铃老师不仅是我们的专业课老师，还是我们电 16 班的班主任。在她们的指导、关爱之下，我们认识水轮机、发电机，学习水文、电网、强弱电知识，掌握用电烙铁焊接电路、用登高板爬电线杆、机械制图、设计小水电等基本技能。在她们的指导、关爱之下，我们电 16 班成长为一个团结奋进的集体，我们在这里遇到了一辈子的良师益友，收获一辈子的情谊。虽然毕业这么多年，虽然平时很少有机会见面，甚至也很少通电话，但只要接通电话，只要见了面，彼此感觉依然是那么的熟悉，那么的亲近，仿佛分别只是在昨天，只是在几分钟之前。

在水院的几年，刘梁剑很喜欢跑图书馆，除了专业书籍之外，看得最多的是文学类和哲学类的书。毕业以后，他对哲学的兴趣越来越浓厚，最终下定决心，辞去在浙江水电安装公司的工作，自学高中课本，参加高考。1997 年，如愿考上华东师范大学哲学系，从此以后便一直在那里学习、工作。

回顾自己的学习、工作历程，刘梁剑想和学弟学妹们分享自己在“哲学”上的几点思考。

首先，不切实际，同时脚踏实地。哲学是一门高度反思性的学问，它反思宇宙，反思人生，有时也反思哲学本身。所以，学哲学的人时不时会反问自己：哲学的价值在哪里？哲学有什么用？借用中国古代哲人庄子的话来说：哲学的用处恰恰在于它没有用，无用之大用；借用中国现代哲学家冯友兰的话来说，哲学有价值，恰恰因为哲学不切实际。有时候，生活中还真是需要一点不切实际的心，它让我们跟通常认为“有用”的东西保持一定的距离、一定的余地，从而游刃有余地做事，自由率真地做人。当然，不切实际不是全部的真理。在生活中、工作中，我们同时还需要脚踏实地的实干精神。水院学子，要将“献身、负责、求实”的水利行业精神当做一辈子的宝贵精神财富，并在工作中务实践行。

其次，学会学习本身。当下躬逢盛世，大家生活在一个全民学习、终身学习的时代。学弟学妹们在水院学习土木、机械、电气、管理等不同专业知识的同时，更要学会学习本身。现代社会，知识更新越来越迅速，但只要学会了学习，掌握了学习的方法，就可以信心满满地不断吸收新知。

最后，学会两种学习。所谓“学而时习之，不亦说乎?”这里的“学”意味深长，它跟我们对土木、机械、电气、管理等不同专业知识的学习有点不一样。至少有两种不同的“学习”，大致对应于英文中的“study”和“learning”。专业知识的学习是“study”，孔子所讲的“学”是“learning”。“study”想的是怎么把对象身上的事理研究明白，从而获得正确的知识；“learning”想的是对象身上有什么美德，它对我们有怎么样的启发，我们怎么把这种美德转化为自身的美德。我们研究物，向物学习。同样的道理，在水院，我们学习水利知识，同时也学习水利精神。我们学习水和电的知识，同时也要学习水与电的美德。

从清泰门的水电学校到下沙城的水电学院，母校一日千里，获得了长足的发展。建校六十多年来，母校培养了一大批从事水利、电气、机械等多方面工作的优秀人才。刘梁剑深信，母校的每一位学子通过自身的努力都将成为学校的骄傲。祝愿学弟学妹前程似锦！祝愿母校繁荣昌盛！

（供稿：电气学院）

你的能量超乎你的想象

——记 1990 级水动专业校友、杭州宝润机电设备安装有限公司董事长程飞

程飞，男，1994 年毕业于浙江水利水电专科学校，现任杭州宝润机电设备安装有限公司董事长。

挫折成就未来

从 2004 年开始，程飞开始独立经营他的公司。刚起步的时候，业务的主要来源还是老客户。他记得第一个项目在安徽铜陵，是当地的一个四星级宾馆——华亭四季大酒店。到了 2006 年的时候，程飞的事业迎来了转折点——他中标了杭州海外海皇冠假日酒店的项目。访谈中，程飞说有一件事令他终生难忘。“我记得 2006 年 6 月 1 日，工程马上就要开工了，结果转包的团队在当天上午打电

话，告诉我，他们团队的人来不了。接到电话之后，如五雷轰顶，我整个人都懵掉了。如果项目不能按时开工就要支付15%的违约金，这是几百万的损失啊。”放下电话之后，程飞还高度紧张，吃饭的时候手都在发抖，答应工程甲方的事情怎么可以做不到，这样公司的信誉将会扫地，以后还如何在行业中立足。也许上天总爱眷顾勤奋的人，当时其他工程队上还有六七个员工可以调过来以解燃眉之急。就这么一步一步程飞做完了这个大项目，硬撑了过来。

做完海外海皇冠假日酒店的项目对于公司来说大有裨益，它为公司提供更高的平台，也一举打出了公司的名声，公司的发展前景大好。眼看着公司就要继续往建筑装饰领域发展的时候，程飞却又做了出乎意料的决定，转变公司的主营方向，尝试进入饮料厂行业。程飞一步一步从小业务开始做起，注重累计，他从三万元的小工程做起，开始由于没有好的经营案例一直没法很好融入饮料厂行业。程飞在与客户接洽业务的时候，经常会听到甲方说“你们没有饮料的生产业绩，这个项目交给你们，我们怎么放心?”没办法，程飞就敢于坐冷板凳，从小业务一点点做大，就这样持续了3年，公司终于在与法国达能公司的合作中寻找到快速发展的突破口。

坚持就是力量

程飞谈到，在公司发展的过程中，经历了无数的风风雨雨，过程很艰辛，其中最具有挑战性的还是接了法国达能公司的项目。2012年公司第一次接手法国达能的脉动饮料厂项目，当时的业务压力非常大，因为他们是纯法国的管理标准，要求很高，在施工过程中，安全永远放在第一位，这对于传统的中国公司有一点水土不服。在竞标过程中，企业内部的分歧也很大，因为有一个央企单位也在竞争这个项目，尽管程飞的公司有着价格优势，但是这个央企有着国家背景以及与达能公司长久的合作关系。就在竞标的关键时刻，程飞亲自带队去了法国达能广州总部，与达能公司高管进行了一个面对面的交流，他代表公司管理层向他们承诺“我们会立刻着手研究法国的企业文化，包括工厂的标准以及企业管理，给我们团队集中培训半个月，去适应他们的文化，培训结束后如果不合格则愿意按合同价10%赔偿”。为了让员工尽快进入角色，避免出现厌烦现象，当时正在施工的项目率先执行法国施工标准，遵纪的员工每天奖励10元。“公司上下学达能，法国标准放心中”，成为了他们公司当时的口号。公司挂满宣传横幅，每天喊口号，上下班前后都有 10 分钟的安全教育，每天上午 9 点所有安全员参加半小时的安全会议，进行批评与自我批评。程飞说：“那个时候真可以说是背水一战。不成功便成仁!”开工进场后程飞也身赴第一线，驻地把关，给员工打气，和甲方对接落实好每一个环节。在进行了一个多月后，甲方对程飞的公司评价很高，甚至还在内部邮件中表扬了程飞的公司。程飞不禁感慨道：“之后达能的几个大项目也陆续被我们拿下，所以我觉得我们浙江人做生意很厉害，能吃苦，能坚持，我们活干得好，价格便宜，服务意识强。”自从这个项目成功后，“你的能量超乎你的想象”这句话成了他的口头禅。

态度决定一切

也是从那个时候开始，程飞的公司又做了很多知名企业的项目。例如，加多宝、可口可乐等，成为饮料厂行业设备安装领军团队。这么多年以来，程飞以及他的公司一直专注于饮料厂行业，并在这个行业中做出了一定的成绩，而成功的秘诀就在于团队管理。但是如何管理好流动性很强的施工团队，则是这行最大的难处。程飞为了把施工队稳定住，花费了很多的心思。在他看来，凡是做企业有一点很重要，那就是态度，不仅仅是对员工的态度，还有对甲方合作的态度，都要宽容、大方，只有用真心对待他人，别人才会用真心来对你。

程飞对母校学子也给出了相应的职业生涯发展建议：首先，把握好专业知识，要都有所了解，不一定懂得非常精深，但要知道行业的发展趋势及发展瓶颈。目前机械专业的毕业生用量很大，也有很好的就业前景。在校期间应该努力学习，提高自己的综合能力，打造个人魅力，努力赢得第一桶金。其次，要先明确自己的定位，到底是适合踏踏实实做学问，做实干家，还是对企业经营管理感兴趣，不同的兴趣就要做出不同的选择，这才不会耽误试错时间，从而更加明确未来的职业发展规划。最后，还是建议学弟学妹要学会做人，洒脱做人，希望更好地提高自己的生活品位和谈吐。

虽然毕业了近 24 年，但程飞对母校依旧有着深深的感情，和大学同学之间有着深厚的友谊，他说道，“在 18 岁的年纪，我们的世界观正在逐步形成，在博学求实精神的滋润下，我们所有的在校生、校友的感情，都被串联在一起。在水院，浮夸的人很少，务实的人很多，在这里认识的人，大家的感情都非常深厚。”

在工作之外，程飞还是“浙大户外”的一员，跑步对于程飞来说，不仅仅是一种锻炼方式，也是一种释放压力的方式，跑步的过程也是一种思考的过程。在程飞看来，跑步与创业有着一定的相似之处，在于吃苦与坚持，想成功就一定要坚持。企业做得烦躁的时候会有想放弃的念头，跑步也是一样，但是只要坚持下去，跑到终点那一刻的心情是非常喜悦的，就像在创业时期获得成功一样。新时代的浪潮已经席卷而来，新时代的商业竞争势必更加激烈。如何在这腥风血雨的时代中屹立不倒，并让自己的公司更加强大，这是程飞的职责，也是他的挑战。程飞的故事值得我们每一位水院学子好好学习，同时我们也更应该像他一样学会珍惜与感恩，珍惜在水院学习和生活的机会，不断培养自己各方面的能力，努力从优秀到卓越！

（供稿：机械学院）

像山一样做事，像水一样做人

——记1991级水工24班校友、浙江省
永嘉县水利局局长黄金锡

黄金锡，男，1975年12月出生，浙江省温州市永嘉县桥头镇人，水利水电建筑工程专业95届毕业生，现为浙江省永嘉县水利局党组书记、局长，高级工程师。自1995年参加工作以来，黄金锡从事水利水电专业工作整整15年，为家乡水利水电事业奉献了宝贵的青春。

辛勤求学　立志成才

黄金锡出身于普通的农民家庭，但父母一直以来都非常支持子女的学业，节衣缩食供4个孩子读书，这也激发了他拼搏向上、改变人生命运的斗志和激情。从小学到初中，黄金锡的学习成绩一直名列前茅。当时，我国百业待兴、人才急缺，为了培养专业技能人才，以行业办学为主、以转户口包分配为特色的中专政策被大力推行。基于这样的背景，初中毕业后，黄金锡带着对水利水电工程事业的向往和追求，同时为了能尽快工作、减轻家庭负担，选择了浙江省水利水电学校水工专业，在1991年9月正式成为水利水电人中的一员。

16岁的黄金锡第一次远离家门，独自一人踏上了求学的路程。当时，中专选拔严格，能录取的基本上是各县中考的佼佼者，大家学习非常勤奋刻苦，学业竞争压力很大。然而，在学校的第三年，曾经的初中同学开始参加高考，有许多当时和自己成绩不相上下的同学考上重点大学，去了大城市读书奋斗，自己却只能拿中专文凭回到农村走上基层工作岗位，这让年轻的黄金锡陷入迷茫。在家人和老师的鼓励下，成为水利水电工程师的目标和反哺家乡的愿望让他很快振作精神，他比以前更加发奋地投入到学业中，立志用自己的点滴汗水，化作大山里的点点繁星。

筚路蓝缕　拓荒创业

1995年7月，黄金锡从浙江省水利水电学校顺利毕业。此时，永嘉县正准备大力兴建水利水电工程，相关人才极度缺乏。黄金锡响应家乡的号召，放弃了留杭工作的机会，积极投身家乡事业。仿佛是奇妙的缘分，回乡后，他被分配到同自己名字同音的金溪水电站工程建设指挥部担任技术员。该工程是浙江省“八五”期间重点建设项目，是当时永嘉县投资最大的民生项目，也是温州市首个与港资合作的水电项目。然而，由于工程刚刚起步，加上山高路远、交通不便，这里的工作生活条件非常艰苦。除了来回县城需要将近一天时间外，全体工作人员无论寒暑都要住茅草棚，没有监理人员，各项工作都需要技术员自己负责。就算如此，黄金锡和他的同事们无论节假日还是周末，用“五十二”“白＋黑”的劲头长期驻扎在工地，在深山中开启自己的水利水电生涯。

在工作中，黄金锡牢记老师的毕业寄语：“水利水电事业是养育生命、带来光明的事业。”他积极调整心态、坚定目标，全身心投入到工程建设中来。在克服重重困难之后，金溪水电站于1997年1月正式建成投用，实现了4年工期3年发电的目标，不仅节省投资2千余万元，而且成为集发电、防洪、灌溉、旅游、养殖等综合效益于一体的基础设施工程，电站总装机容量为1.6万千瓦，年平均发电量3567万千瓦时。1999年，黄金锡担任温州金溪水电有限公司党支部书记、总经理、董事长，对金溪水电站进行电气自动化改造。因为改造工程优质高效，所以被评为农村水电安全生产标准化一级电站，也给金溪水电站后来获得全国农村水电站标准化建设样板工程、承办全国农村水电站安全生产标准化建设现场会等奠定了扎实基础。

2007 年 4 月，黄金锡被任命为楠溪江供水工程建设指挥部副指挥，并从 2012 年开始全面主持工程建设指挥部工作。从项目前期到工程建设再到顺利移交永嘉县水务集团，他像呵护树苗一样细心扶持这个项目长成参天大树。该工程是浙江省、温州市重点工程和浙江省水资源保障百亿工程之一，工程概算总投资 6.1 亿元，历经 5 年时间，于 2012 年 3 月正式通水，不仅有利于合理开发利用楠溪江水资源，也从根本上解决了乐清市虹柳平原生活及工业供水不足的矛盾。作为温州“十二五”期间工期最短、投资最省、质量最好的工程，该项目获得了省级安全文明标准化工地荣誉称号，也获得了“钱江杯”浙江省优秀质量工程奖。2017 年，该项目还通过“楠溪江水域巡护养项目”反哺山区乡村振兴，耗资千万支持消除集体经济薄弱村工作，2018 年被列为全省“千企结千村、消灭薄弱村”暨消除集体经济薄弱村现场推进会现场观摩点。

工作如逆水行舟，不进则退。黄金锡深知，社会大局在不断变化，知识技术在不断更新，唯有树立终身学习的理念，在追求知识的道路上永不止步，才能追逐时代的浪潮。在工作期间，黄金锡坚持不断探索、刻苦钻研，先后取得了大专、大学本科学历、河海大学水利工程硕士学位，先后获得全国水利建设与管理先进个人、浙江省重点建设立功竞赛先进个人、温州市重点建设工作（立功竞赛活动）先进个人、温州市优秀共产党员、温州市“551 人才工程”第二层次培养人选、永嘉县第七轮专业技术拔尖人才、永嘉县“十大杰出青年”等荣誉。

扎根基层　惠泽一方

上善若水，水利万物而不争。

2005 年 2 月和 2013 年 9 月，黄金锡两度到永嘉县岩头镇工作，历任副镇长、副书记、镇长、党委书记等职。虽然离开了水利水电相关的岗位，但他依然保持吃苦耐劳、兢兢业业的精神，在基层岗位上做出了不平凡的业绩。

岩头镇位于国家 AAAA 级景区——楠溪江的核心腹地，是温州市唯一的中国历史文化名镇，也是中国工农红军第十三军诞生地，拥有 4 处国家级保护单位和 19 处省市县级保护单位。担任副镇长期间，黄金锡身为芙蓉村驻村干部，一项重要工作就是推进芙蓉村申请国家级保护单位。当时，“村民要求生活现代化”和“政府要求保护古文化”之间的矛盾非常突出，拆建违建现象屡禁不止，再加上土地二轮承包未完成，直接影响到芙蓉村换届选举，许多工作陷入僵局。为了妥善处置矛盾，打开工作局面，黄金锡从村级组织工作入手，让一批有能力、有想法的村干部走上岗位，并通过土地二轮承包工作，理顺村内土地关系。为了从根本上解决“两化”矛盾，他在此前工作基础上，大力实施芙蓉新村项目，从前期政策处理到审批开工，他都跑在最前面，终于使该项目顺利完工，一期工程集聚农户 76 户，二期工程集聚农户 216 户。随着生活条件的改善，村民更加信任支持政府工作，美丽乡村建设事业更加深入。2005 年 5 月，时任浙江省委书记的习近平来芙蓉村视察“千村示范、万村整治”工作。2006 年 5 月，芙蓉村古建筑群被列为全国重点文物保护单位。2018 年 5 月，芙蓉村被授予浙江省首批十大“千年古村落”之一。

2013 年，永嘉县全面推进美丽乡村建设工作，岩头镇是全县主战场，任务最重、要求最高、时间最紧，黄金锡被县委县政府任命为攻坚小组常务副组长。从 5 月开始，黄金锡带领攻坚小组成员进村入户、蹲点前线，顺利完成环境整治、“三线落地”、外立面改造等工作，按期完成上级交代的任务，将芙蓉、丽水街、苍坡、狮子岩等景点串珠成线，打造出一条独具楠溪江特色的美丽乡村示范带，确保了全省“深化千万工程，建设美丽乡村”现场会成功召开，得到省市领导肯定。

在做好中心工作的同时，黄金锡依然牵挂着水利事业。他牵头指导渡头拦水堰坝、横坑溪河道治理工程等项目，不仅使工程项目顺利完工，还解决了多个村庄之间几十年的水事纠纷，实现良好的综合效益，起到典型示范作用；与永嘉县旅游投资集团合作建设楠溪江滩地音乐公园，并将其打造成为华东地区最大的户外音乐公园，承办首届楠溪江·东海跨年音乐节、中印国际太极瑜伽盛会等重大活动，得到印度总理莫迪的点赞，进一步提高了楠溪江生态旅游知名度和美誉度；在央视大型纪录片《记住乡愁》第三季的《岩头镇：义以为上》中，黄金锡以水利专家的身份出镜，向全国观众介绍“浙南都江堰”岩头古村水利设施。

在岩头镇任党政主要领导以来，黄金锡以“为官一任，造福一方”为准则，推动岩头镇经济社会全面发展，41 省道福沙段改建工程一级公路实现无障碍施工并提前通车，率先完成41省道南复线“拔钉清障”任务，镇中心幼儿园项目、镇中镇小拆扩建等民生项目顺利推进，在G20杭州峰会、党的十九大等重要会议活动期间保持基层稳定；岩头镇创成国家级生态镇、首批省级美丽乡村示范镇、省级文明镇、省级卫生镇，并且连续7年在全县年度考核中取得优秀。黄金锡也先后获得浙江省第二十四届“绿叶奖”，温州市优秀乡镇（街道）党（工）委书记，永嘉县优秀党务工作者，永嘉县优秀乡镇（街道）党（工）委书记，永嘉县功能区，镇（街道）工作优秀领导者等荣誉。

心系母校　殷殷深情

即使毕业多年，黄金锡依然深深关心着母校发展。建校以来，浙江水利水电学院一步步发展壮大，师资力量不断提升、科研能力不断强大，成功实现升本的目标，成为浙江大批水利水电专业人才成长的摇篮。黄金锡对此深感骄傲与自豪，也为自己没有辜负母校和师长的培育教导而欣慰。现今的学校再次走在了发展的新阶段，黄金锡充满了对母校的深深眷恋与祝福，祝愿母校更上高楼、再创辉煌，为社会输送更多优秀人才；祝愿仍处于学习阶段或即将进入学校的学弟学妹们珍惜机会、认真学习，无论今后是否从事水利水电事业，都要像山一样做事，脚踏实地又能敢攀高峰，不辞寸土而能成其伟岸；像水一样做人，蜿蜒曲折而又坚定前行，含蓄内敛才可厚积薄发，在奋勇拼搏中实现母校的期望和人生的目标。

（供稿：水环学院）

做个创业的追梦人

——记 1993 级农专 1 班校友、浙江四维水利设计有限公司董事长蒋小浦

蒋小浦，1996 年毕业于浙江省水利水电学校（简称水校），曾任永嘉县水利水电勘测设计院院长，工程师、注册咨询师。2003 年至今，由他独立或主持完成的水利水电工程设计项目 20 余项，参与项目设计 10 余项，校审项目 120 余项。主持设计的金溪一级水电站，荣获 2005 年省水利优秀工程设计铜奖。

求 学 生 涯

第一天来母校报到的情景，令蒋小浦记忆犹新。记得下过雨的校园内道路积水满满的，“水校”真是名副其实，足以见当时水校条件之简陋，远比不上现在环境优美的新校区。虽然从水校毕业 20 余年，但还依稀记得诸多老师讲课的神态，同学之间的切磋、争论、互助和同窗之情——或者周末三五个同学约在一起出去看电影，或者校友组织出去野炊，或者期末拿了奖学金出去吃一顿。三年的水校学习，蒋小浦学习比较认真，拿过几次奖学金，最后的毕业设计是一座大型

桥梁设计，其结构计算比较复杂，仅设计计算书就整理了厚厚一本，学到了不少知识。学习之外的业余爱好是练习书法，参加了学校的书法社。蒋小浦说，总的来说，三年的校园生活过得挺充实，具有那个时代大学生的特色。现在温州到杭州坐高铁就两个多小时，那时感觉到杭州读书挺远，从老家县城车站接近傍晚出发，一路颠簸到第二天早上才能到杭州，有几次碰到路况不好，到杭州要二十个小时甚至更长，现在想来，社会真是发展飞快。

从业经历

1996 年 6 月毕业后，蒋小浦被分配到永嘉县水利局沙头水管所工作，担任技术员，从事水利管理和小型水利工程设计；1998 年 1 月调到永嘉县水利水电勘测设计院工作，从事水利水电设计工作，2001 年 3 月，蒋小浦经过三个月的连续奋战和加班加点，主持完成了装机容量 8000 千瓦的金溪一级水电站图纸设计。该水电站是所在设计院设计的最大水电站项目，也是永嘉县第四大水电站。蒋小浦说，那段时间他几乎没有休息过，通宵达旦加班是家常便饭，常常为掌握第一手资料而跋山涉水。白天在工地勘测、测量，晚上加班加点优化设计方案，每天基本工作十多个小时。当设计图在专家面前亮相时，立即获得专家组的一致好评，并顺利通过了图纸会审，该设计荣获温州市瓯江杯工程设计二等奖、浙江省水利优秀工程设计铜奖。事实证明，金溪水电站的合理设计及低造价、高效益运行，确保了水电站的经济效益，也带来了很好的社会效应。蒋小浦于 2001 年任永嘉县水利水电勘测设计院副院长，2005 年任院长；2009 年 9 月任永嘉县水利局总工程师，2011 年起担任永嘉县政协第九届常委，2012 年任永嘉县水利局副局长兼总工程师，同时担任永嘉县水利投资有限公司董事长兼总经理；2014 年 9 月辞职下海，2015 年 9 月创立浙江四维水利设计有限公司。

奋斗历程

谈及蒋小浦的奋斗史，他认为分三个阶段。

第一阶段，从母校毕业开始。在永嘉县水利水电勘测设计院工作是一段难忘的经历，工作了 11 个年头，人生的重要成长都是依托这个平台实现的。进入设计院的前几年，主要是从事水电站设计，一般要求2～3个月要完成初步设计，工作加班是常态，其间主持完成了多项水电站的设计工作。2001年年底蒋小浦开始主持设计院工作，在上级主管部门的大力支持和同事们的共同努力下，设计院得到了进一步发展，其间设计院有2项设计咨询项目获省级奖项、2项资质晋升为乙级，在当时浙江省县级设计单位中成绩名列前茅。获奖项目有：永嘉县金溪一级水电站2005年荣获省优秀工程设计铜奖，永嘉县西向供水工程——原水输送工程可行性研究报告2008年荣获省优秀工程咨询三等奖，是永嘉水利设计院获得的最高奖项；两项晋升资质分别是水保资质2006年晋升为乙级和工程咨询资质2008年晋升为乙级。他在设计院工作期间，专业技术也得到不断锻炼和提升，代表性项目有：永嘉县金溪一级水电站，总装机容量为8000千瓦，水库库容361万立方米，双曲拱坝高51米；龙泉市雁溪水电站，总装机容量为8000千瓦，水库库容985万立方米，双曲拱坝高57米。由于专业业绩突出，蒋小浦在2007年荣获永嘉县第六轮专业技术拔尖人才称号。他从事水利设计工作以来，十年如一日，孜孜不倦地投入工作，在水利事业中施展抱负和才智，设计出更多优秀的作品成了人生一大目标。

晋升为水利水电勘测设计院院长后，其工作重心从原来的水利设计转为项目校审和设计院的行政事务。但是他同样保持着艰苦奋斗的优良作风，带领全院工作人员设计了一个又一个水电站和水利工程项目。蒋小浦参与设计了瓯北清水埠50年一遇标准堤工程、县西向供水工程原水输送工程和诸永高速公路括苍山拦渣坝工程等，其中括苍山拦渣坝工程是温州地区最高的重力坝，也是全省最高的拦渣坝之一，它的设计获得了社会各界和专家们的一致好评。

第二阶段，任设计院院长开始。总结为克难攻坚、全力推进水投公司重点项目开工建设。在永嘉县水利局担任总工分管技术工作2年后，受组织委派，他于2011年年底启动组建永嘉县水利投资有限公司工作，经考察调研后上报公司组建方案。2012年5月县政府发文批复成立水投公司，该公司是温州市县级第一家实体运作的水投公司。在水投公司工作的2年多时间里，工作充满挑战，但蒋小浦觉得很充实，工作就像打仗，同事之间建立了战友般的友谊。其间水投公司共承担了2项省重点水利项目、3项中小河流项目的前期审批、融资和建设管理工作，以及配合乡镇做好政策处理。由于公司内部分工清晰，责任明确，人员工作得力，前期审批、融资和建设管理等各项工作推进顺利，2项省重点项目在

2013年全部实现开工建设，3项中小河流项目完成前期审批。如省重点项目瓯江治理工程，线长面广（堤线长19.8公里，涉及3个镇20多个村），遗留问题多，政策处理复杂，前期审批阶段公司项目前期部采取盯紧看牢、主动对接和并行推进的工作模式，在温州市率先完成独流入海项目初步设计审批和开工建设；初步设计审批后，立即与属地镇街启动政策处理和土地报批，公司派技术人员驻点配合属地镇街，在半年内基本完成政策处理工作，并于开工当年完成土地审批件上报，保障了工程建设的顺利推进。

第三阶段，辞职创业，希望更好地服务于水利事业。经永嘉县委常委会批准后，蒋小浦于2014年9月辞去公职开始自己创业，从零开始招兵买马，从事老本行水利勘测设计工作。2015年9月创立浙江四维水利设计有限公司并担任董事长。该公司目前已发展成为一家综合性勘测设计企业，现有员工30余人，设有6家分公司。自公司创建以来，合作或独立承担了300余项设计咨询项目，业务范围覆盖水保方案编制、水保监测、水资源论证、防洪影响评价、水利规划编制、水利工程项建书和工可编制、工程咨询；工程测量、工程勘察、水利工程安全鉴定、水利工程设计、施工图审查、水利工程EPC、景观设计和水利工程物业化管理等。公司以水利工程设计咨询为核心业务，拓展相关业务链，与大型水利设计院建立良好合作关系，开展全方位的合作。

蒋小浦始终践行“责任、拼搏、高效、创新”的企业精神，秉持“以客户为中心，为服务社会创造价值而奋斗”的企业核心价值观，倡导“加强沟通、提高效率、保证质量、做好服务”的企业理念，带领员工不断增长设计咨询实力，以期更好地服务于水利现代化事业。

生 活 感 悟

对待生活，蒋小浦认为人要怀有感恩之心。

他说，从母校毕业至今，一路走来，得到了很多领导、同事和朋友的支持与关心，非常感谢他们。

在永嘉水利水电勘测设计院工作期间，单位和个人都取得了不少成绩和荣誉，这一切都是集体努力的结果，是集体的荣誉。

在担任水利局总工和副局长岗位时，他感谢组织提供这个平台，让他有机会从事技术行政管理工作。当时感觉使命重大，常怀敬畏之心，尽职尽责把工作做好。挂职水投公司从事工程建设管理工作时，也是竭尽全力，争先创优，向先进标杆看齐。

虽然现在的蒋小浦离开了体制，但依然非常感谢组织多年的培养。辞去公职的初衷是希望自己有更大的发挥空间，有更丰富多彩的人生。他创业以来，得到了诸多同行、朋友的大力支持，因此常怀感恩之心。

对待创业，蒋小浦说，要做一个有理想的追梦人。

从事水利设计行业是自己的老本行，但从零开始的创业是艰苦的，创业的过程也是一种自我修炼和提升。创业虽然时间由自己支配，但工作时间还是占用了大部分生活时间，这应该是创业者的普遍感受，高强度的工作会伴随企业成长一直存在。因此创业需要做一个有理想的追梦人，要有情怀，要有坚定信念目标，沿着公司战略目标走下去。

对待生意，蒋小浦说，要学会合作共赢。

曾国藩说过一句话叫“利可共而不可独”，非常有道理。做生意会遇到很多合作伙伴，合作时必然涉及利益谈判，这时就需要充分考虑对方关切的利益，要平等磋商，不可以大欺小、以强凌弱。谈判能否成功取决于多方面的因素，一旦确定合作事宜，要按约诚信行事，切不可随意变更或独食。只有双赢的合作，路才会越走越宽。

对待创业，蒋小浦说，创业的最终目的是更好地为社会服务。

创业初期考虑更多的是企业的发展，包括公司发展战略制订、人才的引进、团队的建设、平台的建设、市场的开拓和公司的产值增长及盈利能力等，但创业的最终目的应该是企业尽最大能力为社会更多地创造价值，更好地服务社会。

母　校　寄　语

在母校建校六十五周年暨升格本科五周年之际，蒋小浦祝福母校发展得越来越好，招收更多优秀的学弟学妹，今后更上一层楼，为各行各业输送更多优秀的人才。

（供稿：水环学院）

路漫漫其修远兮　吾将上下而求索

——记 1996 级管专校友、杭州酷丞网络科技有限公司董事长金浩

金浩，现任杭州酷丞网络科技有限公司董事长。他外表成熟稳重，语言诙谐幽默，谈吐间面带微笑，透露着温和的亲切感，在校期间担任班长、经济与管理工程系学生会主席，获得校奖学金、优秀学生干部、优秀毕业生等荣誉。

回忆往昔　峥嵘岁月

22 年前，他抱着对经管系工程概预算专业的热爱，进入了管专 5 班，那三年的学习，至今令他记忆犹新。三年中，有对知识的积累，也积攒下了他日后奋斗、拼搏、创业的动力和经验；三年中，他曾是学生会的一员，组织、策划、参与过大大小小的学生活动，为了活动的顺利举办而流过汗水、熬过夜、受过委屈，却甘之如饴。这些实践经验弥补了他在非专业性技能方面的不足，如策划、

沟通，也有利于他毕业后尽快适应工作岗位，以至担任管理岗位时比他人占有更大的优势。对于未来的发展道路，他有着清晰的规划。

放弃安逸　追求梦想

三年的时间是紧凑而短暂的，转瞬间就到了即将踏上工作岗位的时节。一毕业，金浩就进入了一家国有企业的保险金融公司工作，很快就在职位和薪资上获得了双丰收。但是，或许是骨子里有不安稳的因子，面对这份可观的薪资，他内心却在不断动摇着。他困惑过，迷茫过，很长时间都没有找到答案。直到四十不惑之年，他意识到自己内心深处的愿望，那就是自己创立公司，并拥有自己的品牌，让企业文化传承。明确了目标后，金浩于 2011 年开始注册公司，给自己公司初步定位在卖童装，并逐步尝试走品牌化的道路。

创业的过程从来不会轻松，需要承担很大的风险，但他毅然选择走这条注定艰辛的道路。金浩的公司生产的“多多家”男童服装品牌就像一匹黑马，在不到 5 年时间里就站上“天猫年度男童服装品牌销量榜”第二的位置，打破了固化已久的排行格局。追溯整个创业经历可以发现，从淘宝店起步，“多多家”很快脱离纯粹卖货的初阶竞争，成为一家围绕产品与服务不断迭代升级的互联网服装企业。

特色文化　酷丞之“家”

金浩创立了充满特色的企业核心文化——家文化，公司的品牌就叫多多家，专售男童装，定位为“平凡贵公子”。对于一个家庭而言，孩子是核心，公司也就等于是为一个家的核心在提供产品，希望帮助众多平凡人家打造无数的具有“公子”气质的优秀男孩形象。而这种独特的家文化，给人以温馨的感觉，让人觉得整个企业的员工都团结在一起，亲似家人。

金浩希望他打造的“家文化”可以打破层级，正如在公司内大家都称金浩为“多多爸”而不是金总一样。可以更加积极地调动职工的工作积极性，通过建设家园环境、培养家园意识等方面的工作，增强职工的归属感、荣誉感，将爱“家”的意识转化为建“家”的热情。此外，“家文化”的核心价值观就是真实，真诚待人，互相尊重，员工充满责任感；自然，包容他人，互相竞争，创造共赢；快乐，保持乐观，充满激情，满怀希望。这是一个从自己到他人，从融合到优化，从工作到事业的上升过程，员工之间做到爱彼此、尊重彼此。

直面一切　未来可期

尽管“家文化”看似完美，但它曾经也给金浩带来困扰。由于公司发展迅速，2017 年公司新招了大量“家人员工”，新进的“家人员工”占到公司员工比例的一半，新人太多反而冲淡了公司的家文化。更大的难题是，家文化存在着一个尴尬的境地，因为在家中是没有竞争的，但作为企业，内部却一定存在竞争关系。在这种情况下，有些员工觉得家文化有点变味。去年，“多多家”开始从单一的淘宝天猫业务线向其他多个渠道拓展，并着手从线上走向线下。品牌是否重塑、团队管理能力如何提升、渠道如何拓展……

面对一系列环环相扣的问题，金浩并没有急于求成，他深知“家文化”理念不是一蹴而就的，是一项长期、系统的工程；“家文化”建设不是一成不变的，是一个动态、发展的过程；更深知不断推进“家文化”建设，进一步巩固以共同理想凝聚人、以人文关怀亲近人、以优秀文化塑造人的核心价值体系，才能推动企业运营管理的动态发展。解题过程中，有一个思路在金浩头脑中逐渐清晰——从“多多家”童装到“多多家”生活家，再到“多多家”梦想家……

九层高台　始于垒土

杭州酷丞网络科技有限公司于 2011 年正式注册，历时 8 年，其旗下淘宝店达到双金冠，2015 全年排名盘踞 TOP100，达成全年成交排名 53 的不俗成绩，累积店铺粉丝 40 余万人，互动辣妈会员 600 余万人。2016 年，“多多家”年销量首次破亿，这是对金浩过去一系列转型努力做出的肯定回应。现“多多家”聘请了设计总监，从版型研发、时尚传达出发，让服装主打简约大气风格；通过收购一家面料公司，公司整合了面料端，进一步把控面料品质、面料时尚度；在做工环节，与迪士尼等知名品牌的代工厂合作，抓好品质。通过不断优化供应链、消除中间环节，“多多家”在打造品质的前提下，给顾客超乎期待的价格。

创业成功的秘诀，金浩认为是准确的定位加合适的策略。准确定位特别重要，因为对初创的酷丞来说，如果定位太高，对团队，特别是一个不是非常成熟的团队而言，对自信心的打击会特别大，对团队实体的建立也有消极的影响。反之，如果定位太低了，会阻碍自身发展。所以作为酷丞企业的董事长，金浩不断深入观察行业发展趋势，不断分析公司的优势与不足，最终明确了公司的定位。

在“多多家”的发展过程中，2015 年是关键一年。这年，公司重新定位，砍掉其他代理项目，专注于把“多多家”打造成中国最具性价比的快时尚男童品牌，开始从电商企业转向服装公司。“电商企业的核心是卖货，服装公司的核心是产品。”金浩说，“‘多多家’必须自主研发产品、搭建供应链，增加与产品有关的业务。”

2017 年，金浩参观了华为、华立等多家企业，受到很多启发。他说：“越是成功的公司，对生死看得越重，似乎第二天就会倒闭，忧患意识很强。”如果只考虑盈利，维持线上业务即可。但一考虑到生死，往线下走的紧迫感就很强。“多元化不是为了赚钱，是为了让公司更好地生存。”

目前阶段，酷丞和线下的二线品牌及三线品牌进行对标时，酷丞的优势就显而易见，更先进的营销策划和技术跟进，让酷丞与客户的距离更近，对客户的了解也更加深入。

金浩说，这还只是故事的开始。未来，“多多家”不单单是童装品牌，更要成为“生活家”“梦想家”，衍生出更丰富的产品和更多样的服务形态，让每一位孩子不平凡。

一路走来，金浩感慨良多。他说，未来有太多的可变因素，存在着太多可能性。优势是个相对概念，会随着企业实力的精进或是假想竞争企业的改变而有所变化，我们需要为存在无限可能的未来做准备。所以，需要利用好所学的专业知识、所经历的人情世事、所积累的与人交往的沟通能力，不断地提高自己的社会生存能力。在未来的创新“互联网＋”时代，保持一种探索的精神和刨根问底的精神尤为重要。

善于规划　乐于反思

谈及职业生涯规划对大学生的影响时，金浩说，职业生涯规划对大学生来说很重要。但重点不是规划了什么，而是一定要有规划的意识，培养自己养成规划的习惯。大学生不应该太过注重规划的结果怎么样，因为现在时代变化太剧烈了，计划永远赶不上变化。正因为变化太快，大学生更要在大学期间让自己养成规划并且去落实的习惯。

金浩认为，规划能够让每一个人去面对自己，不断了解自己的状态。同时要学会反思，凡是发展得比较好的个人，包括企业家，他们都有一个很重要的特质，就是把反思放在第一位。人与人起初的差别都不大，为什么到后面有些人变得出类拔萃了，就是因为每个人的迭代速度不一样，反思周期不同。善于规划和反思的人，成长得更快更好。

寄语水院学子

采访接近尾声时，金浩对学弟学妹今后的工作生活提了一点建议。金浩认为首先要学会做人，不仅是要做一个真诚善良的人，而且也要善于自我营销、与人沟通；其次要认真做事，具备认真的态度才可能成就一番事业；此外，应在自身发展的基础上回报社会、奉献社会；最后，他提醒大家要经常自省，不能在人生得意的时候忘记了自己是谁，要始终对自己抱有清醒的认识，不能骄傲自满，应看到自己的责任与危机。至于平时，除了学习专业知识之外，大学生必然要多经历一些世事，对各行各业有所了解，进而去探索每个行业领域都相关联共通的东西，如与人交往的沟通能力、语言组织能力、组织活动的行动能力等，非专业性技能在各行各业都是相通的，都是企业非常需要的核心技能。“社会变化很快，对人的要求也越来越高，学无止境应当成为我们每一个人孜孜以求的真理，社会需要复合型人才，在校的时光是厚积薄发的黄金时机。”这是他最想对在校的学弟学妹们说的心里话。

（供稿：经管学院）

越勤奋越充实，越努力越幸运

——记1996级机专8班校友、平安保险公司销售经理吴兴财

吴兴财，就读于机专96-8班，在校期间担任院学生会副主席一职，曾获得国家励志奖学金一次、校二等奖学金二次，文化艺术节先进个人等荣誉称号，现从事保险行业，目前担任平安保险公司销售经理一职。

述师生浓情，谈大学生活的美好记忆

从一个懵懵懂懂的毕业生到现如今保险公司销售经理，正如吴兴财校友自我调侃的："这些年，鬼知道我经历了什么？但是话说回来，我最怀念的还是我的大学生活。"当采访组谈及关于他的大学生涯时，吴兴财校友脸上露出了微笑："大学生涯是人生中一段不可或缺的美好年华，是非常值得回忆的青葱岁月。可以说，对学弟学妹而言，大学生活是生活压力最小的时候，也是一生中最有活力

的时段，你们可以尽情做想做的事情。我当年，在水专那会，最大的爱好是打篮球，印象中最深刻的是去打个球还要穿小道，到另一个校区去打。那些年没心没肺地和舍友们一起挥汗如雨的操场是我最幸福的记忆。”

吴兴财校友还谈起了他在学校中的社团生活。“记得我在学校里参加了一个书法篆刻的学习班，现在成为了生活中的一部分，作为工作之余调节压力的一种手段。”在他看来，大学是改变一个人的重要阶段，大学养成的学习生活习惯可能会影响到之后的人生路，短短三四年的时间，同学们不仅收获了专业知识，更重要的是收获了淳朴的友情，掌握了正确的人际社交技能，充实了人生阅历。

悟心路历程，谈人生道路的酸甜苦辣

吴兴财就读于机械学院汽车专业，拆装发动机、检修底盘、金工实习都是必修课。其中金工实习培养了他的工程意识以及精益求精的一种工匠精神。1999 年毕业后吴兴财参加工作，虽然学的是汽车专业，但在真枪实弹的岗位上还有些发憷，常被技工师傅笑话。这让他感悟到，知行合一是站稳社会的必要法宝。

2007 年，吴兴财跳槽后开始从事保险销售行业，这是与汽车行业完全不同的工作领域。他说：“刚开始进入这个行业都不容易，如果想把工作做好，想让自己在工作领域变得更加优秀，付出的心血必须是常人的数倍。”吴兴财刚开始做保险销售时，过程很艰辛，每个月底薪微薄，想要高收入就要靠业绩拿提成，但是一个刚入门的小伙子既没人脉关系，也没客户资源，保险产品的销售进展变得举步维艰。于是，他不得不拉下面子，去跑小区拉业务，他说自己有时会遭人白眼，有时候去小区推销保险还有人把他当做骗子，更别说和他谈业务了。夏日烈日当空，吴兴财每次上门推销都会遇到街坊邻居的各种误解，但他没有放弃，他告诉自己越勤奋越充实，越努力越幸运。他谈道：“最让人难受的事就是当你和客户各种解释，认真仔细回答他们的问题和疑惑，并给他们推荐最具性价比的保险方案时，费尽口舌，最后人家还是不买。不买就算了，还有很多人会觉得你向他们推销，目的是会从他们身上谋取大的利益。”人一定要靠自己，没有人能帮忙，事情只可以靠自己做起来。

采访中吴兴财校友无意中透露出这些年的辛酸，他说："社会还很现实，在大学里同学之间的友谊可以掏心掏肺，相互帮忙进步，老师也会关心你。可是在社会上在工作中同事只是同事，老板只是老板，没有人会关心你的感受。老板只看到你是否为他的公司带来利益，只看到你的业务能力，并不会去关心你经历了什么。"他苦笑一下，说："我记得有的客户让我非常心寒，明明谈好了时间，资料都准备好了，结果一个电话说自己有事情没时间就不来了；有时候客户甚至连理由都不愿意说，直接放鸽子。心酸，只能一个人慢慢品尝，无助，只能一个人默默承受。"但是吴兴财还是一路坚持了下来，随着工作经验的累积以及社会资源的拓展，他从一个普通的员工到销售组长、销售部长，最后成为了现在的销售经理。

汇职场精华，谈自我成长的点点滴滴

多年的工作经历让吴兴财有了深刻的体会。他说成为一个优秀的销售需要具备很多优秀的素质：其一，必须拥有良好的沟通技巧。一个人的性格决定一个人的沟通方式，你可以很婉约也可以很热情，但是你必须学会与人沟通。沟通是指与任何人在任何地点都可以找到合适的交流话题。沉默是在销售人员素质中的致命缺陷。一个沉默的销售人员，不和客户交流沟通你就了解不到客户的需求，那么就不能把产品推销出去。其二，必须有强烈的工作欲望。一个没有强烈进取心的人对什么事情都不会特别投入，一个没有责任心和没有工作欲望的销售人员是完成不了季度销售任务的。其三，要对生活有热情，对新生事物接受能力强。一个对生活都没有热情的人对什么都会无所谓，而对新生事物接受能力强则代表着敏锐的分析能力。其四，要有从容冷静的头脑。作为销售人员，我们每天会遇见形形色色的客户，首先要稳住自己的阵脚，然后从容面对。因为毕竟是销售行业，当然会面对客户的刁难，所以要学会很好地控制自己的情绪，从容冷静应对可能发生的突发事件。其五，要学会微笑和自信。微笑是最好的交流方法，当你微笑面对一切的时候，你就是最强大的自己。微笑是一个人自信的表现，你对自己和产品有着自信，那么就可以潜移默化地影响客户的心理。谁都不会不喜欢一个喜笑颜开的销售员，但你的微笑与众不同，藏着你的自信。其六，要有持久的耐力。你不能保证你的客户会在与你的沟通交流中爽快地签约，你必须有持久的耐心，锲而不舍地向客户做说服工作。在吴兴财看来，持之以恒是一种态度，一个合格的销售人员必须拥有此项素质。什么工作都是要坚持的，一个人如果没有耐力，那么对任何工作都是没有耐心的。

寄美好心语，谈水院成才的必由路径

对于现在母校的学子们，吴兴财有三点建议：第一，要立足专业，拓展专业的发展广度和深度。孔子曰“君子不器”，意思是作为君子，不能囿于一技之长，不能只求学到一两门或多门手艺，不能只求职业发财致富，而当“志”于“道”，要从万象纷呈的世界里边，去悟到那个众人所不能把握的冥冥天道，从而以不变应万变。在孔子看来，只有悟道，特别是修到天道与本心为一，才有信仰，才有驾驭各种复杂事件的能力。大学的时候，时间最充裕，希望学弟学妹们涉猎些人文社科知识，它们会在无形中提升你整体的素质、气质、谈吐、内涵。这些将会有助于以后的学习和帮助更好地适应社会。第二，保持良好的运动习惯。“我记得大二开始，寝室同窗就约我一起夜跑，我俩坚持到了毕业，毕业之后我还在坚持锻炼，所以现在尽管经常熬夜加班，但是身体还不错，这无疑是锻炼身体的结果。”锻炼身体的好处显而易见，所以各位同学在大学期间一定别忘了锻炼身体，养成一种运动的习惯。第三，培养属于自己的兴趣爱好。建议同学们在学好专业知识的同时也要培养相应的业余爱好。专业可能不会陪你一辈子，但业余爱好可能会陪你一辈子。“就像我一样，虽然我毕业于机械学院，但我却从事了保险行业，我的业余爱好——骑山地车一直陪着我，直到现在依然爱它如初。”有业余爱好就能结交一帮志同道合的朋友，拓展自己的社会人脉资源，也能让生活充满乐趣，缓解工作压力。“就在不久前，我刚和车友们结束了一场山地越野。所以在大学时，尽可能培养一个业余爱好。”

最后，吴兴财借本次采访，为母校六十五周年华诞送上真挚的祝福，希望母校越办越好，机械学院越来越壮大，培养更多应用技术型优秀人才。

吴兴财希望学弟学妹们记得：你的努力，也许有人会讥讽；你的执著，也许不会有人读懂，但一定要相信越勤奋越充实，越努力越幸运！

（供稿：机械学院）

不忘初心　勇于创新

——记 1997 级电专 4 班校友、杭州市拱墅区公安分局流动人口服务管理综合协调科科长薛承余

薛承余，男，1978 年 8 月出生，浙江瑞安人，中共党员，浙江水利水电学院（时为浙江水利水电高等专科学校）电气工程学院电专 97－4 班学生，2000 年 7 月毕业，2002 年 12 月考入杭州市公安系统，曾任拱墅区小河派出所社区民警、康桥派出所副所长、上塘派出所教导员，现任拱墅区公安分局流动人口服务管理综合协调科科长，二级警督。工作以来他认真履职尽责，全心全意投入工作之中，不断创造新的业绩，多次受到嘉奖，其中有个人嘉奖 1 次、优秀公务员 5 次、个人三等功 2 次、“十佳运河卫士”3 次、杭州市“优秀社区民警”、浙江省优秀公安派出所民警、杭州市模范人民警察（享受杭州市劳动模范待遇）、杭州市消防工作先进个人、杭州市反恐工作先进个人、浙江省服务保障 G20 峰会先进个人等。

求学期间　奋发图强

1997 年 10 月，丹桂飘香之际，带着对未来的无限憧憬，风华正茂的薛承余踏入大学校园。在校求学期间，他奋发图强，不断前行。他一直品学兼优，曾担

任班级宣传委员、校“水校之声”广播台副台长。在学习之余，薛承余还是绿茵场上的足球健将，是班级足球队的绝对主力，有“中场发动者”之称，曾为电气97－4班夺得当时的机电系和全校的足球赛冠军、亚军等多项荣誉立下汗马功劳。在“水校之声”广播台工作期间，他带领团队创办“文史长廊”“时政要闻”“温馨点播台”等各类栏目，丰富、活跃全校师生业余文化生活。在校期间，他思想进步、积极上进、发展全面，并光荣地加入了中国共产党。

从警之初　攻坚克难

2000年，世纪交替之际，在全国高校毕业生自谋职业的时代大背景下，薛承余进入了杭州一家专司电气自动化控制的单位从事产品设计及调试工作。凭着在校时打下的基本功，不到两年时间，他便成为了单位技术骨干，工作上独挡一面，受到单位领导、同事的青睐和赞许。他的工资也从每月800元迅速上涨到4000元左右，为他的职业生涯开了“好头”。但他坚守儿时初心，毅然于2002年选择报考人民警察，并顺利通过体能、笔试、面试、政审等各种测试和审查，终于圆了儿时的“警察梦”。

从警之初，薛承余便马上被单位安排到了小河派出所最为复杂的社区，成为一名派出所的社区民警。这对他来说是进入了一个全新的领域，一方面，全新的工作环境和工作内容，需要重新面对；另一方面，大跨度的职业转变，作为电气技术专业毕业的“理科男”，学校所学专业知识在公安队伍里基本无用武之地。面对种种困难，薛承余毫不退缩，学校里所树立的百折不挠的精神、所养成的攻坚克难的毅力在此时都派上了用场，加之走上正式工作岗位之前曾在警校受过短暂三个月的集中培训，学到了一些从警知识和技能，虽然开始工作时面对纷繁、琐碎的社区民警日常工作，诸如报案笔录的制作、嫌疑人的审讯、矛盾纠纷的调解、走街串户的访问等，曾经令薛承余应接不暇，无法从容应对，可是他还是用心完成了每一项工作任务。由于未受过警校“科班”专业系统性学习训练，不熟悉工作流程，即使准备再充分，对于一个警界新手来讲，工作之初时出现手忙脚乱的情形还是不可避免的。记得在第一次艰难完成一份现在看起来再简单不过的报案笔录后，满头大汗的他面对同事不屑的眼神和领导责备，那忐忑不安的场景多年后依然历历在目。在那时，他也曾有过困惑，心里也打过“退堂鼓”，这样一个大跨度的转变是否有价值，别人眼中的“金饭碗”公务员，每月到手工资只有一千出头，与原从事的工作薪资相距甚远，是回去继续从事电气技术专业还是破釜沉舟坚持将“金饭碗”捧到底？最终，他选择了坚持。通过虚心请教老民警、刻苦学习相关法律知识，从身边每一件小事做起，从与群众的家长里短走访开始，他潜心钻研，不断积累，积极总结，真正开始了一名“水校生”的从警之路。

2008年年初，薛承余在工作中发现辖区内一家只有一间门面、面积约50平方米、环境又差的小酒吧存在异常现象。这家酒吧的服务员清一色都是高大魁梧的壮汉，可酒吧内的客人却络绎不绝，他悄悄盯上了这里。通过初查，薛承余发现来此消费的客人均为应女网友之约而来，一不小心开一瓶红酒或来个果盘便消费几千元，客人稍有疑问便有三五个壮汉边上“围观”，致使客人忍气吞声，敢怒不敢言。后经一段时间的专案调查，最终抓捕了一伙以网上寻找客人、冒充女网友、威胁恐吓等分工明确的有组织犯罪团伙，共17人。在做社区民警期间，经薛承余之手破获了不少类似的发生在辖区内的大案小案，其中像“如此姐妹花”等多起案件还被中央电视台录制成专题纪录片。苦心人，天不负！他仅用了短短五年时间，便成为社区民警中的佼佼者，分管的警务室也被评为杭州市为数不多的示范社区警务室，他本人也被迅速提拔为中层领导干部。

不负所望　勇于创新

2008年8月，到康桥派出所履新副所长一职后，薛承余坚持以科学发展观为统领，牢固树立“主动防范、主动打击、主动建设、主动服务”的理念，始终坚持基础业务管理和队伍管理“两手抓”，积极探索完善出租房智能门禁及流动人口网格化管理工作，全面夯实基层基础工作。

他积极创新出租房屋“智能门禁”管理模式。针对出租房基础设施差、防范意识弱，导致隐患加剧、案件多发、服务脱节等问题，利用在校所学的电气专业知识，应用科技手段，创新管理模式，整合IC卡门禁、现场监控、3G无线数据传输、门锁状态报警和数据管理分析等系统功能，综合开发了出租房智能门禁系统，开创了流动人口服务管理的新模式。该智能门禁系统在出租房屋的流动人口管理、案件防控和打击处理上起到了巨大作用，实现了流动人口全掌控，案件“零发案”，并于2012年获得国家发明及新型技术专利。

他大力强化社区监控建设。积极争取康桥街道、社区及运河指挥部支持，对社区监控基本情况及盲点进行全面梳理，根据社区面积及治安复杂程度测量确定各社区安装监控指导数，最终156个视频监控得以全部安装到位。

他努力创新流动人口管理模式。立足康桥辖区实际，结合公安基础工作特点，创新推出集“流动人口办证检查、信息搜集、治安巡逻、安全防范宣传、纠纷调解”等工作于一体的流动人口网格化管理模式，按照横向到边、纵向到底的要求，将辖区细化成45个小网格，再按照“定人、定岗、定考核”的原则逐一落实人员从事网格内专业化流动人口管理工作，该模式已成为公安机关流动人口管理的法宝，并在杭州市轰轰烈烈进行了推广。2015年8月9日，下城分局发生“8.8”特大命案后，凭借扎实的网格化管理基础工作，迅速明确嫌疑人身份，为后续案件顺利侦破提供了重要支撑，得到了市局和兄弟单位的一致肯定。他精心创新“网约房”管理新举措。2018年以来，针对互联网经济浪潮下蓬勃发展的“网约房”带来的治安管理难题，他带领团队探索创新了“一排二整三规范”工作法，该工作法在浙江省政府召开的全省流动人口服务管理提升工程现场会上通过播放视频短片进行了介绍推广。

善谋小事　赢得口碑

2016年7月以来，薛承余又先后出任上塘派出所教导员和流动人口服务管理综合协调科科长等职，他始终秉持“善于做小事，把每一件小事做好就是最大的不平凡”的理念，兢兢业业，任劳任怨，在公安战线上为服务保障G20峰会、服务人民群众及全区流动人口服务管理工作做出了努力。

2016年，举世瞩目的G20峰会在杭州召开，薛承余带领全所民警历经“拼搏”“冲刺”“决战”等系列行动，从辖区建筑的每幢每间、路面的一草一木、人员的每户每人开始排摸，在最后阶段，为最大程度不影响市民出行，经常是彻夜组织开展紧急演练。特别是在峰会召开期间，他负责的是JW万豪酒店OBM驻地的安保工作，安保规格高、难度大，周边居民进出频繁及车流量大，稍有不慎极易引发安保事故。他凭着一股不服输的劲头，认真抓好每一个细节，最终，历经一年半时间的辛勤准备，圆满完成各项工作任务，为G20杭州峰会的顺利召开贡献了他自己的一份微薄之力。

2017年5月26日后半夜，作为当日值班所领导的薛承余接到群众报案，称在新青年广场B座电梯门口捡到香奈儿包包一只，内有大额现金21500元，没有任何失主的身份信息也无人报警遗失物品。时值后半夜，值了一个通宵班，本已疲惫不堪，按照规定完全可以第二天移交他人处理或按无主款上缴财政即可，但考虑到失主遗失这么多现金必定心急如焚，为了把包包尽快完好归还失主，他凭借缜密的分析开始了抽丝剥茧似的寻找线索，在一沓模糊签名的收条中，逐个通过大数据分析查询，确定最有可能的失主，再通过电话逐个确认。功夫不负有心人，最终通过收条落款人的关系人找到了失主。当失主到派出所领取遗失物时，感激的泪水夺眶而出，此时已是凌晨5时许，这时薛承余才了解到，失主一直不曾报警另有隐情，包内的现金为她的私房钱，遗失后连老公也未曾告诉。

敬业为本　创新为驱

光阴荏苒，转眼间薛承余离开母校已达18载。回望这些年的工作、生活历程，他觉得，就是八个字“敬业为本、创新为驱”。任何岗位都需要相应的能力、精神和操守，而“敬业”就是一种职业精神，在其位，谋其政，尽其职，只有具备职业精神才能爱岗敬业，才能在平凡的工作中对专业能力孜孜以求，对职业操守严格遵守，所谓“平凡之中孕育着伟大”就是这样的道理。从事一种职业易，恪守职业精神难。职业精神，在其看来就是对工作本身的看法，比“养家糊口”高一个层面，会有一种非功利的力量鼓舞自己去做得更好，“不将就、不对付、不得过且过”，无论如何都要有所坚持、有所尊重。一个人如果没有爱岗敬业的职业精神支撑，工作上就会缺乏动力，久而久之便会倦怠，职责也就难以得到保证。人生会面临很多种抉择，当你选择了一份职业或一个岗位，就必须投入自己全部的智慧、热情、责任心去坚持。

创新是一个国家和民族赖以发展的生命线，是时代永恒的主题和社会发展的不竭动力，各行各业都离不开创新思维，创新没有大小之分，把身边存在的问题通过一种方法、机制予以固化也是一种创新。创新行为具体表现在工作中就是要善于发现问题，善于寻找方法破解问题，这两个方面都是创新必不可缺的。或许每个单位都有满腹牢骚质疑工作中这也不好那也不好的抱怨之人，这只是发现了问题，如果在抱怨之余进行认真思考，再加以寻找出问题解决之道，这在一定程度上也即意味着创新。

寄语母校　无尽感恩

对于母校，薛承余深情地说：

一路走来，有母校相随，感谢陪伴我们成长的您——最美的浙江水利水电学院。是母校，为我们提供了优越的学习环境，使我们顺利地完成学业；是母校，使我们完成人生最美的蜕变，破茧而出，自由翱翔；是母校，使我们变成一群有理想、有抱负、有爱心，有担当的有为青年，为我们在人生最关键的时刻打下牢固的基础，给了我们精神、品格、能力和知识，让我们在人生的道路上勇往直前。今天，我们以母校为荣，他日，我们一定让母校以我们为傲。

感谢辛勤培育我们的恩师，是你们，用辛勤的汗水、无私的奉献，教会了我们分析与思考、丰富与凝练、合作与竞争、继承与创新，更让我们学会了如何不断超越、突破自己，把“博学求实”的校训融进我们的血脉、我们的生命，再华丽的辞藻也无法表达我们对您的尊敬和爱戴。桃李不言，下自成蹊，18 年虽然已经过去，但是，所有这些温暖的记忆都将铭刻在我们内心深处，细细珍藏。

绿叶情，学子心；校训记心间，师恩永不忘。谢师别友念母校，祈愿辉煌千载续；执手扬鞭奔前程，试观风雷九天激。

最后祝愿我们的母校越办越好，为社会培养更多更优秀的人才。

（供稿：电气学院）

追逐风雨潮水的水利人

——记1998级电高2班校友，全国水利技术能手、浙江省技术能手、浙江金蓝领万志军

万志军，1982年生，丽水遂昌人，1998年考入浙江水利水电专科学校发电厂及电力系统专业（五年一贯制），2003年毕业后，先后在龙泉瑞垟二级水电站、四川凉山州铁西水电站、浙江江能建设有限公司从事水利水电工程运行、检修、安装等工作。2017年9月、10月分别代表杭州市和浙江省参加第七届全省水利行业职业技能竞赛水闸运行工决赛、第五届全国水利行业职业技能竞赛泵站运行工决赛，取得全省第一、全国第九的成绩，被授予全国水利技术能手、浙江省技术能手、浙江金蓝领等称号。殊荣面前，他仍将工作放在首位，在省赛结束后，因为台风“泰利”生成，需要进行“特别检查”，他当即赶回工程现场。他是浙江水利人的缩影，正在用行动诠释着“献身、负责、求实”的水利精神。

一路走来，实践造就技能

2003年，万志军选择到美丽山城龙泉市的瑞垟二级水电站从事运行值班工

作。在该电站建设阶段，他天天跟在安装师傅后面学习设备安装，单位每月组织对运行人员理论、实操测试，他总能取得好成绩；电站建成发电后，他又跟着运行带班师傅学习设备操作，从值班员逐渐成长为一名值班长，而且还成为单位重点培养对象。

刚参加工作时，一些实际问题常会令万志军感觉自己专业知识和实践技能的不足。2005 年，为了提高自身的专业技能，万志军来到数千公里之外的四川省越西县铁西水电站工程建设工地，扛管子、拼管路、烧电焊、洗部件、拉电缆、设备组装、屏柜接线、刷油漆等什么活都干，只要哪里有活、哪里能学东西，哪里就有他。铁西水电站投产后，他又参加了大岩三级、瓦岩一级、瓦岩二级、响水河一级等多个水电站工程建设和铁西水电站 3 号机组出线改造等工作，从预埋到安装再到调试，从辅机到主机再到电气，从电站到变电站再到水库大坝，一干就是十年。十年中，他始终坚持实践，在实践中挑战自我、突破自我，用他自己的话说“技能无捷径，实践出技能”。这份坚持，将他历练成了一名一专多能的行家里手。

敬畏自然，演绎水利精神

在谈到参加 2008 年“5·12”汶川 8.0 级特大地震、2010 年 7 月 16 日越西河特大山洪、2011 年 6 月 17 日大渡河一级支流尼日河普雄段特大山洪等抢险救灾时，万志军对自然灾害的破坏力充满了敬畏之色，反复提到作为一名水利工作者，身上承担的是百姓生计、社会安全，来不得半点马虎、丝毫差池。正是这份不经意间流露出的对水利的认识，让他多年来始终将工作放在首位。他的认真细致、坚持原则和敬业负责经受住了一次次暴雨洪水洗礼、创造了一个个安全生产记录。

2015 年万志军回到家乡，在浙江江能建设有限公司从事水利工程运行维护物业化管理工作。在公司倡导的“学习、素养、专业、服务、标准、信息、安全、满意、管家”9S 水利工程物业化管理模式下，他和团队利用公司运维管理平台承担了百余座水闸、泵站、电站、水库的运行维护工作。为了确保每一座水利工程安全运行，每年的汛前、汛中、汛后检查，每次的台风、洪水特别检查，水工建筑物观测，设备抢修、检修、保养，工程抢险、安全鉴定，设备检测、评级，标准化建设评定等，他都要去到所负责的各个水利工程现场，每年光在浙江省内的交通里程就达 3 万余公里。

汛情险情是军令，必须随令随到；计划工作是硬框框，只能提前不得拖延；临时任务是责任，务必全力完成。在他的日程安排中，几乎没有节假日、没有对家人的陪伴。因为抗台风，父亲住院动手术时家人瞒着他、母亲检查治疗时是表哥在忙前忙后；因为抽不出时间，儿子幼儿园三年，他几乎错过了所有的家长会和集体活动。正是他和像他一样数以万计水利人的默默奉献和家人无私的支持，造就了浙江在水安全、水资源、水管理方面的成就。

台风、汛情来临是最紧张的时刻，设备可靠性事关防洪抗台风安全，直接影响百姓生命财产，万志军深知其中责任重大。在他手机微信订阅号中，关注最多的是各地的气象、台风、水文，在他电脑浏览器中，网页收藏最多的同样也是天气。为了保证能随时出发，他的车上常备着一套出差行头，里面除了个人生活用品和常用工器具外，还有饼干和水。每当台风生成，他和公司应急小组就 24 小时值班监视台风趋势，随时向各工程发出台风动态和工作要求，一旦出现登陆或影响的趋势，立即启动响应、奔赴现场。到场后，他做的第一件事情就是各种检查，从水工建筑物到金结机电、从主用设备到备用设备、从水文气象到预排预泄、从交通通信到应急物资、从人员安排到后勤保障，他必须里里外外、仔仔细细查个遍、查个透，做到心中有数、万全准备。台风来袭，他总是带头出现在雨中的清污机旁、涨退潮时的闸门边、故障设备的抢修现场和深夜的值班室。凭借这份高度责任感，他和团队在三年多时间中，经受住了数十次台风洪水的考验，保持了所管理水利工程零失误、零故障、零事故的安全生产纪录。

从业十五载，万志军在对待工程技术时，养成了实事求是、一丝不苟的作风。2016 年检修中，发现水轮发电机上导轴承回装完后多出一个 M6 的弹簧垫片，经查看图纸分析，只有冷却器的挡油板是采用该型号螺栓固定的，当时现场多位参加检修的同志认为少装一个弹簧垫片不会造成挡油板松动，甚至就算挡油板松了也不影响机组运行，不需要返工。万志军同意大家对挡油板松动影响的看法，但认为螺栓万一掉出，存在螺栓、平垫随油流撞击部件表面、卡入轴瓦引起设备损坏的可能，必须返工处理。在他的坚持下，为了不影响第二天的调试计划，他和其他同志一起连夜返工，找到了那颗漏装弹簧垫片的螺栓，最终在凌晨一点多处理完成。“挨打要立正”是他经常用来调侃自己的一句话，这句话也是水利人实事求是、勇于面对错误、纠正错误的真实写照。

传承发展，共筑水利

谈到母校时，万志军说作为电高班的一员，求学5年，是在校时间最长的一批学生，老师们不但教授了专业知识和技能，更加培养了他的三观。水校给他留下了许许多多美好回忆，他对母校有着一份特殊的情感。在浙江，不论走到哪个水利水电工程，总能看到水院人的身影，水院无愧为浙江水利的“黄埔军校”，他为自己是水院人而自豪，更为水院不断发展壮大而点赞。

他说，现在母校各方面都比当年有飞跃发展，学习软硬件大幅提升、生活环境非常怡人，同学们在校学习期间，要抵制诱惑、严于律己，养成良好个人素养，时刻谨记“疾学在于尊师”，努力学习知识、技能，为自己走上工作岗位夯实基础。积极参加集体团队活动，提高团队认识，培养协作意识，树立正确的团队荣辱观；多参加公益活动，促进社会责任心；加入校系各类组织，争取担任职务，锻炼、累积组织管理经验。学习政治理论和先进经验，经常自我比照，找出不足，促进政治素养提升，向党组织靠拢。全面客观评价自我，提前规划方向，顺利步入工作；脚踏实地，克服万难，在平凡的岗位中成就不平凡。

习总书记在2018年新年献词中说：“幸福都是奋斗出来的”。在这个伟大的奋斗时代，我们有理由相信这样一位踏实、能干、肯干的水利人能为水利事业贡献出更大的力量。

（供稿：电气学院）

做一个平凡的人

——记1998级电专12班校友、淳安千湖口腔医院有限公司/杭州欧丹口腔门诊部有限公司总经理黄淑萌

黄淑萌，男，浙江淳安人，高考以600分的优异成绩进入浙江水利水电学院（时为浙江水利水电高等专科学校）机电系发电厂及电力系统专业电12班学习。班主任为幽默又可爱的方勇耕老师。当时的校园还在杭海路四季青，在三年的大学生涯中，他圆满完成了学业，还积极参加学生工作，相继担任了班长和系团总支副书记，组织了多项学生活动和社团活动。同时他积极要求上进，进入学校就提交了入党申请书，经过半年多的努力，加入了中国共产党，成了一名中共预备党员。从那以后，他更加严格要求自己，改正自己的不足，一年后按期转正，成了一名正式党员。从那时至今，他一直以一个党员的标准严格要求自己。

大学三年，他成绩优异，各方面表现都不错，被评为了省级优秀毕业生，毕业后入职宁波市白溪水库。

从 业 经 历

来到风景秀丽的白溪水库，感觉又找回到了儿时的宁静。他是一个从大山里

走出来的孩子，在热闹的杭州待了三年，一切都是那么的新奇，兜了一圈，又回到了宁静的地方。当时的心里还是很失落，可能很多人觉得很俗，但对一个农村的孩子来说，城市就是他们的梦想，他渴望城市生活。当时有人问他，那为什么不留在你向往的城市呢，其实对于一个省优秀毕业生而言，在杭州就业并不难。但他毅然去了乡下，主要是因为那里的收入可以满足他家的生活需要。黄淑萌上初中时，母亲去世，大一时父亲也离世了，他还有一个小他四岁的弟弟。在学校和社会的帮助下，黄淑萌顺利完成了学业。但是，弟弟读书成绩也不错，也要上大学，作为哥哥应当肩负起责任。

既来之，则安之。熟悉之后，同事有一半以上都是积极上进的年轻人，大家白天上班讨论钻研技术，傍晚打篮球，晚上看书，生活也十分惬意，黄淑萌转眼就融入了这座大山。

他刚到水库工作时，白溪水库项目还在建设的收尾阶段，很多设备还在调试。那时他有的是理论知识，实践知识比较少。调试阶段对他来说是一个绝佳的学习机会。于是，他认真参与每一次调试，向老师傅们学习，把学校所学的理论知识落到实处。单位的工程进度向前迈了一大步，他自己的专业知识也得到了前所未有的提高。水库正式运营后，他被分到了运行班。他始终孜孜不倦，因为优异的表现，一年半后他被调到了检修班组。在那里，他参与了多个项目的改造，专业技术得到了更大的提升。

本想这辈子会在这一直待下去，但因为一件事情他的人生轨迹彻底转变了，那就是中国的楼市。当时的购房经历打击了他，觉得买房好累，他毅然觉得需要换一个环境来解决买房问题。其实后面的人生历程也一再告诉了他，其实到哪都一样，买房都累。当时从白溪水库出来，他毅然回到了杭州，而且找了跟专业毫不相干的工作，转行做了医疗器械，而且一做就做到了现在。

奋斗经历

重新回到了杭州，来到了新的工作岗位，激情满怀，但他又回到了起点，进入到了一个新的领域。他进入医疗器械公司被分在骨科领域，从事骨科植入物的销售。这个领域对专业的要求很高，他要过的第一关就是专业知识。但既然选择了就必须奋勇向前，他挑了几本相关的专业书，从零开始学起。所幸他只要学习和销售有关的专业，不需要学解剖学，经过一个多月的努力，他对骨科的基础知识有了一定的了解，为他的销售做了一定的铺垫。

经过一段时间的努力，他掌握了较好的基础知识，业绩也做得比较好，被提拔为骨科事业部经理。从那以后，他带领他的团队勇往直前，做好服务，提升业绩，加强学习，让自己的专业知识得到了更进一步的提升。学会了分析磁共振片子，学会了从片子中找病因，给出解决方法，能够协助医生帮助病人解决痛苦，是他这段时间最大的收获。

随着业务的发展，公司决定拓展多元化市场，决定到一些地方成立口腔医院，为中国口腔医院的匮乏做出贡献。但开口腔医院对他来说又是个陌生的工作，虽然同在医疗领域，但专业完全不同，相当于又是从零开始。开口腔医院第一件要做的事情就是做市场调研、选址。经过多方比对，他们把第一家口腔医院的选址定在了他的家乡——美丽的淳安千岛湖。一方面这是他老家，另一方面也因为千岛湖离杭州较远，口腔医疗技术匮乏，市场前景较好。确定物业后，就开始设计装修，医院注册，团队组建，中间涉及工商税务、卫生、消防、环保等多个政府部门，经过七八个月的努力，淳安千湖口腔医院正式开业，他们的第一家口腔医院正式扬帆起航了。半年后他们开始在杭州转塘金街美地筹建第二家口腔医院。在筹建两家口腔医院当中，他们体会到了各种艰辛，身为总经理的他感悟更深。从筹建到运营，每一步都很艰辛，特别是团队建设，现在的职工年代跨度大，想法跨度大，所以在管理上需要采用更多样化的方式。因为人才是一个企业的根本，发挥每一个人才的真正作用，才能让企业发展更快，接下来他们会从各方面总结经验，采用更优化更简洁的方式去开设连锁医院。

人 生 感 悟

回头看看其实每一天都过得很平凡，但每时每刻都值得去回味，黄淑萌认为，人生需要的是理想，不是幻想，需要的是脚踏实地，在理想的陪伴下，踏踏实实做好每一件事，踏踏实实过好每一天，这样的人生时刻充满辉煌。

从业至今，黄淑萌深深体会到，无论从事什么行业，都必须具有崇高的工匠精神、高超的技艺和精湛的技能，有严谨、细致、专注、负责的工作态度和精雕细琢、精益求精的工作理念，对职业有高度的认同感、责任感、荣誉感和使命感。

母 校 寄 语

离开学校已经整整17年了，黄淑萌在外经历了很多，但他说，在学校经历的一切仍历历在目。借此机会，他要感谢母校，感谢老师，为他走上社会奠定了坚实的基础。祝母校永远朝气蓬勃，桃李满天下。

（供稿：电气学院）

徐徐而行，立志成才

——记 1999 级汽车专业校友、浙江农资集团
金诚汽车有限公司徐立

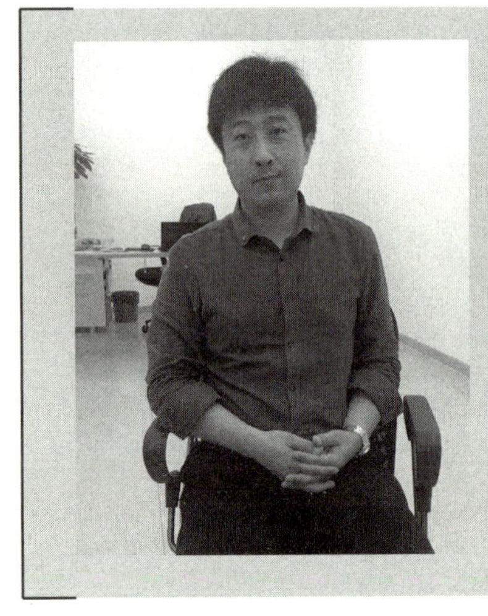

人们想要成功，犹如探险者渴望走出沙漠；人们想要成功，犹如杨柳渴望春天的到来；人们想要成功，犹如雏鹰渴望翱翔于蓝天之上。也许有人认为成功距离我们太过遥远，殊不知成功就在我们身边，掌握在我们自己的手中。成功不是自己期盼出来的，而是靠脚踏实地实干才能达成的。今天就来谈谈 99 级校友徐立的成功故事。

谦谦公子　温润如玉

徐立就职于浙江农资集团金诚汽车有限公司、浙江金庆铃汽车销售有限公司，目前担任总经理一职。浙江农资集团金诚汽车有限公司组建于 2005 年（前身是成立于 1994 年的浙江农资集团汽车经营部），是浙江省供销社下属成员企业，注册资本 3000 万元，拥有控股子公司 9 家，员工近 300 人，公司致力于中高端汽车品牌经营，是浙江省最大的进口汽车销售和服务企业之一，被评为浙江省工商企业信用 AA 级“守合同重信用单位”，并被浙江省和杭州市政府分别认

定为浙江名牌产品和杭州市著名商标。

在与徐立校友第一次接触中，他给我们的第一印象便是“爽快”。采访组第一次给他打电话就联系上了，磕磕绊绊地表明想法后，他便爽快地答应下来。他说：“也不能算是采访，就是相互交流一下。”“谦虚”是对徐立校友的第二印象。谢觉哉先生曾言：“一知半解的人，多不谦虚；见多识广有本领的人，一定谦虚。”到了约定好的那天，我们来到他所在的公司，踏进展厅，看见他在二楼的走廊上面带微笑地向我们招手，示意上去。走上楼，他带我们走进他的办公室，指着一侧的沙发说：“先坐，喝点水，我们就当聊聊天。”“温和亲切”是徐立校友给我们的第三印象。

昔我往矣　今来我思

谈起母校，徐立露出了追忆青春的微笑。“我是1999年入校的，那个时候学校生活比较艰苦。记得那时，我们机电系总共两个班，大概是八九十号人，四位女生。当时我到学校的最大感受是“热”。八个人一间寝室，住在最高的七楼，别说空调了，连电扇都没有。因为夏天很热，大家都想要冲澡，但由于水压的缘故，我们经常从七楼跑到六楼，再到五楼、四楼，最后到三楼、二楼去洗澡。”徐立用“酸爽并快乐着”总结了这段大学岁月。“很庆幸，我们在这三年里，遇到许多兢兢业业的老师。三年中，我们换了两位班主任，他们都很尽心尽职。印象里有一位负责实际操作的钟老师，大大咧咧的，他能通过声音听出汽车哪部分有问题。”随后，徐立校友又谈起他的专业。“这个专业在当时对人才的需求量非常大，毕业生的就业率很高，可选择的工作范围也很广。社会普遍对汽车的维修、销售管理人才的需求量非常大。我学的是维修，不论从事汽车的哪一方面工作，基础知识都是很重要的。”他感慨道：“时代在变化，对于我们老一届，钻到车子下去修车是很正常的事情。再看看这两年的毕业生，真正去从事维修工作的人是少之又少，他们觉得这个行业很累，不体面，所以都不愿选择从事这一行业。但从另一方面来说，现在的学生主观能动性越来越强，适应性也比我们那时候增强许多，总而言之，各个时代的学生都有其优点。学校要培养学生有良好的心态和品德素养。”

功崇惟志　业广惟勤

当谈到毕业后的第一份工作，徐立说："我可能比较特殊一些，2002 年毕业，毕业后就一直在浙江农资集团工作。当时毕业的时候，汽车分三大板块，元通、康桥、农资。在浙江农资集团已经待了 16 个年头，进入公司后从最基本的工作开始做起，比如说车辆上牌，这个工作大约做了半年。"就目前关于大学生创新创业的热门话题，徐立谈了他的看法："从周边的朋友来看，我的意见是先就业，再择业，再创业。毕竟大学和社会是两个不同的环境。作为一个普通的学生来说，在课本上学到的东西以及校园里的人际关系都和社会上不一样，即理论落后于现实。进入社会后还是要在社会中不断学习的，刚毕业时学生的人生观还不是特别成熟。只有自己的能力足够时，才能自由选择想做的事。"人生是未知的，需要朝着自己最有优势的方向去发展。就业以后，经过自己的磨合期，拥有一定的基础后再去择业。在经过择业期后，有一定的人际关系、客户资源、优势数据，才能把握创业的方向。

他还谈到"当年我们那届也有很多人在创业，都是先在公司待了一两年，对这一行有深刻的认识后，才会选择去创业，创业落实到个人身上，可能就是一个点、一小块，怎么认识这个点非常关键。刚刚毕业的时候，这个点很模糊，经过一定的工作实践，对社会有更深的认识和储备了一定知识后，那个点就会越发清晰。这时候你再选择创业，也许成功概率会更大。所以我个人的观点就是先就业冉找机会去择业创业。"

不积跬步　难行千里

不积跬步，无以至千里，不积小流，难以成江海。徐立坚持"干一行，爱一行"的观点。他说："选择行业的时候，99％的人选择的不是自己喜欢的，但是工作久了，对工作慢慢就会热爱，有感情。当时我选择货车的模块也许在外人看来并不那么高档，但其实我们公司也有像宝马那样高档的模块，只是我没有去选择，而是在货车这一冷门中工作，这一干，就是十六年。"徐立语重心长地说道："要知道在一行待得越久，资质就越深，你在这个行业的话语权和知名度就越大。

跳槽是合理的，但是过多的跳槽是没有必要的。频繁跳槽远远没有在一个公司一直做下去得到的经验多，你在前一家公司得到的经验并不一定适用于后一家公司。”经验就像酒一样，沉淀的时间越长，酒会越香，人会更稳重。在这个行业里一干就是十六年，这是最令他引以为豪的事情。坚持的“昨天”叫立足，坚持的“今天”叫进取，坚持的“明天”叫成功。“这些自豪的事，在曾经某个时间点来说的确令你自豪，但是回过头来你会发现，对于现在的你来说，令你自豪的那个点是微不足道的。”不满足当下，往前方看，将会有更大的成功。

生活是一张洁白的画纸，每个人都描绘着自己的色彩；生活是一杯香醇的美酒，每个人都品尝着自己的味道；生活是一条漫漫的长路，每个人都是远行者。我们在辛苦工作的同时还要培养对生活的热爱，找几件自己感兴趣的事情做一下，放松一下自己，以便更好地提高工作效率。“就我而言，刚踏入工作的一两年，有些兴趣爱好都渐渐被忽略了，站在你们现在这个角度，我希望你们该工作的时候工作，该玩的时候玩，兴趣爱好要规划好，工作和娱乐都是生活的一部分。我平时会和大学同学聚一聚，踢踢球。”

结　　语

在与徐立交谈的最后，他还谈到大学生创新创业的问题，他认为大学是一个很好的试错平台，但是一定要从错误中吸取教训，不断总结提升，将错误转化为成功的经验。“原谅犯的第一次错误，尽量避免第二次，绝对不要有第三次。有问题要立刻解决，拖得越久，成本越高。”正如李觏在《易论第九》中提到：“过而不能知，是不智也；知而不能改，是不勇也。”通过对徐立的深入访谈，我们能深切感受到他多年的坚持，这份信念一直陪伴着他。常言道：“绳锯木断，水滴石穿。”不管做任何事都要有恒心，有毅力，不要轻言放弃。虽然说努力和坚持并不一定就会取得胜利，但放弃就一定意味着前功尽弃。星星不畏太阳的不屑，在亘古的夜空中依然闪耀着那一点微光，指引方向；水滴不畏磐石的阻拦，在时间的长河中执著那一份信念，终于穿石。作为新时代的大学生，徐立的坚持精神告诫我们，要不畏困难阻碍，恒定那一份美丽的梦想，终将梦想花开，尘埃落定。

（供稿：机械学院）

工程数字化建设之路的积极探索者

——记 1999 级电高职 01 班校友、中国电建华东勘测设计研究院有限公司子公司浙江华东工程数字技术有限公司副总经理邓新星

邓新星，男，浙江水利水电学院电气工程学院校友。1999 年 9 月，经过高考的洗礼之后，他满怀对未来的憧憬，走进大学校门。大学期间他刻苦钻研，各门学科成绩优异，多次获得奖学金；他工作认真负责，曾担任不同职务的班干部，组织协调能力突出；他踏实肯干，参加了多个学生社团，为繁荣活跃校园文化做出了自己的贡献。2002 年 6 月，他顺利从发电厂及电力系统专业毕业，进入了令很多同学羡慕的中国电建华东勘测设计研究院有限公司（以下简称：华东院）从事电气一次专业设计工作。

从走出校门到初识工程设计

初识邓新星，平凡而简单可能是他留给别人的第一印象，但随着对他了解的加深，大家就会发现他眼睛和骨子里透露出来的极致和精彩。俗话说，师傅领进门，修行靠个人。从 2002 年走上工作岗位到 2005 年的头几年里，他参与了华东院内各种不同类型项目的设计工作，有抽水蓄能项目和常规水电的电站项目，有变电所和输电线路的输变电，有船闸水闸的水利项目等。项目从北到南，从东到西遍布全国各地，作为众多设计人员的一分子，他默默地为每一张图纸、每一份

报告提供最极致的努力。通过几年不间断的历练，他熟悉了设计流程，掌握了CAD制图，精通了设计规范。在工作上，他算是真正入门了，认识了电气设计的工作，也认识了水电工程的设计，顺利完成了对工程设计的初识。

从入门工程建设到进行项目管理

从2005年开始，随着华东院海外业务的逐步开展，邓新星非常幸运地参与了华东院第一个海外设备成套项目——越南广治水电站设备成套项目，并在这个项目当中首次担任电气一次专业主设工作。该项目的执行极大地锻炼了邓新星的各项业务能力，使他加深了对标准的理解，明白了海外项目的设计不仅要懂得国内标准，还要清楚国标标准（如IEC和IEEE）的要求，在设计当中既要满足业主和国标标准的要求，还要遵守国内标准。经历该项目之后，他又在越南西山4水电站设备成套项目和土耳其BURCBENDI水电站EPC项目中继续担任电气一次专业主设重任。在这两个项目的执行过程中，他的项目执行能力和外语能力都得到极大的锻炼，特别是在西山4项目执行期间，他还担任了该项目的项目经理助理，通过协助项目经理完成大量的项目管理工作，他入门了工程项目管理工作。

从精通项目管理到不断创造佳绩

时间进入到2010年后，邓新星又参加了尼日利亚Kainji水电站的改造EPC项目。该项目是对一个建于20世纪60年代的项目进行技术改造，设备老旧故障频发，并且项目资金为世界银行贷款，其国际监理团队对项目“高标准、严要求”，再加上项目所在地在遥远的非洲，总体执行难度非常大。他作为项目电气一次主设，面临的挑战不仅来自于本专业的难点，还要受其他兄弟专业和现场重重条件的制约。在该项目设计中，邓新星充分发扬精细化设计、全面考虑问题的能力，积极协调本专业及相关专业面临的各种问题；他在该项目中除了做好本职工作以外，还根据之前执行的其他海外项目的经验，积极为本项目管理团队出谋划策。2015年，本项目顺利通过世界银行组织的国际监理团队的验收。

2011年至2012年间，邓新星担任越南松邦4项目副经理兼总工程师，带领项目部的同事们共同负责本项目的管理。越南松邦4项目是从2004年华东院进入越南市场后承接的首个包含设计、供货和施工的EPC项目。本项目是华东院承建的第一个亚行贷款海外项目，也是他首次带队执行项目。在亚行贷款模式和世界著名监理公司“高标准、严要求”的综合管理下，他和项目部的同事们一起凝心聚力，克难攻坚，积极提升自身的设计水平和项目综合管理水平，确保了项目履约过程中供货质量和安装质量均满足合同要求，成功完成该合同的履约。然而，项目的履约过程也并非一帆风顺，尤其是项目部在2014年的安装高峰期经历了“越南5·13反华事件”，在该事件中越南中部诸多中资企业受到冲击，中国军方派遣了大量船只和飞机组织人员撤离。他和项目部的其他同事在这种极端困难的情况下始终保持着冷静的头脑，第一时间向后方汇报情况，与驻越大使馆取得联系，项目部在随后的几个月中坚决按照大使馆“不进不出”的指示，每日与设计院保持着积极沟通，确保24小时手机开机，在保证人员安全的大前提下，还克服了越南当地员工大量离职等诸多困难。在如此艰难的时刻，他表现出了坚韧的精神品格和卓越的组织才能。在该特殊事件的不利形势下，项目部不仅保证了现场安全事故零发生，更出色地实现了项目的提前完工，赢得了监理、业主、当地政府乃至亚行的一致好评，为华东院在越南市场赢得了极高的声誉。在项目顺利发电两年后，鉴于良好的工程质量和发电效益，越南政府授予“越南松邦4项目国家优质工程奖”，这是越南建设部颁发的最高质量工程奖，也是中国企业承建的工程首次在越南荣获国家级奖项。

在越南松邦4项目的实施和管理过程中，邓新星得到了极大的历练。在项目执行期间的2013年8月，他以越南松邦4项目原班人马同步承接了越南同奈5项目，该项目于2015年顺利发电并通过验收。最终他和项目部的同事们以巨大的勇气和高超的管理能力实现“一套人马两个项目”的同步管理和顺利实施。

从传统工程管理到初探工程数字化之路

从2005年开始，华东院大力开展工程数字化建设工作，因其一直以来的突出表现，邓新星有幸成为设计院三维数字化小组的第一批成员，参与到后来波澜壮阔的工程数字化大浪潮中。从2009年开始他一边执行原有工程项目，一边带领团队开发电气三维设计软件 Electrical Designer。该电气设计软件是国内首个全面的基于三维的电气设计解决方案，将一举实现电气的原理设计、布置设计、端子和接线设计、电缆敷设设计的数据互通、信息共享和三维可视。该系统是华东院 Hydrostation 水电三维设计解决方案重要的一环，当前已完成 V1.0 的开发，正在开发 V2.0 版。当前电气三维设计软件 Electrical Designer 已随 Hydrostation 推广和销售至数十家设计单位。

在从事设计工作和项目管理工作过程中，邓新星深刻领会到原有的传统二维 CAD 设计的不便利，以及传统的项目管理手段的落后性。他在参与三维数字化小组，以及开展电气三维设计软件开发的过程中，已经开始初步探索工程数字化的解决之道。

从初步探索到全身心投入工程数字化建设

时间进入到 2014 年，邓新星积极响应华东院的号召，正式转岗至浙江华东工程数字技术有限公司（以下简称：数字公司）工作，开始了自己全职探索和研究工程数字化的工作。进入数字公司之后，他先后担任了部门副主任、部门主任、公司总经理等职务；先后参与了数字化电站等技术研究和项目实施，其中参与的仙居抽蓄数字化电站获得中国电力工程数字化设计（EIM）大赛一等奖。基于仙居数字化电站的研究成果，他作为项目副经理和总工程师先后参与了上海市水利工程数字化模型管理平台项目和洪屏抽蓄数字化电站系统项目的实施。通过这几个项目的实践，他为华东院探索并建立了基于工程数字化和全生命周期管理理念的水利水电建设管理平台和数字化全生命周期运维系统，并基于此系统形成新的建设管理和运维模式。当前，该建设管理平台已推广至数家发电业主单位，包括：雅砻江公司、华电集团、三峡集团、大唐集团等，并开始推广至市政、交通等其他行业；数字化全生命周期运维系统已在新源公司近十个电站进行了部署和应用。

从水电工程数字化到数字城市建设

华东院的发展源于水电，但最终将发展于城市广阔天地之间，而且其工程数字化也一样，将从水电工程数字化进入到数字城市建设。2017 年 8 月，华东院中标深圳机场新一期扩建工程基于 BIM 的项目管理咨询服务项目，邓新星作为工程数字化的主力军，担任了本项目的常务副经理兼总工程师，带领团队完成了国内首个民航机场工程从规划到运维全阶段的数字化应用总体规划，建立了“全过程、全专业、全业务、全参与”的协同建设管理模式，建立了机场工程 BIM 标准体系，首次将基于 BIM 的项目管理、设计管理、施工管理、竣工管理、建设档案管理等工作放入到项目管理咨询服务合同。2017 年 6 月，项目进入设计阶段咨询服务，邓新星带领团队顺利搭建了民航机场工程首个 BIM 协同管理平台，指导航站楼设计总体单位、民航飞行区设计总体单位开展 BIM 应用。在中标本项目的同年，华东院还中标绍兴地铁智慧交通、郑州贾鲁河智慧水务、深圳前海数字城市、雄安数字城市等项目，成功将水电工程数字化经验引领到交通、水务以及城市建设当中。

在这众多的项目中，邓新星担任了深圳前海数字城市项目常务副经理兼总工程师。深圳前海国家级新区是粤港澳大湾区的核心引擎，规划建设的体量两倍于美国的曼哈顿。Ⅴ标、Ⅵ标项目投资总额 70 亿元，面临着填海造地地质条件复杂、地上地下立体开发难度大、规划设计施工同步设施困难等问题。他带领项目团队将国际领先的工程数字化解决方案首次带入城市片区市政基础设施工程，2016 年 11 月签订合同正式实施；2017 年 6 月底提前 3 个月完成第一期成果；截至 2017 年 11 月他带领项目团队解决了一个个从未遇到过的难题，越过了一道道难以逾越的关口，在经过无数个不眠不休的日夜，用了一整年艰苦卓绝的付出，将困难逐一攻克，完成了基于 BIM＋GIS 建管平台的上线，完成了一系列的市政 BIM 标准体系建设，建立了现场技术支撑服务体系。同年 10 月在新加坡举办的全球基础设施 Be 创新大会上，本项目成果打动全球独立专家评审团，获得市政基础设施组唯一大奖。

从不断创造业绩到砥砺前行

邓新星说，工程数字化之路的探索已为他带来了 1 项国际级大奖、4 个省部级奖项、5 个市局级奖项、3 个院级奖项，但他从未停止过脚步，仍然持之以恒，不断前行。

从工程到工程数字化之路非常漫长，他为自己比别人早几天走上这条路而感到幸运，他相信后面会有更多的人走上这条路。从工程到工程数字化之路非常艰难，他为自己积累的一些工程经验可以为这条路填平几个坑而感到高兴，他相信后面的人会走的更加顺畅。从工程到工程数字化之路前景广阔，他认为这能更好服务于工程、服务于社会，他相信这是一条不可能逆转的光明大道，他说他和他的同事们愿意成为这条崎岖之道的探路者，哪怕成为先烈也要变成指路牌。他坚定地认为工程数字化之路的成功必然会发生在我们这辈人的身上！

对于母校，邓新星说，自己今天所取得的一切成绩，都感恩于母校的培养。母校“博学求实”的校训，已经深深镌刻于自己的脑海深处，激励着自己在数字化探索道路上不断攻坚克难，砥砺前行。

（供稿：电气学院）

干一行 爱一行

——记2000级水本专业校友、绍兴市越城区
蕺山街道党工委书记童云英

童云英，女，1982年2月出生，浙江绍兴人，2000—2004年就读于浙江水利水电专科学校水利水电工程专业（当时该专业为浙江工业大学与浙江水利水电专科学校合作办学），本科学历。2003年5月加入中国共产党，现任绍兴市越城区蕺山街道党工委书记。

求 学 生 涯

当年，水本001和水本002两个班是水校和浙江工业大学联合招生的第一届本科。虽是和浙江工业人学联合办学，但学习基本都在水校，所以童云英骨子里认为自己就是水校人。因为是第一届本科，学校非常重视，给两个班配的师资力量和硬件设施都是最强的，管理也很严格。童云英记得，那时班上有几名男同学头发留长了点，班主任张廉老师硬是拉着他们去理短了。童云英是比较认真听话

的学生之一，从来不淘气，功课也完成得不错，除了上课和晚自习的学习，还经常去图书馆学习，基本每年都能拿到奖学金，毕业时还荣获了“浙江省优秀毕业生”称号。

然而，她大一时也曾迷茫过。当时，班主任要求每个人写一份对未来的规划。童云英开始还觉得自己很有想法，但真正动起笔时就苦恼了，后来在与老师深谈之后才明确了自己的目标。

从业经历

2004年6月毕业后，童云英到了绍兴市水利局工作，先后从事水利规划设计、工程建设管理等工作；2009年11月任绍兴市水利管理处副主任；2015年1月任绍兴市农村水利站站长，同年4月任绍兴市河道管理站站长；2016年6月调任越城区蕺山街道办事处主任；2017年12月任蕺山街道党工委书记。参加工作十多年来，童云英一直兢兢业业，谦虚好学、勇于奉献，获得过浙江省重点建设立功竞赛先进个人、绍兴市“五水共治”工作先进个人、承办市人大代表建议政协委员提案先进个人。浙江省“水利科技创新奖”二等奖一项，浙江省“先进个人”一项，浙江省水利厅“示范工程”三项，绍兴市“先进个人”三项，多次被评为绍兴市水利局“先进工作者”。并在古城拆改中做出积极贡献，拆改工作是2017年绍兴市委、市政府部署的“八大战役”之一。绍兴各地按照这一决策部署，强势推进拆改和违法建筑大整治，取得了明显成效。

在推进拆改和违法建筑大整治的过程中，因为蕺山街道辖区老小区多、形势复杂，人人畏难的拆改战场也成为童云英展示巾帼风采的大舞台。她几乎放弃了全部的休息时间，坚持拆改细则亲自定，拆改一线亲自督，拆改难题亲自解，积极发挥模范带头作用，蕺山街道创建为“无违建乡镇（街道）”。在童云英重点工作一肩挑、拆改“红旗”亲自扛的示范带头下，街道党员干部凝心聚力、攻坚克难，拆改工作走在全区前列。

工作感悟

不管是原先机关工作，还是现在基层一线工作，童云英认为自己都学到了很多，也有很多感悟。

一是找准站位，适应环境。

岗位锤炼人，环境塑造人。不管在什么工作岗位上，童云英觉得首先必须找准自己的站位，所谓在其位谋其职，做到“三个迅速”：一是迅速进入角色。从多年的局机关岗位转任到基层街道任职后，童云英深知肩上的担子更重，岗位对自身的要求更高，需要从事的工作范围更广，如何通过学习来提升、增强自身素质能力来适应岗位需求显得尤为重要。二是迅速熟悉情况。基层工作千头万绪，作为主要领导，必须要沉下去，逐条线、逐个社区了解情况。有句话说得好，没有调查就没有发言权。只有情况熟悉了、政策掌握了、第一手资料摸清了、群众需求了解了，抓起工作来才得心应手，做起决策来才胸有成竹。三是迅速融入团队。干好任何一项工作，单打独斗不行，必须团队协作、齐抓共管。特别是进入街道工作以来，她更加感到需要依靠整个班子全体机关干部，才能把事情做好。只有团结每一名班子成员，充分发挥团队的力量，才能够让工作事半功倍、让各类问题迎刃而解。

二是坚持学习，提高能力。

学习是一辈子的事情，面对新形势、新任务和新要求，作为一名基层街道主要领导，童云英认为，必须要牢固树立“逆水行舟、不进则退”的进取意识，坚持不懈地学习新思想，坚持不懈地学习相关业务知识，着力提升三方面能力：一是把关定向能力。街道是为民服务的一线、重点工作的终端，面临的情况比较复杂，面临的考验更为直接。作为主要领导，必须切实增强政治意识、政策观念和法律水平，善于从政治上观察分析处理问题，始终把握好基层建设的正确方向。二是统筹协调能力。街道工作是一个系统工程，必须强化“一盘棋”思想意识，从抓大事、管大事和抓大局、管大局的角度出发，分清轻重缓急，突出工作重点，统筹协调好各条线工作，努力做到“十个指头弹钢琴”。三是群众工作能力。与群众谈心交流是一种工作能力，让群众多说一些，自己多听一些，工作就会好做一些。因此，童云英要求自己多抽出时间，多走访群众，多与群众拉拉家常，多听听群众的意见建议，多帮助群众解决一些生产生活上的困难问题，在主动频繁的交流中体察民情、了解民意，进而不断改进工作、提升能效。

三是勇于担当，争先创优。

基层工作千头万绪，所谓上面千条线，下面一根针，而且上级对镇街各项工作的考核力度是空前的，这让童云英感到，做好基层工作必须要做到三点：一是敢于担当责任。担当与责任是干部素质的“标配”，作为街道党工委书记，必须切实担当起“第一责任”，以对党负责、对班子负责、对群众负责的态度，扎实抓好每项工作，承担好职责使命，多做潜绩和实绩。二是善于攻坚克难。世上无难事，只怕有心人。作为街道主要领导，要带头承担难做的事、棘手的事、得罪人的事，勇于直面各种复杂的矛盾，真正做到靠前指挥、深入一线，将自身的能力充分展现在控违拆违、拆迁征地、五水共治、信访稳控等急难险重任务中，以较真碰硬、攻坚克难的良好形象引领和带动身边同志。三是勤于进位争先。要紧盯岗位目标责任考核这根“指挥棒”，充分调动街道、社区各级干部的积极性，对内挖潜增效，对外积极协调，着力完成好经济、生态、民生、平安、党建“五张报表”，力争做到人无我有、人有我优、人优我特，在争先创优中开创街道跨越式发展的新局面。

四是守住底线，学会感恩。

存敬畏之心，方能行有所止。作为一名镇街的主要领导，童云英一直心存敬畏，严守三条底线：一是守住法律底线。街道各项工作与基层群众利益息息相关，各类法律、法规、规章、制度是干好工作的准绳。因此，必须牢固树立法治理念，在依法行政和依法办事上做楷模、起表率，带头学法懂法用法守法，不论是拆迁安置还是控违拆违，不论是行政审批还是市场监督，等等，都要力争做到一碗水端平、一把尺子量到底。二是守住党纪底线。作为一名基层党员干部，要严守党的政治纪律、组织纪律、群众纪律、工作纪律、财经纪律、生活纪律，自觉用党章党纪约束手中的权力、规范自己的言行、管好下属和亲友，做到令行禁止、以身作则。三是守住道德底线。学会感恩是为人处世的一条道德底线，作为一名基层领导干部，她非常感谢党组织多年的关怀和培养，感谢辖区群众对她的信任和厚爱，感谢街道班子成员和广大干部提供的支持和帮助。童云英认为，没有大家的信任与帮助，自己成长得就没有这么快。今后的工作中，她将一如既往地严守底线，踏踏实实地开展工作，用自身的勤奋努力，干出优异的成绩，回报组织、母校的培养。

母 校 寄 语

在童云英眼里，母校，是一个温馨的字眼，是一种深厚的感情，是自己永远的家。在母校建校六十五周年暨升格本科五周年之际，她衷心祝愿老师身体健康，祝愿校友工作顺利，祝愿学弟学妹们拼搏不止，为母校争光。祝福母校网聚天下英才，人才辈出代代强；祝福母校快速发展，光辉历程更辉煌；祝福母校明天更美好。

（供稿：水环学院）

一个勤于付出　敢于担当　勇于奉献的基层水利人

——记2000级水本专业校友、普陀区东港街道
办事处副主任汤法利

时光流逝，记忆定格，美好永存。对母校的回忆是温馨而美好的，对母校的感激是真挚而无尽的。一晃毕业已14年了，在离开母校走上工作岗位后，汤法利时常感怀母校对他的培养。今年，恰逢母校建校六十五周年暨升格本科五周年，他衷心地为母校送上最诚挚的祝福，希望母校越来越好。多年以来，他始终践行着“今天我以学校为荣，明天学校以我为荣”的誓言。

一心要当水利人　治水造福老百姓

水是生命之源、生产之要、生态之基。兴水利、除水害，事关人类生存、社会进步，历来是治国安邦的大事。汤法利出生在宁波宁海，一个海塘、水库等水利工程遍布的海边小县城。虽然名字寓意宁静的大海，然而由于濒临大海，宁海几乎每年都要遭受台风侵袭。不管台风要在周边区域登陆还是沿海北上，全县上下都会严阵以待，群众生命财产也屡受考验。在汤法利的脑海里印象最深的就是

1997 年 11 号台风，那时他刚好初三毕业放暑假，因为台风导致没法参加高中实弹军训。由于当时宁海海塘标准普遍较低，大量海塘被冲毁，河道水位一直居高不下，汤法利的家地势较高但也差点进水。那场台风对浙江特别是宁海、三门等周边城市造成了非常严重的损失。他对当时任省长的柴松岳的讲话记忆犹新：宁愿少上几个项目，少盖几幢高楼，“砸锅卖铁，勒紧裤带”，也要将重要海塘加固好、建设好。也就是从那以后，管好水治好水，造福一方百姓，便开始在汤法利的心里扎根。因此，在高考填报志愿时，他坚定地选择了水利水电工程这个专业，立志要做一个会治水的水利人，用自己所学知识回报社会，保一方平安。

作为 2000 级的学子，汤法利认为那一届的同学都比较幸运，因为他们是浙江水利水电高等专科学校与浙江工业大学合办的第一届本科班学生。汤法利早在填报志愿时就对浙江水利水电高等专科学校有所耳闻，因为它可是咱们浙江水利系统的“黄埔军校”，那时县区一级大部分水利骨干都出自这个学校。进入学校后，校领导给这届本科班配备了最强的师资力量，这里有最令人敬重的班主任张廉老师，有活泼可爱的严晓焰老师，有严谨认真的高静和董邑宁老师，还有很多……当然，学校的黄世均校长、沈建华副校长，邹冰、吴宏平、陈良堤、陈晓东等系领导也在时刻关注着这些年轻人的成长。在生活上，身为班主任的张廉老师像保姆一样关心这些来自省内各地的同学们。汤法利回忆，四年的水校生涯，留下了太多美好的瞬间、感人的故事。他说，是水校让他们感受到水利人的担当和奉献；是水校，让他们记得水利是“功在当代，利在千秋”的大事业；是水校，让他们牢记“献身、负责、求实”的水利精神。在水校的四年，大家都没有辜负校领导、系领导和所有老师们的关心和厚爱，两个班级 50 名同学全部顺利毕业，当时还有娄一青、王斌等几位成绩优秀的同学考上了研究生和博士生，继续自我提升。

完成学业报效社会　扎根岛城投身水利

充实的四年大学生涯后，班级里很多同学都回到家乡，进入当地县区水利局或设计院，积极投身基层参与水利工作。有少部分同学选择留在了杭州，但是汤法利的工作经历则颇为曲折。

毕业后，汤法利先是到浙江省水科院下属浙江广川咨询公司工作。在 2004

年 9 月，因为父母希望他回家乡工作，于是他辞职后应聘进入了台塑集团宁波总管理处。台塑集团当时是台湾最大的民营企业，也是台湾经营之神王永庆的家族企业，而宁波总管理处是这家台企在大陆最大的管理基地。汤法利当时进入工程管理部负责该集团在大陆各个园区的厂房基建工作。虽然在台塑的工作比较充实，但由于工作性质偏重于土建，与水利不太相关，加上当时班级 QQ 群里大家时常探讨水利话题，汤法利总感觉自己脱离了革命队伍，一种失落感在心里逐渐滋生，慢慢的他发现自己还是更希望能用所学的水利专业来为社会做贡献。

后来，汤法利有幸赶上了舟山滩涂围垦快速发展的阶段，适逢普陀区要加快推进塘头北片和朱家尖西南涂两个大型围垦项目，新成立的普陀区围垦局急需水利专业的毕业生。于是，在大学同学胡建跃的推荐下汤法利来到了舟山普陀，开始了迄今为止还在从事的海岛水利工作。

2006 年 4 月，汤法利正式进入普陀区围垦局工作。由于工作需要，他作为业主代表被派遣到塘头北片促淤工程现场工作。塘头北片促淤工程作为围垦面积 7800 亩的塘头北片围垦工程的先期工程，目标是通过实施塘头促淤堤建设，加快区域滩涂淤积，减少后期围垦成本。

作为业主代表，汤法利和项目组同志每天早出晚归，严格要求工程参建单位规范施工，确保工程质量安全且进度符合预期。在工地的条件很艰苦，有时候为了赶工期需要候潮施工，加夜班也是常态。从那一刻起，他深知在水利行业干事，做的就是利国利民的大事，每一处水利工程、每一处江河湖泊，都是水利人为民服务、造福社会、施展抱负的舞台。选择水利，选择的就是一项崇高的事业，意味着默默的守望和艰辛的付出！

付出总有收获，在圆满完成了塘头北片促淤堤建设任务后，汤法利在 2007 年 6 月被提拔为普陀区水利围垦局滩涂围垦科副科长并主持工作。2008 年 7 月转岗交流担任局工程管理科副科长，负责辖区内水库、海塘以及河道等水利工程建设和管理。2009 年 8 月，角色再次转变，这次的岗位是局办公室主任。

2012 年 9 月，由于工作需要组织委派汤法利担任六横小郭巨开发建设指挥部副执行指挥，负责六横小郭巨二期围垦工程开发建设。作为省重点围垦项目也是全省最大的区域建设用海项目，六横小郭巨二期围垦工程从前期工作开始便受到了社会各方的高度关注。该工程围垦面积 22500 亩，概算投资 16.33 亿元，完工后将新增海岸线 13.5 公里，这些深水岸线结合腹地可是今后六横实现跨越式发展的宝贵财富。小郭巨二期围垦工程完成后，联合一期工程可供成片开发的土地将有 40 平方公里，这些土地将为六横加快实现人口集中、产业集聚、功能集成、要素集约，全面推进六横由“镇”向“城”的跨越提供扎实的土地资源保障。不远的将来，六横小郭巨将发展为临港高新产业园区，重点发展海洋高新技术、大型临港物流、船配修造、新兴装备制造及大宗物资储运加工等产业，从某种意义上讲，小郭巨将成为六横经济发展新的增长极。

这项浩大的系统工程，事关国计民生，汤法利觉得自己非常荣幸能参与这项重点工程建设，在压力倍增的同时，丝毫不敢懈怠。白天，他深入工程现场，向参建单位学习，向指挥部老同志学习，做到虚心请教。晚上，则潜心学习工程管理制度，翻阅水利强制性条文和相关法律法规，努力提升自己业务水平。在指挥部全体同志的努力下，六横小郭巨二期围垦工程建设程序规范，项目资金使用得当，工程质量安全达到预期要求，多次受到上级部门的肯定。

谨记水利人责任使命　永远将人民放在心上

时间又过去了 4 年，汤法利完成了六横小郭巨开发建设指挥部的工作使命，于 2016 年 9 月回到东港街道办事处担任副主任，兼任城北开发建设指挥部副执行指挥，主要负责普陀城北片区工程建设，也就是搞起了城市开发。期间，按照上级部门要求，他扎实推进投资 4 亿元的普陀区“三重”项目城北水街前期工作，完成和启动了 2600 余套、总投资约 13 亿元的大岭下、刘家湾、新塘 3 个安置小区的工程建设，启动了投资 2.2 亿元的舵岙河综合整治工程第一阶段项目，以及实施了市政交通道路、电力基础设施、山体场地平整等一系列基建工程。作为一名水利人，汤法利在城市开发岗位上继续坚守了水利严谨的工作作风，严格基本建设程序，推进工程规范建设，合理控制建设成本，重点把好图纸设计、材料质量、技术交底、安全生产等关键环节，终于圆满完成了年度建设任务。

近期，由于普陀区机构改革，汤法利离开了普陀城北开发建设指挥部回到东港街道，负责农林水利、五水共治、安全生产和消防以及拆迁安置小区建设，算是真正意义上进入了乡镇工作。这又是新的岗位，新的征程。

每年防汛期间，身为乡镇基层负责水利的一线同志，汤法利都时刻坚守着“安全度汛，平安防台”的理念，丝毫不敢掉以轻心。因为他知道，只有让百姓完全放心，水利人才能安心。

汤法利还记得在2018届本科生的毕业典礼上叶舟校长寄语毕业生的八个字“智慧、创新、美德、坚持”及其背后的意义——“在责任担当上不能含糊，这需要智慧；在平凡之处见不平凡，这需要创新；在生活中管理好自己才能更优秀，这需要美德；在事业上要成功形成自己的风格，这需要坚持。”他深有感触，以为共勉。

汤法利说，只有不断学习，才能更好地把握事物的“规律性”，才能在困难面前有办法，才能够有能力去担当。虽然自己已经从母校毕业，但拿到毕业证不代表着学习的终结，还要紧跟时代发展学，紧跟水利发展步伐，求得新知，探索规律，不断提高驾驭全局、宏观决策和处理复杂问题的能力。要结合本职岗位需求学，切实吃透水利工作法规和业务技能，做到业务熟、政策通、情况明，为更好地兴水治水、服务民生奠定基础。

这么多年工作生活，汤法利的生活感悟是：脚踏实地，真抓实干。他时刻谨记水利人的六字箴言：献身、负责、求实。虽然只有六个字，但是内涵丰富，寓意深刻。水利人的献身精神，就是忠诚水利事业，把毕生精力和聪明才智献给水利事业的奉献精神；就是舍小家、顾大家的全局精神；就是甘为治水兴国、点燃生命之光、燃尽生命之火的蜡烛精神。

因为热爱水利事业，机缘巧合下汤法利来到舟山普陀这个海天佛国、渔都港城；也因为基层乡镇水利员老董的牵线，让他结识了爱人，开始在普陀这片土地落地生根，开始一段崭新的人生。同时，他也庆幸自己赶上了浙江舟山群岛新区大发展的好时机，深感自己身上的责任和担当。汤法利感恩所有的一切，感恩母校恩师的培养，感恩同窗好友的情谊，感恩一路走来遇到的贵人。他寄语亲爱的母校，希望母校发展得越来越好，培英育俊桃李满天下，宏图更展再谱华章；展望未来，他将不断强化担当精神，提高服务本领，为建设美丽舟山贡献水利人特有的力量！

（供稿：水环学院）

做一头基层水利的老黄牛

——记 2000 级水本专业校友、舟山市普陀区
农林水利围垦局高工胡建跃

2000 年，千禧之年，胡建跃从老家平湖来到省城杭州，走进了水校校园。那时的水校还在闸市区四季青杭海路，教学环境远远不如现在。说实话。第一次看到的时候就觉得它有点小，特别是对比浙工大，所以，胡建跃一开始心里有一点点失落，当然，后来老师们的热情和无私，让他慢慢地喜欢上这里。像大部分的大一新生一样，胡建跃也参加了校学生会的部门——生活部，参与组织了几次活动。但是，像大多数“闷骚”男一样，小说和游戏渐渐成了胡建跃课余生活主旋律，得益于寝室里的良好学习气氛，“堕落”之余，胡建跃还是没把学习落下，也没拖寝室的后腿（每年，胡建跃寝室都“瓜分”班里近一半的奖学金）。

从业经历

2004 年毕业季，作为水校实际上的首届本科毕业生，他们的就业得到了学校很大的关心和帮助，大多数同学都找到了相对理想的工作。2004 年 7 月，经同学介绍和老师帮助，胡建跃背井离乡，来到了我国最大的群岛——舟山群岛，

进入舟山市普陀区农林水利围垦局工作。那时的普陀不美，作为四大佛教圣地之一的普陀山也没现在那么出名，跨海大桥也没通，回家靠渡轮，还要转车，还有工资也比较低。当时胡建跃内心的第一感觉是“此地不宜久留”。然而，舟山人的豪爽、朴实，同事们的热忱、同学们的关心，慢慢地消除了胡建跃心头的孤独感，让他逐渐喜欢上了这个海上岛城。

俗话说“合久必分，分久必合”。十多年，胡建跃见证了围垦局内部水利与农林的分分合合。2005 年 11 月，根据区里安排，胡建跃被调入新成立的普陀区围垦局从事围垦工程管理工作。2007 年 4 月，水利与农林分离，与围垦合并，新成立普陀区水利围垦局，胡建跃被任命为设计所副所长兼质监站副站长。2008 年年底，设计所资质到期，重新成立舟山市水利勘测设计院普陀分院，胡建跃被任命为分院院长。2013 年 9 月，农林与水利重新合并，成立普陀区农林水利围垦局，胡建跃继续担任分院院长。2017 年，调任普陀区水利工程质量监督站站长。

奋　斗　历　程

一是尽心尽力、奋发勇为，踏好入职后的第一步。

刚入职普陀区农林水利围垦局时，水利只是局里的一个科室，连胡建跃及分管副局长在内只有 15 人，却要承担三防、工程管理、水务、围垦甚至水利工程设计等水利局及设计院所承担的职能。因此，虽有分工，但除了分管领导，基本上每位员工什么事情都要干。而作为新人，更多的是承担设计任务。因此，白天跑小岛，晚上加班搞设计成为一种常态。虽然比较辛苦，但胡建跃的专业技术也因此得到了不断锻炼和提升。当然，作为新人，期间挑战和考验是免不了的。记得入职后的第三个星期，他接到了入职后的第一个正式而紧急的任务：在一个多星期内要完成一条海塘加固的勘测和初步设计。说实话，在来普陀前，真还没见过海塘，在学校里也没学过，胡建跃感到“亚历山大”。最后，胡建跃虽然完成了大部分设计工作，但没有及时完成概预算。这次经历让胡建跃认识到平时积累的重要性，也使得他在以后工作中更加注重各种专业知识的学习和掌握，注重理论与实际的结合。

随后的一年多时间，胡建跃先后承担了多项海塘、水库除险加固和水闸、泵站建设的设计。其中一个翻水入库泵站的设计让胡建跃记忆深刻：因复杂原因，需要局里设计人员在两星期内完成一个翻水泵站的初步设计，而局里没人搞过泵站设计。作为新人，胡建跃理所当然地承担了这个任务。这两个星期，在同事、同学们的帮助下，胡建跃通过各种途径获取相关设计资源及指导，加班加点，最后完美地完成了任务。因此，在单位年终大会上，胡建跃受到了局长的点名表扬。

2005 年年末，胡建跃随师父进入了新成立的围垦局，由于在专业方面的特长，根据局里安排，与市内外多家设计院合作，胡建跃参与区围垦工程规划的编制，承担了多项围垦工程的规划和设计工作，并受水利局委托，与师父等三人承担了一个新建中型水库的设计工作。这些额外的工作虽然占用了胡建跃大量的休息时间，但确确实实使得胡建跃的专业技能得到突飞猛进的提升。

二是尽职尽责，做好普陀水利专业技术人才培养工作。

普陀区水利围垦局成立以后，原来的一个科室变成了一个局，队伍庞大了，分工也更细了。但是，随着老同志的退休、中坚力量的升调，整体专业技术水平却下降了，出现了青黄不接的现象。加快年轻业务干部专业能力的提升已刻不容缓，一直作为局里人才培养和储备摇篮的设计部门责无旁贷，局里也出台了“全员设计”的指导思想。作为设计部门负责人的胡建跃发现自己的工作更加忙碌了：首先，要加强与各建设单位的沟通，承接合理的设计业务，根据各设计人员不同的专业和岗位特点，合理安排设计任务。其次，努力学习，不断提升自己业务水平，并与同事们同甘共苦，加班加点，在做好自身设计任务的同时，做好其他设计人员的设计指导工作。另外，加强与市外大院，特别是省院的合作，不断开阔设计人员视野，更新设计理念，提升设计作品品质。工作很辛苦，成果很喜人。由于业务能力突出，胡建跃多次被评为区先进工作者、局优秀党员，并获得“2010 年度舟山市机关事业单位党员服务创业创新先锋岗”等荣誉。

三是继往开来，发挥好普陀水利的“老黄牛”精神。

普陀水利的发展离不开一代又一代“老黄牛”的兢兢业业和无私奉献。2017 年，根据局里安排，胡建跃调任局水利工程质量监督站站长。在新的岗位上，有新的业务技能需要学习和掌握，有新的任务需要完成。随着老一辈同志的退休，作为中间代，一直熟悉水利口子业务的高工之一，胡建跃自我加压，努力努力再努力，继往开来，发挥好普陀水利的“老黄牛”精神，在做好本职工作的同时，把好技术关，为普陀水利的发展贡献自己的一份力量。

生 活 感 悟

胡建跃始终胸怀感恩之心。从母校毕业已十多年，一路走来，胡建跃得到了很多老师、领导、同事和朋友的帮助和支持，心里满怀感激。羊有跪乳之恩，鸦有反哺之义。胡建跃一直践行着“感恩图报”这一中华民族传统美德，以努力学习和奋力工作回馈父母的含辛茹苦，以及师友的谆谆教诲和无私帮助。

做事要有责任心，待人要付诸真心，这也是胡建跃一贯倡导的。他认为，做事认真、有责任心是一种基本职业道德，待人真诚是一种基本人格素养，合二为一，将散发无形的人格魅力。只有对领导、亲朋好友及下属负责任，真心相待，才会得到信任并慢慢建立起强大的磁场和广泛的人脉关系。

胡建跃还常怀追梦之心、做事的恒心。他认为，梦是一切动力的源泉，人有了梦想，就有了人生的方向。大学是一个重要的节点，作为一名大学生在进入大学的那刻起就应该有规划人生的意识。计划进一步深造的，要及早注重理论知识积累；计划直接就业的，在拓展知识面的同时，注重手、笔、口等相关技能的培养。这样大学生活就会少一点迷茫、多一点精彩，毕业后就能少一点后悔，多一点美好回忆。

（供稿：水环学院）

行业开拓者

——记2000级造价专业校友、杭州良忆创社信息科技有限公司CEO、行行造价创始人徐海军

徐海军，浙江水利水电高等专科学校2000级造价002班校友，现任杭州良忆创社信息科技有限公司CEO、“行行造价”创始人。

大学时光

在很多人看来，大学是一个能实现自身价值的舞台。有的人选择勤工俭学，有的人选择自主创业，有的人选择在各大社团锻炼自己的能力。但那时的徐海军，可谓是“两耳不闻窗外事，一心只读圣贤书”。尽管身边有许多同学在社团里干得有声有色，但徐海军却十分享受自己的学习时光。他笑称，其实那个时候更多的是因为还不清楚自己今后的路要怎么走，但不管未来的发展方向是什么，学好知识、打好基础是必需的。

徐海军刚刚进入大学时，并没有非常明确的学习目标。“大红灯笼高高挂”，大一就重修了三门课程，这对他打击很大，他开始反思自己。经过“红灯高照”后，徐海军开始明白自己不能在学校虚度光阴，开始发奋图强，学校图书馆成为他的大本营。当有的同学忙着谈恋爱的时候，他却和各类书本确定了“恋爱关系”，每天都抓紧时间去图书馆准时“约会”。

因为高中偏科严重，英语一直是徐海军学习路上的拦路虎。经过专业学习后，徐海军慢慢对英语学习的态度发生了变化，凭着一股“傻劲”，凭着一股对学习的执著，学习英语成了他每天的必修课。“我坚持在图书馆晚自习，每天背单词；在食堂排队时，别的同学会不由自主看看手机，而那时我会不由自主背几个单词。为了学好英语，当时确实付出了很多。但是现在看来，一切都是值得的。”这就是徐海军心里最难忘的一段大学记忆，享受着“书中自有黄金屋，书中自有颜如玉”的快乐。

正是这种锲而不舍的精神，曾经的红灯专业户，到了大二大三，却连续三次获得二等奖学金，成为班里名副其实的“学霸”。徐海军就是这么一步一个脚印，慢慢开始完善自己，弥补自己之前的不足，沿着确定的方向前行。

谈及读好工程造价专业的方法，徐海军概括为三句话：被迫学习、习惯学习、运用学习。工程造价其实就是一个行业工具。他说，学工程造价不存在学得会还是学不会的问题，说白了就是一个“定额万变，其义自现”的过程，就像我们吃饭需要筷子，走路需要穿鞋一样。道理很简单，把学习造价当成习惯，让习惯成为自然，这样也就水到渠成了。

迷茫与抉择

2003年毕业，正好遇上了非典，大学生毕业求职遇到“冰川期”。非典快结束的时候，徐海军才找到了一个房地产评估公司，去做拆迁评估工作。以往，工程造价专业的毕业学生很少去做房地产评估的，他觉得可以去尝试一下，正好这家公司也有造价咨询部门。徐海军觉得，如果自己不适合做房地产评估再回到造价咨询也有机会。就这样，他离开杭州，赴台州黄岩做了半年多的拆迁工作，第二年回到杭州本部改行做造价咨询工作。不过，回来以后才发现，造价咨询部门规模比较小，就只有两个人，项目也比较少。就这样又做了一年多，徐海军判定在此没有发展空间，便于2004年跳槽至一家专门开发学校经济适用房和学生公寓的房地产开发公司，在公司总师办从事安装专业的结算审核工作。同时，参与公司新项目的设计方案评审，施工现场联系单签证、设计沟通协调等。终于，一分耕耘一分收获，凭着丰富的工作经验，他于2006年5月跳槽到浙江省成套招标代理有限公司从事工程造价咨询工作，并于2008年成为公司中层管理人员。

冲破迷茫

毕业后徐海军一直从事工程造价咨询工作，从普通员工逐渐到管理层，过程中也不断在学习和积累经验。造价咨询还是一个非常传统的行业，互联网化水平非常低，大量的造价数据不能互通互联。互联网技术不断更新迭代，云计算、大数据、人工智能等都没有在造价行业得到运用。造价大量数据的不断积累明显制约了造价咨询行业的效率，而将互联网计算和造价“联姻”才是解决问题的唯一有效办法。他认识到，这是一个难得的创业机会，同时作为一名造价从业人员应承担起这份行业发展的历史使命，实现造价咨询业的产业联网。

自己创业当CEO将面临一个复杂的生态系统，而徐海军作为一名技术人员，只能通过自己的不断摸索前行。2016年10月，创业之初的徐海军在很多方面都摸不着头脑，幸运的是他得到一位从事互联网工作的初中同学的不遗余力的帮助。软件采用什么计算机语言开发，招聘哪方面计算机人才，等等，他像一个学徒一样跟在同学身旁，逐步摸清了软件开发的各个细节。

初见起色

创业首先是团队的搭建，经过三四个月的努力，徐海军的公司已经有两名后台Java人员，两名手机APP人员。但一个正常的APP开发团队，还需要产品经理、UI设计、测试人员等，创业初期资金有限，这些工作只能都是他自己来担任，遇到难题再找人帮忙。数据录入刚开始也都是他自己来做，一是录数据本身就是一个很好的测试过程，有问题他能第一时间了解和反馈；二是有利于他今后对数据录入人员的管理。APP上线后又涉及推广，他就通过微信等自媒体进行推广宣传。

到了2017年年底，他发现自己的资金已经支撑不了多长时间，于是2018年年初他开始着手实施天使轮融资计划。考虑到专业风险投资机构可能不了解建筑行业“互联网＋”，徐海军就直接找造价咨询单位谈，总共谈了7家单位，总体上比较顺利，他的产品和理念非常受欢迎。于2018年5月10日成功进行了“行行造价天使轮融资签约”，“行行造价”走向了全新的发展历程。

自创业至今，徐海军的“行行造价”APP在短短2年时间，已经积累了不少专业用户，公司造价部门工作人员也增至10余位，公司的业务也在不断地扩展。

生 活 感 悟

现如今，徐海军在事业上已经拥有了属于自己的一片天地。对于大学生在校期间创业这一现象，他认为，大学生创业并不是每个人都合适。而要创业成功，创业的同学们更要具备优秀的素质，需要多方面的经验积累，如销售、管理、策划、融资等，此外拥有一定的专业知识和实战经验也是非常重要的。他表示，学弟学妹们应该将更多的心思放在学业上。徐海军笑称，大学时自己的生活也缺少规划，觉悟比较晚，并没有像其他同学一样去忙于社团的事情，也正因为如此，虽然比很多同学的学习要好，但是实践能力却有待提高。这一点在工作之初会有很深的感触。因此在大学，学习和实践要两手抓，两方面都要提高。

在徐海军看来，学习的重要性再怎么强调都不为过。他说，人的一生总是在不断地做着选择，选择专业、选择定位、选择行业等。而要做出最好、最正确的选择，拥有的知识起着举足轻重的作用。徐海军说，对于“知识”两字，自己有着独特的理解，不能简单地理解为知识理论还要更深入地结合实际情况去理解知识并学会运用。学习不仅仅只是对相关概念有简单的字面理解，更重要的是要认清每一个领域的知识之于你有何用处，只有这样，才能在选择时真正发挥所学，做到理论联系实际，取得事半功倍的效果。

“文武之道，一张一弛”，读书与运动是徐海军业余生活的重要内容。繁忙的工作之余，他坚持健身。“我之前很喜欢打篮球，现在热衷游泳。”他说，“红光满面、大腹便便不再是地位和身份的象征，我们要活到老，学到老，也要运动到老。”在他周围有些老板气喘吁吁地钻进奔驰，这似乎是天底下最令人悲哀的事情。“身体不健康，再多的钱也没用，养成一种与工作相配套的运动习惯，劳逸结合才是最好的。”

徐海军对生活的感悟还体现在他创立的APP的名字“行行造价”上面。为什么取名叫“行行造价”，行行（háng）又读行行（xíng），那就是行行（háng）都行（xíng）的意思。行（xíng）又有行动的意思，行行（xíng）也寓意“行行造价”必须保持不断创新前行的脚步。技术没有绝对的壁垒，只有自己创新前行的速度比别人快才是最好的堡垒。所以他认为，只要有创新，只要敢创新他就行行（háng）都能行（xíng），这也是他送给的话。

给母校的话

徐海军用一句话表达对母校的敬重：知识的海洋，文化的殿堂，思想的宝库，精神的圣地——浙江水利水电学院。他希望母校的光辉历程能够更辉煌，人才辈出代代强，希望母校发展得越来越好。

（供稿：建工学院）

不忘水电　逐梦前行

——记 2000 级电力 01 班校友、高知特信息技术有限公司销售总监金春

金春，2000 年进入浙江水利水电学院电力 01 班；2003 年大学毕业后入职排名亚洲第一、全球前 5 的印度塔塔集团旗下的 IT 咨询服务公司——塔塔咨询服务公司，任职事业部主管；2017 年从塔塔集团离职，目前任职于同为全球前 5 的 IT 咨询服务公司——高知特信息技术（Cognizant Technology Service），担任两大事业部横跨 8 个行业的销售总监。

有志者，事竟成

2000 年的那个金秋，一位有志少年背着重重的行囊，带着家人的无尽期盼，怀揣自己的人生奋斗目标，第一次来到省城，满怀憧憬地踏入了浙江水利水电学院（时为浙江水利水电高等专科学校）的大门。他就是该校电气工程学院 2000 级电力 01 班的金春。看到美丽的校园，感受着大学的学习生活氛围，金春稚嫩的脸庞满是欣喜，他知道自己的人生从此便翻开了新的篇章，这里将为他的梦想插上翅膀，成为他梦想开始的地方。接下来的日子里，金春时刻牢记“博学求

实”的校训，一直勤奋学习，不断充实自己，努力提升自己的各项能力素质。课堂上，总能见到他专注的眼神；图书馆里，总能见到他勤奋的身影；运动场上，总能看到他矫健的身姿，跑步、羽毛球、足球、篮球、乒乓球，样样体育活动都不落下。多年后，很多老师和同学还都记得当年那个样样都行的运动小子。

经过几年的不断学习提升，在2003年4月，金春终于迎来了人生的又一次大考，他以实习生的身份进入到了亚洲第一、全球前5的印度塔塔集团旗下的IT咨询服务公司——塔塔咨询服务公司。初出茅庐的他，在实习之初，由于对工作要求和环境的不熟悉，很快便遭遇困境。从不服输的金春在困难面前静下心来，开始了新一轮的学习生活，遇到不懂的地方就虚心求教，遇到困难就努力解决。金春努力的汗水没有白流，实习期结束后，很多比他学历更高的人员被淘汰出局，金春却顺利地留了下来，成为塔塔集团的一名正式员工。

顺利进入塔塔集团工作后，金春并没有一丝一毫的懈怠，反而愈发努力奋斗。金春明白，想要比别人走得更远，就要不断掌握更多的知识，努力提升自己的水平，尽力拓宽自己的视野。在前行道路上不知停歇的金春，在繁忙的工作之余继续学习深造。在2006年至2009年期间，金春顺利修完了浙江大学自动化本科课程，顺利拿到学士学位。2016年，金春就读于浙江大学和加拿大麦吉尔大学攻读国际MBA和管理硕士双硕士学位，并以3.8分的累计GPA完成了所有课程。通过激烈的竞争，作为浙江大学仅有的两名交换生之一，2017年，金春又赴英国伦敦城市学院（UCL），与来自于全球各地的30多位MBA学生开始了短期的共同求学历程。经过刻苦努力，他没有辜负大家的期盼，顺利修完所有课程并如期结业。在校期间，金春还参与MBA联合会竞选，成功当选分管外联部的主席，为促进校企合作努力工作。

苦心人，天不负

在塔塔集团任职的14年间，金春从基层工程师做起，到项目经理，到质量总监，到全球业务主管，再到行业总监，多个岗位的锻炼、学习使得金春对公司的运营、管理有着丰富的实战经验和深刻的理解；对不同客户、不同项目的管理，对各个行业的发展前景有着深刻的认识；多年的团队管理，培养了金春良好的个人管理能力和领导才能；长期与国际客户的合作，个人海外项目经历（工作于英国、印度、美国等地）及业务发展经历，培养了金春的国际视野；多年的质量管理、国际认证经历，让金春对行业质量模型（CMMI）、质量标准（ISO 系列）有着深刻的认识。

工作期间，金春在业务、交付、运营等方面都发挥着重要的领导作用，积累了丰富的欧洲、北美等主要市场的工作经验。2003 年至 2006 年 6 月，金春担任大型跨国制造客户的项目经理，并赴英国进行 6 个月的现场支持。在此期间他获得了 Best Project Award（最佳项目奖）、100% Customer Satisfaction Index（客户满意度 100%）、Global Outstanding Performance of the Year 2004（2004 年全球最佳表现奖）、Best Project Manager of Year 2005（2005 年最佳项目经理）等诸多荣誉称号。

2006 年至 2015 年，金春担任塔塔集团中国区质量总监。Backup / Successor to Operation Head responsible for all function operations including Quality / Risk management / Infrastructure/Admin on need basis（后备/继任业务主管，负责所有职能业务，包括质量/风险管理/基础设施/行政管理），Responsible for Delivery excellence，Quality including Process definition and deployment，Compliances across functions / projects and management functions，Audit & Process Improvement，Industry Standards deployment，external audit / assessment for Certificates including CMMI DEV / SVC Level 5，ISO9001/ISO20000/ISO27001 etc.（负责交付优化，质量，包括流程制定与部署，跨职能、项目、管理职能的审计和流程改进，行业标准部署，外部审计/评估证书，包括 CMMI DEV / SVC 五级，ISO9001/ISO20000/ISO27001 等）。由于工作业绩突出，在这九年中，金春又获得了 Global Outstanding Performance of the Year 2007（2007 年全球最佳表现奖）、Global Outstanding Performance of the Year 2010（2010 年全球最佳表现奖）。

2014 年至 2015 年，他担任国际业务主管，主要负责中国区国际业务，直接向大中华区总裁负责；他负责所有国际客户，横跨所有行业，负责所有 ITO、咨询、BPO 等业务；他负责与国际主要市场紧密合作，特别是英国及欧洲、北美；他负责公司常规国际出差和商务谈判等日常管理工作。在此期间，他的不凡能力再一次得到发挥，取得了骄人的战绩，获得了 Best New Logo of the Year 2015（2015 年全球最佳表现奖）、Certified Assessor of Tata Business Excellence

Model（TBEM）- Based on Baldrige National Quality Award from US（塔塔商业模型优化认证评估员〈TBEM〉-基于英国 Baldrige 国家质量奖）等荣誉称号。

2015 年至 2017 年，金春担任塔塔集团事业部主管，分管“15＋”以上全球客户，横跨制造、高科技、零售等不同行业，负责所有 ITO 咨询、BPO 等业务；负责 20％大中华区营收。在金春担任事业部主管的两年中，新增多个重要新客户，业务营收增长了三倍。

不停留，迎挑战

在塔塔集团工作的 14 年间，金春还通过自己的努力，不断提升自己的能力，取得了许多卓越的成就。但是，金春并不满足于眼前的成就，他仍然心怀激情，冲劲十足。2017 年 6 月金春从塔塔集团离职，目前任职于同为全球前 5 的 IT 咨询服务公司、另一行业巨头——高知特信息技术（Cognizant Technology Service），担任两大事业部横跨 8 个行业的销售总监。

金春对工作充满热情，收获成功与荣誉；对生活充满热爱，他参加马拉松赛不断挑战自我；他对母校充满感恩，仍然时刻记挂母校。工作十余载，金春始终铭记浙江水利水电学院“博学求实”的校训。他说，是母校的培育使他有了今天，是母校的校训激励着他不断地学习，不断地积累，不断地挑战自我。对于自己的未来，他说自己仍在继续前行，今后一定会取得让母校为自己感到骄傲的成功。

（供稿：电气学院）

爱岗敬业　实现价值

——记 2000 级电力 01 班校友、杭州继高电力技术有限公司总经理王定富

王定富，男，中共党员，2000 年就读于浙江水利水电学院发电厂及电力系统专业。2003 年任职于浙江省送变电工程公司。2013 年创办杭州继高电力技术有限公司，主营变电工程电气试验和调试业务。

立足岗位　争优创先

由于在校各方面表现突出，专业技能扎实，王定富大学毕业后顺利进入国家电网公司直属企业——浙江省送变电工程公司，专业从事电气试验工作。工作以后，王定富还始终保持着在学校养成的良好学习生活习惯，全身心投入工作之中，勤奋刻苦，兢兢业业，经过几年的努力工作和学习，他对 500 千伏及以下变电站中的各类电气设备的现场交接试验都有了比较深入的研究。他因工作踏实、表现突出，很快就从普通员工升职为高压室主任。

除了专业技术过硬，工作努力，作为一名共产党员，王定富更加深知只有政治上的坚定和思想上的清醒，才能保持良好的工作作风以及忠于职守、爱岗敬业的职业精神。因此，他非常注重自身党性修养。他一般利用工作和业余时间进行自学，不断深化相关政治理论知识和形势政策的学习，特别是每月的政治文件学习，他更是从不缺勤，认真听讲。学习之余，他还认真撰写学习笔记和心得体会，并注重及时了解和掌握时事政治与国家大事，在思想上时刻与党中央保持高度一致，在工作步调上时刻与公司党政保持一致。担任负责人后，王定富每月组织团队成员集体学习政治文件，与同事们一起有针对性地进行学习探讨，研讨学习方法和体会，不断提升大家的政治意识和政治站位，努力推进完成各方面工作。

在日常工作中，王定富始终严格要求自己，注重工作效率，恪守职业道德，认真严谨地对待每一项试验项目。对于工作上的各种数据，他从不马虎，坚持扎实认真、精益求精，多次圆满完成艰巨的施工生产任务。王定富多次被浙江省送变电工程公司评为先进工作者，并荣获浙江省送变电工程公司 2005 年度双十佳标兵和 2006 年度优秀共产党员等荣誉称号，2010 年他还被公司聘任为党委书记联络员，为公司的政治思想建设和党建工作积极建言献策。

刻苦钻研　取得成果

从 2003 年 7 月进入浙江省送变电工程公司从事电气试验工作开始，他从一名对电气试验工作一知半解的毕业生做起，抓住工作和业余时间，刻苦钻研和认真学习技术，工作一年就开始独立带队负责电气试验工作。2005 年带领试验小组顺利完成了 500 千伏宁海变电站的全站电气试验工作并顺利投产运行，2006 年负责完成了宁波地区第一个 220 千伏 GIS 变电站的电气试验工作，2008 年负责完成了浙江省第一个 500 千伏 GIS 变电站的电气试验工作，在这些变电站电气试验过程中，牵头攻克了很多技术难题。2008 年负责的《500 千伏 GIS 设备的交流耐压和局放试验项目的研究及应用》荣获 2008 年浙江省送变电工程公司科技项目二等奖，2010 年参与的《首次全所 CT 交流耐压试验项目的研究和应用》荣获 2010 年浙江省送变电工程公司优秀科技成果二等奖。

在 2012 年度作为一名基层班组长，他带领高压室圆满完成公司下达的各项施工生产任务。试验中特别注重安全性，严把质量关，所参与试验的项目在投运后运行状况均良好，满足了甲方的要求。工作之余做好班组的各项台账管理工作，做好标准化班组建设，并带领班组荣获省电力公司“先进班组（工人先锋号）”荣誉称号，成为首批国家电网公司达标班组。他本人也因此有幸作为浙江省电力公司优秀班组长代表，参加第十四期华东电网系统优秀班组长培训。同年他主持的《超声波瓷瓶探伤技术的引进及应用》荣获2012年浙江省送变电工程公司科技创新合理化建议三等奖，《分布式集成电气试验车的研究与应用》荣获2012年浙江省送变电工程公司群众性科技创新优秀成果奖。

自主创业　攻坚克难

在国网三集五大改革的形势下，王定富于2012年9月从浙江省送变电工程公司离职，开始自己创业。在2013年3月，他创办杭州继高电力技术有限公司，公司主营变电工程电气试验和调试业务，在公司担任总经理兼总工。

他全面负责公司各项工作开展和调试过程中的技术问题，并主持变电站大型特殊试验项目的调试。由于公司刚成立，调试人员相对紧张，他认真研究各个项目的特点，合理编排项目调试计划和控制进度，充分调动人员工作的积极性，认真、积极地完成各种调试项目，在加班加点的情况下，他保质保量地完成了公司整个年度的调试任务，保证了工程的顺利投运，并在工程施工阶段，多次到施工现场与施工单位和业主进行技术上的沟通，改进试验方法，完善工程质量，最终得到了施工单位和业主的认可和表扬。这一年，他为公司创造了可观的经济效益，为公司的顺利发展打下了一个良好的开局。

因为公司刚成立不久，在技术资料、试验方案、调试流程和操作规范等技术管理上还存在很多问题，他结合自身10多年的工作经验，带领团队技术骨干编制各项调试方案、试验报告标准版本、试验操作流程等技术资料，制定各项调试规范和技术要求，为公司技术工作和管理工作的顺利开展奠定了基础。

身先士卒　团队合作

他作为公司领头人，带领全体技术人员不断学习理论知识，打造学习型团队，适应不断更新换代的调试技术和设备仪器，全面负责公司各项工作开展和调试过程中的技术问题，并主持变电站大型特殊试验项目的调试，还带领调试人员去1000千伏莲都变电站参观学习世界最高电压等级变电站的GIS耐压局放试验和主变耐压局放试验项目，掌握特高压设备的试验方法。

从创业开始至今，王定富带领团队顺利完成了2座500千伏、10座220千伏智能变电站和20多座110千伏变电站的新建工程调试项目。还承接了省内多个高风险高难度电网扩建和技改项目的调试工作。近几年带领团队每年参与了±800千伏金华换流站和±800千伏绍兴换流站的年度检修任务，并承接了舟山海岛±200千伏五端柔性直流示范工程每年的检修工作。公司业务量不断增加，他通过招聘新大学生和有工作经验的专家型人才，不断壮大公司调试力量，圆满完成公司艰巨的调试任务，为公司创造了良好的经济效益。

不忘初心　校企合作

在公司发展的6年内，他把一个只有5人的小团队发展成如今近70名职工的调试队伍，背负着来自社会、家庭、资金的多重压力，但他一直凭借最初的梦想默默坚持。通过共同努力，不断壮大团队调试力量，挑战新式智能化变电站调试和变电站保护改造技改等高风险高难度调试工程，不断开拓公司业务范围，带领公司团队走向新的辉煌。毕业15年来，他心系母校，与母校进行了多方面的合作，有幸让公司成为了母校的校外实训基地，为多届母校毕业生提供工作岗位。他一直梦想着能带领更多的母校学弟学妹们一起把公司打造成业内知名企业。

在母校65周年华诞之际，衷心祝愿母校：继往开来、高歌猛进、发挥特色、再谱华章！

（供稿：电气学院）

不忘匠心　方得始终

——记 2000 级电力 01 班校友、浙江省送变电工程公司继保室主任俞林广

俞林广，浙江水利水电学院（时为浙江水利水电高等专科学校）电气工程学院电力 01 班校友。2003 年 7 月，在学校整体从杭海路老校区搬迁至下沙高教园区之际，他顺利毕业，取得梦寐以求的大学毕业证书。带着三年刻苦钻研所习得的知识技能，怀揣青春奋斗梦想，他走进了中国优秀施工企业、国家电网公司直属电力工程施工企业——浙江省送变电工程公司，进入调试公司继保室工作。

勤奋好学　快速成长

俗话说，干一行，爱一行，三百六十行，行行出状元。初出茅庐的他，不浮躁，不好高骛远，真正沉下心来，尽心工作在基层一线。把变电站调试工作做到极致，成为他人生的第一个小目标。这一坚持，就是将近二十年。在此期间，经过省内外几十个大型重点工程新扩建项目的磨练，他逐步掌握了专业技能，具备了优良的组织协调能力，精通了全所继电保护及自动化试验项目和工序标准，能够正确快速排除综合自动化及继电保护在调试和运行过程中发生的故障，能够全

面负责 1000 千伏及以下变电所的继电保护及自动化设备的调试工作，他真正成为了一名技术过硬的复合型精英技术骨干，实现了自己入职之初立下的誓言。持之以恒的努力奋斗还使他在工作上取得了傲人的业绩，为企业发展并取得较好的经济效益和社会效益做出了巨大贡献，为浙江电网的建设与完善奉献了青春、经验与聪明才智。

从初心到匠心，从毛头小子到公司业务骨干，从基层普通员工到公司继保室主任，从初级技术职称到取得高级技师和高级工程师双高职称，一路走来，俞林广洒下了无数的汗水，付出了常人难以想象的辛劳。

他十几年如一日，扎根一线，踏实工作，始终保持忠于职守、爱岗敬业的职业操守；他总是及时出现在工程险、急、难、困的重要工程一线，以身作则，无怨无悔，发挥先锋模范带头作用；他的不懈努力、辛勤付出和所取得的成绩公司上下也都看在眼里、记在心上，受到公司上下的一致好评。他先后获得浙江省送变电工程公司优秀班组长、皖电东送特高压立功竞赛先进个人、青年岗位能手等荣誉称号，多次被评为浙江省送变电工程公司年度先进生产者，参建的 1000 千伏浙北变和 500 千伏市北变、吴宁变、永康变等工程还获得了国家优质工程奖。

攻坚克难　勇挑重担

工作勤奋，待人热情，团结同事，立足岗位，刻苦钻研，业务过硬，不计名利，干一行爱一行，长期在艰苦条件下尽职尽责、默默奉献是俞林广留给浙江省送变电工程公司上下、社会各界的良好印象，也是他个人工作生活的真实写照。

加班加点、跋山涉水、蚊虫叮咬、衣衫湿透、彻夜不眠等在俞林广那里早已经成为家常便饭，十几年风雨兼程，他共参与了新改扩建 50 余座变电站工程的建设，还在省内首次参与 1000 千伏特高压交流变电站（安吉站）、800 千伏绍兴特高压换流站、世界首个五端柔性直流系统和吴宁变智能变电站的特、智新、高等特重大工程建设调试工作，积累了丰富的继保自动化调试经验与现场管理知识。2010 年，公司承担了孟加拉国外工程项目，当时公司国外人才紧缺，他响应公司号召，不顾婚期临近，毅然决定出国工作。国外工作环境恶劣，他迅速适应，并与国外技术人员熟练沟通，做到一边工作，一边做技术指导，最终以优异的工作成绩获得了业主及甲方的一致好评。2013 年，他全面负责整个 1000 千伏浙北特高压变电站的调试工作，这是“皖电东送”战略工程的里程碑项目，见证了特高压工程的建设及投运全过程。1000千伏特高压浙北变电站的建设，作为国网交流示范工程，对于推动我国特高压输电设计、设备研发、施工建设、运行维护技术的进一步创新和完善，对后续特高压建设具有深远的意义。俞林广通过积极开展课题攻关，深入研究，积累了特高压调试的宝贵经验。他还主持承担浙江省首座吴宁500千伏智能变电站的调试工作，作为省内第一个全新的智能变电站，编制调试方案和作业指导书，开展智能设备的调试攻关，确保质量达到标准，技术管理符合有关规定，满足了安全和进度要求。

创新思路　开拓进取

俞林广积极参与QC和科技项目技术攻关，总结经验，通过翻阅专业技术资料，与师傅们一起分析，最终收获颇丰：

（1）科技项目和QC技术攻关。他积极开展QC攻关，如《500千伏市北变光纤测试效率》《开放改、扩建工程临时直流试验箱》《智能站综合网络仪的研制和应用》等，皆提出行之有效的方法并在优秀QC评选中获奖，同时QC成果不断推广应用。他还主要负责《计算机监控系统移动工作站的研究推广》《舟山电网稳控系统的研究与调试》《浙江省调D5000调控系统调试》《柔性直流控制保护系统调试研究》《MATLAB仿真系统在特高压变电站调试工程中应用》和《联调基地调度仿真主站的研究与应用》等公司级科技项目，为企业科技创新、效益提升做出了较大贡献。

（2）技术论文发表和规程编制。他所撰写的《新设备投产保护相关校验问题探析》《浅谈变电站直流空气开关级差配合》《特高压调试技术研究》《±200千伏舟泗换流站光CT问题分析》《关于变电站二次保护设备改造探讨》《试述电气工程和自动化存在的问题和解决措施》等论文在国内核心期刊上发表。他积极开展科技创新攻关，《一种多表位密度继电器校验平台》《变电站一次设备状态模拟装置》申请了实用新型专利。2009年他应邀参加了浙江省电力公司企业标准校验规程的编写工作，浙江省电力公司企业标准（Q/GDW－11－232－2009）《CSC－150微机型母线保护装置及二次回路检验规程》《变电检修现场标准化作业现场执行卡》。参编了《智能变电站现场调试一本通》和《智能变电站继电保护技术问答》等书籍并出版。

传承奉献　不忘初心

目前变电施工中，新工艺、新技术、新材料、新设备、新的管理组织、方法和手段层出不穷，如果不能掌握新的知识，是会被无情地淘汰的，所以他通过努力顺利地取得浙江大学电气工程及其自动化专业函授大学本科学历并获得了工学学位。

为了让新员工、新力量更快地掌握技能水平，作为师傅，他认真做好传、帮、带工作，在工地现场有效组织开展保护调试方法现场培训，并受邀参加浙江省电力培训中心的培训班教学工作，在2009年8—9月还被选为国家电网公司继电保护技能竞赛集训浙江队和华东代表队的教练，切实开展集训，注重效果，教学相长，华东代表队获得了团体一等奖，浙江队获得团体二等奖，在岗位技能练兵方面取得优异的成绩。在2012年8月到11月他还被选为华东电网公司继电保护技能竞赛集训教练，浙江代表队获得了团体一等奖，他个人也被评为优秀教练。同时，他多次在公司继电保护专业技术比武中获奖，在省公司组织的智能变电站继电保护技能竞赛中，他担任了集训参赛人员的智能变电站调试和故障分析技能教练并进行强化培训，取得了优异的成绩。

面对繁重的现场工作，他没有怨言，面对长期出差、休息日加班、不能与家人团聚，他总是淡淡一笑："工作需要我们去做，只要工程顺利投产，再苦再累也值。"毕业后他曾多次回母校，跟学弟学妹们分享工作经历和当前的技术发展状态。结合自己的工作经历，他希望学弟学妹们更加注重专业技能的培养，从基层做起，肯吃苦，不忘初心，刻苦钻研，尽快成长。他祝福母校能够勇立潮头、与时俱进，不断创新，提高就业竞争力，桃李满天下。

（供稿：电气学院）

奋斗的青春最美丽

——记2002级水本专业校友、长兴县水口乡乡长刘文献

刘文献，男，1984年出生于浙江省武义县的一个小山村，从小在农村长大的他有着比同龄人更为踏实、稳重的性格。他于2002年至2006年就读于浙江水利水电专科学校水利水电工程专业（当时该专业为浙江工业大学与浙江水利水电专科学校合作办学），先后在长兴县水利局、乡镇街道等单位工作，现任长兴县水口乡乡长。

大学里，他是一位虚心刻苦的求学者

梅花香自苦寒来，家境贫寒的他没有虚度大学的四年时光。大学期间，他全身心投入到学习当中，每堂课认真听讲，做好笔记，经常向老师请教问题，每天利用晚上时间自学，周末也经常待在图书馆学习。经过四年的刻苦学习，他从入学时成绩年级靠后跃升到毕业时的年级第二，在校期间每年都获得校一等或二等奖学金，获评浙江省优秀毕业生等荣誉称号。

他不仅注重知识的学习，还热衷参与学校组织的各项活动。入学半年后，他

成功竞聘当选为班级团支部书记；积极参加学生会活动，先后担任学习部部长、学生会副主席、团总支副书记、学生党支部副书记等职务，在班级中首批入党。学生会的经历使他养成了积极热情的个性和勤恳实干的处事风格，这为他毕业后的发展奠定了良好的基础。

本科毕业后，他站在了人生的第一个十字路口，一边是继续深造考研，另一边是马上参加工作。由于家庭条件艰苦，无法支撑他继续攻读研究生，所以他放弃了考研的机会，踏上了工作岗位。由于其在校期间的优异表现，他被长兴县水利局录用，成为了一名基层的水利人。

工作中，他是一位尽职尽责的公务员

2006 年，他带着青春和梦想踏上了北上的路途。进入长兴县水利局工作后，他被安排到水资源办公室（水土保持监督管理站）工作。这项工作对于他来说是陌生的，但是他能虚心学习请教，研读法律法规，熟悉当地情况，很快得到了领导和同事的认可。对于领导安排的职责范围外的工作也绝不推诿，利用晚上、周末等时间高质量完成。一年试用期未满，就被破格提拔为水利局中层干部。在此期间，他被安排到办公室、财务科等岗位工作，每次面对新的工作，他都能很快熟悉和适应，履好职、尽好责，得到领导的赞许。

人的一生，充满了太多的变数，而这个时候，最考验的就是需要做出选择。2007 年 10 月，他站在了人生的第二个十字路口，组织上推荐他报考乡镇团委书记，去还是不去？在这期间，他彷徨、犹豫，由于乡镇工作辛苦，很多部门的同志都不愿意到乡镇工作，况且他在水利局领导很认可、同事也支持、专业又对口，况且又已经被提拔到中层岗位，而当时很多乡镇的团委书记正在报考部门的中层岗位。当时的他并不明白到乡镇意味着什么，今后的路会怎么样？然而经过一番思想斗争，他最后还是决定去试一试，尝试一下不同的岗位，体验一下不同的人生。

2007 年 11 月，表现优异的刘文献被聘任为街道团委书记，从此跨出水利，踏上了综合岗位。团委岗位，对于他来说，既熟悉又陌生，熟悉的是在学校期间，他曾经在团的岗位上历练多年，对于团的工作有一定的认识和了解，陌生的是学校团的岗位面对的是同学，而街道团的岗位面对的是各种各样的群体，既有团员、少先队员，更有大量的社会青年。他结合在校期间的工作经验和当地的具体情况，找准工作的重点，全力开展服务青年就业创业，进企业、跑银行，为一位位青年提供就业、创业帮扶，得到了群众的认可。

2008年10月，街道党委将刘文献列为重点培养对象，让他兼任党政办公室主任职务，这个岗位要求他全面了解街道工作情况，协调处理各类问题，熟悉各类公文写作。正是在组织和领导的压担培养下，他全面发展，逐步成长，逐渐成熟。2010年1月，他被选调到县委政府接待办公室工作，这个岗位让他有机会站在更高的层面来看待问题、考虑问题，培养了他的大局观，也让他较快地熟悉了长兴各地的风土人情、各个乡镇的工作重点。

刘文献在完成各项工作之余，不忘努力学习，抢抓发展机遇。在2008年至2010年之间，他曾三次参加全县副科级干部公开选拔，在2010年6月第三次有竞选机会的时候，他也曾想过放弃，认为自己之前已经参加过两次公选，都没有选上，再去参加可能还是陪考。正在他犹豫之时，水利局的一位老领导打来电话，鼓励他一定要去报考，不管结果如何，有机会一定要去试一试。在领导的鼓励下，他抱着再搏一次的心态在最后时刻报了名。有了多个岗位的历练，加上他自己的认真准备，他终于考上了团县委副书记，成为了当年全县最年轻的副科级干部。

在2010年10月至2016年9月的六年时光里，他把自己的青春岁月留给了青春的事业。团委机关是个“小庙”，人数加在一起还不到10个人，但是它所联系服务的对象却有十几万。面对人少事杂的现状，他既当策划员又当办事员，与工作人员共同推动了长兴共青团事业的良好发展。在此期间，他大力实施“青春引领行动”，围绕“寻找长兴好青年”等活动，选树青春先进典型；突出新媒体平台建设，打造团属新媒体矩阵——清朗网络空间；不断提升信息宣传实效，各大媒体经常性报道长兴团工作；他全力推进“青春建功行动”，服务青年成长成才，开展返乡大学生青春创业计划，举办“新青年创业者大会”“圆桌会谈”等活动；助力长兴全国文明城市创建，推动志愿服务工作常态化、制度化、规范化发展，创新设计了“小团长”卡通形象，让志愿服务工作家喻户晓；推进生态文明先行示范区建设，让绿水青山就是金山银山理念深入人心；他持续深化“青春温暖行动”，致力于青年创业创新服务，开展暑期“实习计划”、实施“农村淘宝”项目，每年发放创业贷款300余笔；致力于青少年关爱行动，实施“爱心大篷车”等项目，每年发放助学金50余万元；切实维护青少年合法权益，成立运行“青少年维权服务联盟”；他扎实开展“青春强基行动”，全面加强队伍建设，开展“团干部如何健康成长大讨论”活动，会同组织部门加强年轻干部培养；着力激发组织活力，深化开展“青春党建活力团建”，“青春 4×100”项目被列为全省共青团系统创新项目；持续深化“双网互动”，建立区域团建“大风车”联盟。在他担任团县委书记期间，每年考核均在湖州市排名第一，团县委被评为省级五四红旗团委、省级先进少工委、共青团帮扶农村青年电商创业工作示范县、省共青团信息工作优秀单位等荣誉称号。

2016 年 9 月，他转任水口乡乡长。水口乡地处长兴县北部，是长兴的后花园，更是长三角著名的旅游胜地，乡域范围内有民宿 530 余家，每年接纳游客达到 300 万人次以上。作为乡镇班子的一名新人，他能坚持正确的政治方向，抓实各项工作，打造特色亮点，不断提升水口的知名度和美誉度。到水口工作后，他主动放弃休息时间，“5＋2”“白＋黑”地推进景区建设提升和管理规范。一到水口，他就会同广大干部共同开展景区核心区整治提升工作，通过拆、改、建，将原先脏乱差的现象彻底扭转，实现了景区建设质的飞跃，景区整治工作得到了上级领导的高度认可，水口乡也被评为全国唯一、浙江省首个乡村旅游产业集聚区。他始终把发展作为第一要务，全力推进全域旅游建设，全域大景区初步建成，水口乡入选了浙江省旅游风情小镇培育名单。同时一大批大好高项目纷纷落户水口，“开元芳草地”“大唐四期”“富硒农庄”等项目的建成，也将成为水口今后的一张张金名片。他始终把民生作为第一目标，着力改善社会事业，美丽城镇、美丽乡村、幼儿园迁建等一大批项目顺利实施，成功举办“茶圣陆羽清明祭典”“中国围棋甲级联赛”等一批高层次活动，成功获评全国卫生乡。

生活上，他是一位积极乐观的践行者

年少时，家庭的不易并没有击倒他，反而让他拥有了更加积极乐观的心态。在他看来，作为一名从农村走出来的山里娃，能够在一座举目无亲的小城立足扎根已属不易，必须要踏实工作、快乐生活，积极乐观地去面对人生的每一段旅程。他与同事和谐相处、与家庭成员关系和睦。当生活像一首歌那样轻快流畅时，笑颜常开乃易事。他认为工作和生活密不可分，既要从自己的本职工作出发，展望未来自己的工作，服从现在的工作，把自己的精力无限投入到工作中，在生活上也要保持每天都有精气神。他常说，人要知足，知足常乐，人不可患得患失，一切只要尽力而为就可问心无愧，积极的心态决定了乐观的生活方式。

时光飞逝，转眼他离开母校已经12个年头，这些年来，他经常回忆起在母校的四年难忘时光。只身一人踏上列车到校求学，母校留给了他太多的回忆，他经常回忆起优美舒适的校园环境，回忆起和蔼亲切的老师，回忆起热情活泼的同学，回忆起锻炼自我的团学生活，回忆起共同奋斗的青葱岁月！12年来，他的每一位同学都在各自岗位上有所建树，虽然平时工作忙没有太多时间相聚交心，但是大家都埋藏着那段美好回忆，都在互相期盼着同学们能过得更好，在各自的事业上有所发展，追求属于自己的美好生活。

转眼母校升格本科已经五周年，学校送走了一批又一批学成者，迎来了一批又一批新生，他相信校友们都能在各自岗位上建功立业，为国家、为社会做出自己的一份贡献，也为母校增光添彩；相信学弟学妹们在母校这个舞台都能尽情发挥才能，在这片肥沃的土地上尽情发展自己，收获知识、收获友谊、收获成长；相信老师们桃李满天下，青出于蓝胜于蓝；相信母校一定能越办越好，培养、输送一批又一批英才到祖国大江南北的建设发展当中。

（供稿：水环学院）

迎头而上　不惧风雨

——记 2002 级房屋建筑专业校友、杭州建业建筑设计事务所温州分所常务副所长朱清浦

朱清浦，2005 年 7 月毕业于浙江水利水电高等专科学校土木工程系房屋建筑专业，现任杭州建业建筑设计事务所温州分所常务副所长。

求　学　之　路

朱清浦学习的目标很明确，就是成为一名建筑设计师。在求学的过程中，他明白学好知识是学生的基本要求，扎实的专业知识储备是从业的基础，为此不仅要学好书本知识，还要掌握好学习方法，培养好习惯。访谈中他调侃当年的自己，自己对待专业学习就如“和尚撞钟”。这个和尚撞钟并不是混日子的意思，而是做了和尚必须撞钟，还要争取撞得最响。他是一个不轻易做选择、选择了就不轻易放弃的人。他对责任的理解使其对专业学习极其认真。

同时，他认识到要让实践能力的养成与专业知识的学习齐头并进。在拿到大学录取通知书之后，他便拜了现在的合伙人为师，从此每个假期都在师父的单位里实习，消化学校里学到的理论知识，并在实践中一点点累积建筑业的从业经验，比他人更早接触行业前沿发展。

此外，图书馆是帮助他成长的另一片肥沃土壤，各种人物传记总是受到他的青睐，他也是从这些企业管理者的成功事迹中看到了办企业、做事业的必备品质与能力要求。

朱清浦是个好学的人，三年的专科读完，对他来说并不意味着学习的结束，而是新的奋斗起点，工作三年后他又修读了武汉大学建筑学本科。

从　业　之　路

了解土木工程这个专业的人都很清楚，土木工程十分注重实践，行业发展已经很成熟，创业需要多在实践中（设计院、施工单位、房地产企业）积累经验和人脉关系。朱清浦觉得很幸运，能够一直沿着既定的方向做下去，并有恩师的指导。

2005 年 7 月毕业后，朱清浦就顺利进入了他师父的公司上班。然而半年不到，变故就发生了，因种种原因，他师父选择和合伙人结束合作关系。这对刚毕业的他来说是个很难的抉择，是继续待在公司，还是选择和师父一起离开面对未知。最后他还是选择了跟着师父走，在 2006 年一起创办了现在的公司杭州建业建筑设计事务所温州分所。

2012 年他接任公司管理工作，一开始是兴奋和激动，后面越做越觉得惶恐，在做的过程中发现管理学是很重要的一门课程，和员工如何紧密地联系在一起，让他们发挥更大的潜力等都是要他去考虑的问题。于是，从 2012 年开始，他不停地参加各类培训。让他印象最为深刻的就是 2015 年参加上海崇道学府的教练式管理体系的课程。

历时四个月，他每个周末都高铁来回于温州与上海之间，这份坚持是难能可贵的，当然也离不开家人及同事的支持。这四个月的内外兼修让朱清浦变得更加自信、更有激情，他的身边也多了一群有活力有激情的小伙伴。

“钢是在烈火和急剧冷却里锻炼出来的，所以才能坚硬和什么也不怕。我们这一代也是这样的在斗争中和可怕的考验中锻炼出来的，学会了不在生活面前屈服。”这是尼·奥斯特洛夫斯基在《钢铁是怎样炼成的》里面所写，用来形容朱清浦再合适不过了。公司创办初期由于种种原因，只靠三个人扛着，通宵加班是家常便饭。朱清浦不断地用正能量激励自己，记录下自己的不足并努力克服，为自己设定一个又一个小目标，给未来几个月的自己写下鼓励的话语……通过这样的方式，他不断自我调整、始终督促自己小步慢跑着前进，在挫折与打击中一点点成长起来。

经历过多年的摸爬滚打，朱清浦感慨道：“活着就是一场寂寞与孤独的修行，无论高尚与卑微，都要勇敢追逐自己的梦想，只有你想要，然后才可能拥有。人生就像一场旅行，每个人都会有自己独特的经历，或痛苦，或欢悦，或雨雪纷飞，或阳光明媚。不管怎样，我们都应该有一个好的心态，时时更新自我，才会在逆境中成长。”

挑 战 之 路

内心脆弱的人缺乏担当，心理强大的人喜欢挑战，心灵高尚的人性情恬淡。第一种人遇事时，第一反应就是推诿，首先撇清与该事的关系再说；第二种人遇事时，第一反应就是不回避，义无反顾地先接下战书再说；第三种人遇事时，第一反应就是不慌不忙，从容应对，润物无声，在不经意间化有形为无形。朱清浦就是这第三种人。2014 年，朱清浦的公司有幸拿到贵阳中铁国际生态城的部分设计工作，这是个巨大的挑战。面对巨大的压力，朱清浦没有畏缩，他通过各种途径请教专家，自我学习，最终在中铁国际生态城设计的一个别墅开发项目上取得巨大成功。甲方业主甚至公开让他们自己设计院的员工向朱清浦的团队学习。因为这个项目，朱清浦的公司在中铁国际生态城站稳了脚跟，也打开了市场。

朱清浦说，挑战是对人的一种考验，许多人害怕受伤，面对可能遇到的挫折他们畏缩不前，但要想取得成功，就要不畏艰险，不惧风雨，勇往直前。

许多公司遭遇过的资金周转不灵的问题，朱清浦也遇到过。面对这样的问题，他始终把保障普通员工利益放在第一位。2008 年公司运营不佳，他把员工工资和奖金都发了，没留给自己一分钱。

当前，民宿度假类项目铺天盖地，特别是杭州的莫干山和永嘉的楠溪江。朱清浦也有幸在2017年年中接到了一个非常有挑战性的此类项目，面积5000平方米的民房改造成度假养生基地，但是位置特殊，位于历史保护街区——楠溪江丽水街核心景区。刚接到项目的时候很兴奋，终于可以做这类喜欢的项目了，然而在文物保护建筑区开发这类项目，政府部门也没审批经验，当时只有一个专家组可以咨询。为了尽快推进项目，他一边与专家沟通交流，一边去实地考察，跑遍了德清裸心谷、白乐桥、热土庄园、无锡花间堂、拈花湾等，带着满满的资料回来。一次又一次和甲方及政府部门对接，过程中的诸多情况都是不可预见的，挑战是极大的，方案设计历时一年才尘埃落定，但最终朱清浦成功了。

生　活　感　悟

朱清浦的公司目前涉及的业务地域范围比较广，全国各地都有，提供房地产开发咨询及项目设计一条龙服务。工作性质要求朱清浦经常出差，他就把每一次出差当成一次成长，因为可以见识到更多的地方人文，接触到更广的人脉，学习到更多的东西。长期的出差，朱清浦的家人不但没有抱怨，反而一如既往地支持。他说，自己十分幸运娶了位同样做设计的妻子，夫妻俩都能做到互相体谅。

母　校　寄　语

朱清浦觉得，短暂的三年大学时光，母校给予他的有很多，“母校教我做人做事，教我不要被困难吓倒，不要被压力压垮”。他深信母校会培养出更多更优秀的毕业生，他永远为自己身为一名水院学子而感到自豪，祝福母校越办越好。

他还寄语在校学生们，一定要多多磨炼自己，不怕困难、不怕吃苦，在工作中保持饱满的热情，在面对困难与挑战时不逃避，才能成长为合格的人才。

（供稿：建工学院）

环保行业的领军者

——记2002级给水专业校友、清华控股集团有限公司启迪桑德副总经理周炬锋

他，在工作岗位中勇于创新实践；他，永远保持一颗好学上进的心；他，用五年规划把自己的人生推向巅峰。他就是周炬锋，我校2002级校友，就读于给水02-1班，现任清华控股集团有限公司启迪桑德副总经理。在很多人眼里，大公司副总的形象应该是高高在上、面色冷峻，而周炬锋却不同，他敦厚朴实、平易近人。

初心从学校萌发，图书馆仍未忘怀

周炬锋的大学生活，既难以忘怀又有些遗憾。难忘，是因为有一群难忘的一起踢球的好兄弟。足球，是他在大学最热爱的一项运动，课余时间约上好伙伴，一场场激烈的球赛，一次次痛快地出汗，让他和同窗的友谊日渐深厚、日渐稳固。遗憾，则是因为刚进大学的第一年，周炬锋并没有认识到学习的重要性，没有认真学习。直到现在，他还为此懊悔不已，毕竟当时是荒废了一年的学习时间。他说，工作之后越发领悟到学习的重要性，没有什么比图书馆更有助于学习

了。如果能够让校园生活重来一次，那他一定会认真地学习，一有空就泡在图书馆里，绝不会浪费一分一秒的时间。幸运的是，周炬锋觉得自己遇上了好老师，在老师的引导和自己的不懈努力下，最终他的实践课成绩都出奇的好，动手能力强，富有责任心。对于图书馆，他也有一份特殊的感情。“闷在图书馆的两个半月时光，给了我很大的收获，我出色地完成了毕业论文，包括完整的图纸和数据分析。”回想起来，他不无自豪。那种专注和投入的状态，只有在图书馆连续打卡过两个半月的人才能懂得。从学生时代就保持着一颗热爱学习的心，直到现在走上工作岗位也是如此。他认为，成功一直是留给有准备的人，而只有时刻学习，才能保持着相当的竞争力。

从兢兢业业地干活到满怀梦想地创业

脚踏实地，一步一个脚印，是周炬锋工作经历的真实写照。2005 年，大学毕业后他先进入诸暨的一个水厂工作，后通过努力考取了公务员。工作能力出众的他在建设局担任了非常重要的职位，这一待就是四年。在这个岗位上他兢兢业业，任劳任怨，把控着施工的方向，为了把城市变得更好，他义不容辞。这样的工作很稳定很安逸，他也已经过着别人眼中的幸福生活，但他还有太多的梦需要实现，他想出去走走，看看外面的世界。于是，周炬锋毅然决然地放弃了这份令人羡慕的工作，选择北上。这一去，不仅离开了故地，还冲破了行业的束缚。他选择从头开始，从施工领域走向了零配件领域。在这个陌生的领域，他虚心地向工作在一线的老师傅请教，一遍又一遍地背记零件的用途，一次又一次地拿起图纸对照，一夜又一夜地煎熬。不管有多苦，不管有多累，这一坚持就是整一年。皇天不负有心人，终于，所有的努力和累积终成硕果，产生了质的飞跃。他，成为了一名实践专家，并出色地完成了负责的项目。在新的领域，他依旧保持着一颗学习的初心，用行动证明只要努力地去奋斗，朝着一个方向不停地努力，成功就会越来越近。

有一件事让周炬锋记忆犹新。在他管辖范围内有一名员工，所学专业是金融，担任投资分析师。可这名员工并不满足于现状，想要做销售，跨行转型。周炬锋并不反对这个年轻人的想法，于是他带着这名员工参加了一次较为重要的会议，并让其主持这次会议。这不做不知道，一做便让那名员工直呼困难，把会开好就是一门学问，控制会议场面更是需要经验的累积。世界上根本没有一蹴而就的事儿。回到公司，那名员工没有再提转行销售之事。周炬锋说，切不可异想天开，一定要脚踏实地做好自己的本职工作。只有做好了本职工作，才可能有更好的发展空间。

向着“三个五年计划”的未来进发

成功不是轻而易举的，周炬锋谈及最多的便是每个人都需要设定自己的目标，制订发展计划。生活并不都是一帆风顺，计划永远赶不上变化，但是拥有计划的人总会对未来有前瞻性，总能预先做出正确的决策。周炬锋的经历便很好地证明了人生需要规划。在毕业后的第一个五年计划中，他很好地达成了自己的目标，从一线工作者华丽转身成为建设行业某个领域的领军人物。不满足于现状的他又为自己制订了第二个五年计划。这是一个非常重大而又艰难的抉择。他离开了自己熟悉的工作环境，从给水到大气再到环保，他在不停地探索着。他是环保行业的先行者，为了环保事业他一直走在工作一线。所谓能力越大，责任越大；责任越大，所付出的努力便越多。身为项目经理的他，总是奔波于各地，经常面临各种难题。例如，某个项目起火了，损失十分严重，他要第一时间赶赴现场查找原因，并迅速提出对策。现在，他的第三个五年计划还在进行当中，2016 年 4 月，他成为了清华控股集团有限公司启迪桑德副总经理。由于市场竞争加剧，企业的利润空间越来越小，利润率甚至不足 6%，基本福利无法保障，政府无力支持，企业负债率高，制造企业面临危机，市场部分产业趋于饱和，等等。他一次又一次地完成触底反弹，从岗位的一线，到把控施工的可实施性再到入主环境工程，最后成为行业的领军人物。周炬锋的成功不容易，一次又一次地探索新的行业领域，其中的辛酸苦辣只有尝试过的人才能明白。

从一个施工者走向一个投资者

十五年的工作经历，他一步一步从一线员工变成了管理人员，成功看似轻描淡写，实则艰辛无比。周炬锋回忆，自己大部分的职业生涯还算顺利，但每一次角色的转变都困扰他很长时间。学校所学的专业知识是他在工作岗位上轻车熟路的基础。与此同时，他要不断汲取更多的专业性知识，还需要很好地学习解读社会上的人物关系。刚北上的那段时间非常艰难，一切都要从基层做起，还好当时施工队的项目负责人是诸暨老乡，为他提供了一些便利，加上他全力以赴地学习工作，很快便脱颖而出，取得了一些小成就。周炬锋说，人的见识、眼界非常重要，当初从零件行业转向了环保行业，看准的就是这个行业的前景。正是与大气紧密相关的垃圾焚烧项目，让他走出了国门，见识了更多。最大的转变发生在2014年，他从一名施工者，转而成为一名投资者。这是一个质的飞跃，也是一个全新的挑战。在这个过程中他的贤内助是给予他最大帮助的，不仅给了他关于投资的各种各样的讯息，也是最支持他的人。他，无论经过了什么样的角色转换，仍是那个追梦少年。

从被动学习者成为主动学习者

周炬锋认为，学习是永远不能停止的，正所谓活到老学到老。因为学习可以使人的眼界开阔，可以将个人的气质提升一个台阶。知识是汲取不完的，多吸收一些知识，内涵就会不同，会使自己更加自信。他现在也在参加各种各样的研修班，只为走在思想的前端，做时代的弄潮儿。关注时事也是一件相当重要的事儿，它能使人时刻充满新鲜感，不至于被社会嫌弃。所谓时事包括了国内外的各大新闻，时刻关注国内外的动态，保证自己在行业中有着相当强的竞争力。此外，一定要有自己的兴趣爱好。因为兴趣爱好不仅仅是取悦自己，还是减压的好办法。他说，在社会中生存总会有这样那样的压力，学会减压也是一项走向成功的必备技能。周炬锋在当上了总监之后，还培养出一门新的兴趣爱好——书法。之所以选择书法，是因为“它能使我静下心来，沉着冷静地思考问题，控制住自己的情绪”。

生容易，活容易，生活不容易。周炬锋告诉我们，面对任何一种生活，千万不要气馁，要保持持续学习的能力，要对自己的人生有规划，并重视人脉积累。多去认识比自己优秀的人，这样才能使自己变得优秀。最后，也是最重要的，那便是保持初心，做一个向前看的优秀的工作者。

（供稿：测市学院）

勤学苦干　求是创新

——记 2002 级机电专业校友、杭州恒信电气有限公司总经理王彤东

2002 年，王彤东踏入了当时还是浙江水利水电高等专科学校的大门，就此与机械结下了不解之缘。作为 2002 级机电一体化的一员，从毕业之后工作至今，他仍与机械打着交道。“大学生活是人生中美好的年华”，王彤东说，“到现在工作了十几年，当年和同学一起学习机械制造设计的场景，印象还是那么深。”王彤东还谈道，“作为年轻人要多出去走走，找一项适合自己的运动，对现在和将来都有好处。”这是采访组对王彤东的第一印象——充满干劲，乐观向上。

忆往昔峥嵘岁月

自 2005 年毕业后，王彤东就进入了杭州恒信电气有限公司工作。刚工作时在一线车间，之后辗转质检部、技术部。基层摸爬滚打的一年，使得王彤东更了解机械的类型及其制造，“工作之初，勿好高骛远，需脚踏实地地干，这种基层的锻炼，是日后提升的奠基石。”王彤东如是说。王彤东自进入公司实习开始，就表现出与众不同的品质。别的大学生实习三个月就想调到技术部工作，实习阶段也只是蜻蜓点水般了解一些零碎知识，他却在钣金车间实实在在干了一年，整

天和车间工人一道钻研各个工序的改进工作，熟练掌握各种装备、模具、工器具的使用方法，这为以后他在技术研发部工作打下坚实的基础。

进入技术研发部之后，他不断向老师傅、老员工学习，汲取经验，钻研业务，积极参与工程设计和公司各项科技创新活动。他还充分利用业余时间刻苦学习，努力提高自身的知识水平，先后取得西安交通大学机械工程及自动化专业本科学历和国家注册一级建造师（机电工程专业）执业资格。

王彤东先后参与了长江三峡水利枢纽左岸坝区架空线路入地改建工程、长江三峡水利枢纽工程、南昌铁路局福州电务段、云南电网公司曲靖供电局白石江工程等。十年的技术部工作让他积累了丰富的实践知识，也收获了丰硕的果实。他积极参与研发“铠装移开式金属封闭开关设备内活门锁定装置”等科研创新项目10余项，其中通过省级新产品新技术鉴定2项、列入国家火炬计划产业化示范项目1项、临安市科技计划1项、授权发明专利2项、实用新型专利15项、获国网浙江省电力公司2016年专利奖三等奖1项，在专业杂志上发表论文1篇，取得国家一级建造师执业资格证、维修电工三级、冷作钣金工四级等职业证书。

推陈出新我自横刀立马

王彤东思维敏捷，创新能力突出，公司原先的预装式变电站外壳为焊接式，生产效率低，焊接时产生大量烟雾，影响环境。在经过了大量的研究，参考了国外的先进箱体设计理念后，他设计出了一套无需焊接的组装式箱式变电站外壳。全套外壳除槽钢底座外，其余的门、横梁、侧板、隔板等元件全部预先制作，使用螺栓紧固组装，极大地缩短了生产周期，简化了工序流程，大大提高生产效率，生产过程绿色环保，污染少。在设计及研究过程中，共取得了相关的实用新型专利4项，分别是：“一种组装时箱式变电站顶盖的快速固定与快速拆卸结构”“新型箱式变电站自然通风系统”“风量及气流角度连续可调的箱变通风门装置”和“一种无焊接轻量化的组装式箱变顶盖”。

王彤东作为主要设计人员参与研发的另一个新产品是“DFW－30/630户外电缆分接箱”，取得多项创新：其一是安全密封、全绝缘要求设计产品结构，无外露带电体，不受污秽、凝露、海拔高度影响，提高供电可靠性；其二是可以实时在线检测电缆终端头内部温度，在线监测回路带电状态，提高运行和检修的安全性；其三是采用汽车上成熟使用的气杆支撑原理，用气杆作为双门斜翻盖支撑结构，避免了工作时斜翻盖误合情况；其四是设计了 L 型防雨罩和可安装挂锁的箱门搭接结构，防雨防盗。

王彤东参与研发的“铠装移开式金属封闭开关设备项目”，列入国家火炬计划产业化示范项目。在看到因为检修人员误开启活门而误入中置柜带电间隔触电死亡的报道后，他潜心研究，设计模型，修改模型，反反复复，历时 8 个月，设计出一种铠装移开式金属封闭开关设备的活门自动闭锁装置。该自动闭锁装置结构简单可靠，安装方便快捷，在开关柜检修时对带电部位进行有效可靠的自动闭锁隔绝，有效解决开关柜检修时活门可自由打开的问题。全套机构动作安全可靠，无需人工参与，可有效防止安全事故的发生。由此，他获得了国网浙江省电力公司 2016 年专利奖三等奖，并在专业杂志《电气时代》上发表论文《一种 KYN28A - 12 中置柜的活门自动闭锁装置》。

除了参与新产品开发，王彤东也积极探索新工艺的开发。比如：母线热缩套管的开孔工艺。电气柜内大量使用铜排，铜排上需要套热缩管，但在支撑位置以及取电源位置，需要在热缩套管上开工艺孔。平常采用的手工美工刀开孔，开孔大小及形状都难以统一，各种形状都有，也不美观。他和技术工人一道设计出一种母线热缩套管专用的可调式开孔器。该开孔器可以无级调节所开圆孔的大小，开孔规格可以调节；而且通过刀片的上下调节，可以完美地将热缩套管割除而不伤及母线。开孔整齐划一，效率高，操作安全。

一分耕耘，一分收获。王彤东凭着对事业的执著追求和敬业精神，以实际行动在平凡的工作岗位上扎实工作，实现着自己的人生价值，为公司的发展创下了不可磨灭的功绩，先后 4 次获得“优秀员工”称号。王彤东在一线做出如此多的成绩之后，他并不满足于现状，反而更加发奋图强，努力提高自己的知识储备，从内在到外在都努力提升。自 2014 年起，王彤东就开始在西安交通大学学习，多年的一线工作后，他回炉大学学习，所以更为深刻地明白系统专业知识的重要性，“学习的机会要时刻珍惜，唯有自身充实，在日后的工作之中才不会捉襟见肘。”王彤东这样说。

数风流人物还看今朝

王彤东在自己的工作岗位上尽职尽责，为他换来了诸多荣誉，如被纳入临安市“812”人才计划。这一份份荣誉的背后是无数个日夜的辛苦钻研。王彤东不免感慨，以前的辛劳是十分值得珍藏的记忆，回忆往事，就会感到今日的幸福来之不易，才会加倍地去珍惜。机会是自己去争取的，不思上进的人终究会被淘汰。王彤东立志做一个迎头向上的人，面对机遇，就将它牢牢握在自己的手里。

回忆起校园生活中美好的青春故事，他谈道：“大学里的生活是充满活力的，正因为这样才更让我难忘。室友啊，同学啊，老师啊，这些回忆是永远难以抹去的，感谢有他们的陪伴。”美好的回忆不会随着时间的流逝而消逝，而会积淀下来，发出永恒的光芒。“人总是不太会珍惜眼前的东西，总是在失去之后，才开始后悔。就我而言，在学校里我也总会感觉时间过得太慢，希望早日毕业，早日参加工作，早日离开学校，去闯荡江湖，开创自己的一番事业。但现在却是万般想念母校，母校里有着浮躁社会中所没有的东西，那是一种静下心来的日子，且过且珍惜，在大学里多留一些美好，少一点遗憾。”

数风流人物还看今朝。母校是一支永远的乐曲，我们是她放飞的一个个音符，无论我们将来汇入哪一首歌里，都跳动着她的一节旋律！母校是一处温馨的港湾，我们是她怀中驶出的小船，无论我们将来泊在哪一个码头里，都闪烁着她的一盏航灯！母校承载了我们无尽的欢笑和泪水，既然我们选择了她，就让我们来好好爱她、呵护她！我们一起在这片乐土上拼凑起曾经属于我们的那美丽的回忆，留下我们成长的足迹！2018 年是学校建校 65 周年，王彤东也在采访的最后，为母校送上了祝福：“学校近些年来是越办越红火，65 个风华岁月走来，培育了一代又一代的机械人，我相信学校的明天会更加美好，我衷心祝愿学弟学妹们能够学业有成，老师们工作顺利，学校的应用技术型本科建设会办出特色办出风采。”

（供稿：机械学院）

学以致用　用以致学

——记 2002 级商务 2 班校友、浙江开盛电气有限公司总经理刘宪明

刘宪明是浙江水利水电学院 2002 级校友，在校期间曾任经济与管理工程系团总支副书记、电子商务 02-2 班班长，曾获校优秀毕业生、浙江省优秀毕业生荣誉。在校期间加入中国共产党，被评为浙江省水利厅优秀团干部，现任浙江开盛电气有限公司总经理。

学校事务炼自我

刘宪明曾是班里的班长，也是系里的团总支副书记，这段经历对他的影响很大。当时，他加入了系里的组织部，同时在班级担任班长职务。组织部的工作要求严谨、细致，更要有较强的思想觉悟和政治意识，这也让他比同龄人更成熟稳重。作为一班之长，身上的担子不比学生会主席小，如何建立良好的班风、学风，团结同学共同进步，既要求刘宪明自己以优异的学习成绩起带头作用，更要求他具备良好的品性以凝练人心。德才兼备的刘宪明带领同学共同成长，班级也

多次荣获校先进班级、优秀团支部等荣誉称号。

通过参加学校的各类活动，刘宪明更是获得了多方面的成长。以参加系里组织的辩论赛为例，在整个辩论赛过程中，他作为负责人组织全队每天积极讨论辩题，审题、破题、解题，写立论、找冲突。他觉得团队成员思想碰撞带来的喜悦甚至超越了获得辩论赛冠军带来的成就感。

大学时代，刘宪明还积极参加社会实践。他认为社会实践是大学生成功就业的前提和基础。每当寒暑假，他都会选择合适的社会实践项目，来拓展综合素质，积累社会经验。

整个大学阶段，刘宪明以个人全面发展的目标要求自己，学习成绩在年级里名列前茅，每学期都获得学校的各类奖学金，还获得了多项省级荣誉。

企业管理长才干

浙江开盛电气有限公司自 2013 年成立以来，在刘宪明带领下，团队一直致力于绿色、智能、环保、标准化的专业环网开关等新产品的设计、开发、生产、制造。经过四年的发展，公司从零起点开始，到目前的年销售收入超亿元，已然成为环网开关系列产品的行业领导者，是浙江省制造业单项产品“隐形冠军”企业、国家级高新技术企业，入选临安成长型企业三十强。公司拥有浙江省级企业技术研发中心，目前拥有自主知识产权专利技术 30 余项，其中有 4 项发明专利。

刘宪明说，管理公司就要打造属于公司自己的经营理念，浙江开盛电气有限公司倡导“和合共赢，创新致远”。他认为，创新理念是指企业或个人打破常规，突破现状，敢为人先，敢于挑战未来，谋求新境界的一种思维。对于一般企业来说，创新包括了技术创新、体制创新、思想创新、经营创新和结构创新等内容。在整个企业运营中，注重理念很重要，如果一个人只追求大而全，没有什么创新可言，那么他永远都不会成为行业翘楚。

知人善用尽其才

企业发展要靠管理者的引领，员工管理同样考验管理者的能力。在制度之外，刘宪明更懂得情感关注对于员工的重要性。他通过丰富多彩的团建活动、不断改善待遇等来提高员工对企业的归属感和忠诚度。刘宪明经常在空余时间下到基层和员工们进行沟通，真正了解他们的需求，引导和激励员工设定个人职业目标并鼓励引导他们努力，让平台的发展和员工的成长达到最大的契合度。

在人才引进方面，刘宪明认为首先要看人才的“德”，其次才看“才”。因为一个有“德”的人，会理解企业精神，融入企业文化。他还更多地赋能授权给企业员工，希望通过这样的方式，提高员工的主动性和积极性。

平衡工作生活

工作虽然非常繁忙，占了刘宪明所有时间的百分之五十以上，但他总会抽出时间来以自己的方式陪伴自己的家人。他认真工作，希望以这样的态度给孩子们做好榜样；为孩子学校的活动做策划，以此了解孩子在学校的情况；偶尔带孩子来一趟亲子游，以男人的方式让孩子明白人生道路需要自己用双脚去丈量。

除了工作和家庭时间外，他还充分利用空闲的时间进行学习，比如午休时间，在下班回家路上，晚上睡觉前。最近三年，刘宪明先后参加了杭州市委组织部举办的清华大学杭商学堂初创型企业负责人研修班和浙江省经济和信息化委员会举办的浙江大学浙江省成长型中小企业暨“隐形冠军”企业负责人研修班的学习。学习是一个永无止境的过程，刘宪明也在学习过程中不断进步，不断增长自己的学识，将学习和领悟到的知识用到企业经营中去。

分享职涯心得　寄语水院学子

人不会生来就成功，成功需要付出长期的努力，需要在小事中积累经验，提高个人能力。刘宪明回忆起风雨操场进行的那场校招活动，正是那次在机缘巧合下自己进入了一家不错的公司。那天，只有这家公司在摊位前摆放了易拉宝海报，借此他认定了这家公司，因为在那个“年代”单位来招人能够制作海报就表明单位的用心和实力。刘宪明在这家单位一干就是八年。这八年里，他认真工作，同时也不断学习，先后获得了年度单位优秀新员工、先进员工、先进干部等荣誉。最后，他凭借这八年的工作经验和一股年轻的冲劲儿，决定出来创业。他想告诉学弟学妹，一要树立愿景，重在执行。每天早晨醒来就要明确一天的学习工作任务，并立即着手去执行。如果目标较大则要学会分解目标，并强化执行，直至实现愿景。二要把握好情绪。人开心的时候，体内会发生奇妙的变化，从而获得新动力。因此要时刻保持乐观的心态，不断激励自己，不断充实自己。三要立足现在，把握未来。锻炼即刻行动的能力，学会脚踏实地。

刘宪明说，自己有幸见证了母院从杭海路搬到下沙这一重要历史时刻，还参加奠基仪式。那时的下沙高教园区刚刚起步，百业待兴，如今，母校即将迎来65周年华诞，他祝愿母校百尺竿头，更进一步！祝愿学弟学妹日有所进，学有所成！

（供稿：经管学院）

不鸣则已，一鸣惊人

——记2003级房建2班校友、永嘉县真山园林工程有限公司董事长、永嘉县第十届政协委员陈候

陈候，男，温州人，浙江水利水电学院建筑工程学院房屋建筑工程专业（现土木工程）2003级校友，房建032班，班主任王望峥老师。

陈候2006年6月大学毕业后进入一家市政园林公司学习现场施工管理；2008年，取得二级市政建造师资格证书；2010年承包工程施工；2012年，成立真山园林工程有限公司；2013年，加入永嘉县新的阶层联谊会；2014年，取得园林工程师资格证书；2016年，当选永嘉县第十届政协委员。

水 院·成 长

陈候，他曾经是一个非常普通的学生，有过高考的失利；他又是一个顶天立地的男子汉，不甘心平凡地读完大学；他是一个敢于担当、目光长远的热血青年；他是一个勇往直前、敢想敢拼的实干家。家境贫寒让年少的他骨子里就有一种强烈的自尊、自强、自立。

陈候通过大学三年的学习，拥有了扎实的专业基础知识，在抓好专业课学习

的同时，他还注重综合能力的提升，这为今后成为一名优秀董事长、政协委员打下了坚实的基础。闯时敢勇往直前，平时能修身养性；于逆境中激流勇进，在顺境中冷静沉着。从初出茅庐到闯下一片天地，陈候始终以脚踏实地作帆，勇于挑战为桨，一路乘风破浪，驶向梦想的远方。他的事迹和精神，就像一把号角，激励着所有土木人破浪前行。

“水院带给我的改变太多太多，让我在人生最关键时期很好地完善自我”，在陈候眼里，大学不仅仅是知识的殿堂，更是一个小社会，是一个充满资源与机会的地方，是一个教会他如何做事、如何与人交往的地方。在水院求学中，他明白了要有认真对待学习生活的态度。在毕业后，不同的人会选择不同的道路，或是继续升学深造、潜心研究，或是走上工作岗位，从事建筑行业实践。在水院学习生活中，老师的引导帮助非常大，也发挥着不可或缺的作用。老师们的专业性很强，更是同学的良师益友，给予了各方面的帮助。让陈候记忆深刻的是班主任王望峥老师，“王老师给了我不少的建议：大学学什么专业并不是最重要的，但要在大学里学到很多东西，比如思维能力、表达能力、组织协调能力；要学会独立思考、冷静地面对、分析问题、解决问题、优化解决问题方法。”

作为永嘉县真山园林工程有限公司董事长，陈候认为公司最欢迎两种人：一种是硬实力，专业知识过硬、学习成绩优秀的人；另一种是软实力，做过学生干部，综合素质相对较高，工作能力强，为人处世的能力较好。很多工程项目需要这样的人去牵头。

谈到大学生活，陈候说他的生活单调但充实。教室是学习专业知识的地方，食堂是他们填饱肚子的地方，而寝室是他们的家。这三点一线的校园生活，让他更注重专业知识的汲取。“学好专业知识是一种责任。”他说“饭要一口一口吃，路要一步一步走，坚持不懈，活出精彩。要学就要学好，既然选择了，就要坚持到底。”

“磨炼坚韧意志，稳中谋求发展。”陈候认为这是自己走向成功的经验之一。他是一个有主见的人，喜欢冒险，敢于尝试。他积极参加各种活动，并热爱电竞游戏，以此磨炼自己的意志。他强调三个词：忍，坚强，韧性。

奋 斗·历 程

2007 年，陈候进入一家市政园林公司实习现场施工管理，而对于他，也并不是没有痛苦地纠结，不过还好，他坚持了下来。陈候以过硬的专业知识和不怕吃苦的精神，向用人单位证明浙江水利水电学院培养出来的学生都是优秀的，不比名校的差。

“刚毕业的那两年真的特别累，有时候我都累得想放弃，后来，是顽强的意志力让我坚持了下来。”他说大家都是从默默无闻开始，能否脱颖而出，比得就是谁更用心。一些名校出来的同事，觉得事情小就不屑去做，有些事情太累就不愿去做。大家都想做伟大的事，但那是需要完成很多小事、积累很多经验后才能做到的。

2010 年，陈候决定辞去市政园林的工作，出来自己承包工程施工，他想闯出自己的一片天地。作为一个包工头，陈候身上肩负着重大的责任，他不仅要对自己的生活负责，更要对跟着他一起同甘共苦的每位工人负责。对于每个包工头来说，催工程款无疑是一个非常困难的任务。“每逢过年，我的压力最大。一方面我要核算并支付工人工资，厂家的材料款等各项费用；另一方面我要到甲方去要工程款。有了这些工程款，我才能给工人支付工资，给商家支付材料款，大家才能过上一个好年。”陈候这样说道。凭借着前三年工地施工积累到的经验和人脉关系，陈候与工人们一起出色地完成了几个工程项目，他在一步一步地完成自己的目标。虽然业务上已小有成绩，可陈候的目标并不止于此，他的骨子里有股向上的劲，有一份更大的野心。在承包工程、完成一个个项目的同时，他着手准备成立自己的公司。

2012 年，陈候成立了自己的市政园林公司——永嘉县真山园林工程有限公司，经营范围是市政道路及绿化工程、建筑附属景观工程等。作为一家公司的董事长，陈候肩负着更大的责任，除了要把握公司的战略决策方向，还要善于用人。在工作中，他认真培养人才，为很多有能力的毕业生提供机会，并培养他们成为独当一面的优秀人才。遇到困境，他也会积极去应对。

陈候举例说，“有一年的大年二十六，甲方业主的主要负责人告诉我说今年的贷款没有下来，工程款要年后支付，我当时有点措手不及，因为没有工程款，我也没有办法支付工人工资及一些材料款。但是最后没有办法，我只好一边打电话给朋友四处筹款；另一边安慰工人和材料商，让他们放心，我会在年前把款项给结清，大家可以过个好年。经过几天努力，终于在大年三十付掉款项，而那年过年，我的银行卡余额只剩下2000元”。拥有强烈的责任心，心系工人，才能让他在困难面前毫不犹豫地选择了工人而不是他自己。社会生活并不像校园生活那样简单轻松，只有不怕困难才能出色地完成任务，让自己不断进步与成长。

“人生的道路有的是先甜后苦，也有的是先苦后甜。我选择的是先苦后甜的人生，我想在年轻的时候闯一闯，搏一搏。”

在陈候接触到的很多大学毕业生中，很多同学都存在欠缺吃苦耐劳精神的问题。过于轻松的大学校园生活，会让学生变得懈怠，没有积极向上的精神。在毕业进入工作后，会自然而然地带出懒散、怕吃苦、爱抱怨的问题。他提醒在校生，一定要抓紧在校时间多多磨炼自己，在毕业以后不怕困难、不怕吃苦，在工作中保持饱满的热情。走入社会，不会像在学校一样安逸，在面对困难与挑战时不能逃避、懒惰，只有这样才是合格的人才。

母校情深・寄语

十年树木，百年树人。没有老师的谆谆教诲，没有母校给予的社会经验与勇气，就没有今天自主创业的陈候。近年来，母校的迅速发展也让陈候感到无比自豪。他祝愿母校再创辉煌，培养出更多的社会精英。

（供稿：建工学院）

绝知此事要躬行

——记2003级房建专业校友、杭萧钢构股份有限公司一级项目经理黄耀辉

黄耀辉，男，中共党员，1985年出生，2003年就读于浙江水利水电学院土木工程系房屋建筑专业。2006年毕业，入职于杭萧钢构股份有限公司（上市公司）。工作后参加了专升本教育，2010年拿到合肥工业大学土木工程专业毕业证书。2008年取得二级注册建造师（建筑、市政专业），2011年取得一级注册建造师（建筑专业）。

大学期间表现优异

在没进入大学之前，他和很多人一样，也描绘过大学生生活的蓝图，当时想得更多的是努力学好专业知识，为以后工作打下坚实的基础。当他真正成为一名大学生后，他确定对于大学生而言，学业排第一位。在大一进校时，应对新的学习环境，他并没有像其他学生那样茫然无措地难以适应从高中到大学的转变，他积极用心调整自我，深刻认识到学习的重要性，在课堂上认真听讲、积极互动，

遇到不理解的地方经常向老师请教，老师的办公室经常会出现他的身影。除此之外，他还主动帮其他同学解决学习上的难题，从来不担心别人超过自己。他认为，在与他人的探讨和交流中既可以检验和巩固自己的学习成果，又可以在帮助中互相交流提高，他相信“三人行必有我师”。他还经常去图书馆查找资料，以此陶冶情操，增强专业知识的学习，扩大知识面。当年的学习生活并不像当今网络时代各方面都这么发达这么便捷，许多知识都需要通过查阅书籍资料才能获得，因此在图书馆查找资料也是他大部分的生活内容。

黄耀辉认为，学生就应该端正学习态度，明确学习目标，始终把学习当成第一要务，不能有一丝一毫放松。大学期间，他根据自己的实际状况，迅速确立了学习目标，制定了一套贴合自我的学习方法，并且时刻督促自我，认真按计划完成每一项专业学习任务。在两年专业学习中，他认真钻研，坚韧扎实，始终对绘画充满着兴趣，并严格要求自我。在学习中用心摸索，尝试多种方法来提高成绩。他对选修课也丝毫不放松，努力做到和其他专业课一样好。他认为，完成学习任务之余，空余时间应该培养一些兴趣爱好如绘图、音乐等。在老师的谆谆教诲和同学的热心帮忙下，加之自身的努力，他在各方面都取得了较大的进步，表现突出。

黄耀辉是一个作风正派、坦诚乐观的人，懂得用宽广的胸怀去包容万事万物，乐于帮助身边的人，得到了老师的认可及同学的支持和拥护，群众基础扎实。他始终认为积极向上的人生态度和友善的交往态度是人积极生活的非常重要的因素，只有对生活充满热情，才能为自己的生活做出努力。只有对他人亲切友善，才能收获他人的信任，才能在困难时得到他人的帮助。在宿舍，他能协调好宿舍各成员间的关系，了解宿舍成员的心理动态，善于发现舍友的难处，及时妥善地给予帮助。他还经常参与到大家的文艺活动中，使寝室团结友爱如家，舍友感情深似兄弟。

大学生活与职场生活的差别

在校期间，他把大部分的精力都用在学习和同学身上，每年暑假则都会去施工单位实习。正是因为这些实习经历，他认识到理论学习与实际操作的不同。学校学到的大部分是理论知识，要想在实际工作中灵活运用是相当困难的，常会不知所措。黄耀辉发现自己这一弱项之后，努力地通过刻苦实践来弥补。一有空余时间，他就和已经工作的前辈交流不懂的问题，在他们专注工作时默默跟在身后仔细观察操作流程，记录在大脑里和本子上。“纸上得来终觉浅，绝知此事要躬行。”黄耀辉还抓住一切机会上手操作，这些努力为他后来正式步入职场打下了坚实的基础。

回想起这些学习经历，他说：“学校中所学的知识并不会为你解决工作中的一切问题，但让你提前了解所要进入行业的基础知识。进入工作后才能切身体会什么叫学无止境，你需要花更多精力和时间去学习。”

2006年进公司后，黄耀辉从材料员、资料员、施工员做起，2009年独立负责项目，2012年成为正式一级项目经理，2016年涉及总承包项目管理，开始同时负责2个项目，向总承包项目经理及区域经理方向发展。他说，自己进入职场后的第一个困难期或瓶颈期是正式成为项目经理的时候。成为项目经理前，认为自己能力足够，能够胜任，但苦于没有机会。可当自己真正走上这个岗位后，才发现要面对和处理的问题远远超乎想象。第二个困难和瓶颈期是同时负责多个项目。在项目经理岗位上几年后，就会想更进一步，努力去学习管理能力。等自己有机会同时负责多个项目时，才发现需要学习的东西太多，要站在不同高度看问题，相似的问题却要用不同的处理方法，等等。

如今，黄耀辉对于工作可以说是得心应手，所负责的项目杭州万银双子中心获得浙江省钢结构金钢奖、国家钢结构金奖；杭州西溪首座项目获得浙江省钢结构金钢奖；参编了省级工法《钢管束吊装施工工法》；获得杭州市QC质量奖项等。值得一提的是，黄耀辉目前所负责的项目位于杭州市丁桥，是采用公司专利技术的第三代钢结构住宅体系项目，是目前公司最大的钢结构住宅项目、2018年度重点项目，平均每天有3～5组客户、设计院、政府人员等来参观学习。

寄语学弟学妹：过好大学生活

作为过来人，黄耀辉学长和学弟学妹分享了自己作为过来人的一些想法和建议。

一是在校期间要多参加社会实践、参加实习，多接触社会。参与社会实践活动有助于更新观念，树立正确的世界观、人生观、价值观。现代许多大学生，大多是在书本知识中成长起来的，对自己国家的国情、民情知之甚少，但是社会的复杂程度远不是读几本书、听几次讲座、看几条新闻就能了解的，社会实践活动为大家打开了另一个了解社会的窗口。大家应该通过这个窗口多多了解国情、了解社会，增强社会责任感和使命感。也应正确认识自己，对自身成长产生紧迫感。通过广泛的社会实践活动，看到自己和社会需求之间的差距，看到自身知识和能力上存在的不足，比较客观地去重新认识、评价自我，逐渐寻找到适合自己的社会角色并且为之付诸努力。更关键的是现代大学生以课堂学习为主要的知识接受方式，而这些理论知识并不代表大学生的实际技能，往往难以直接运用于实际工作之中。实践活动有助于大家对理论知识进行转化和拓展，增强运用知识解决实际问题的能力，在实践中不断动手、动脑、动嘴，从而更好地适应社会，服务于社会。

二是多认识志同道合的同学、朋友和老师。老师是人类灵魂的工程师。优秀老师的良好师德对学生的影响是非常深远的，所以大家应该与老师多交流、多沟通；应该广交朋友，多和优秀的同龄人交流思想、增进知识、提高能力，尤其是提高自己的社交能力。

三是先做人，后做事。闻名世界的实业家马歇尔·菲尔德曾说：“做人的首要品质是诚实、勤奋、节俭和正直。这些品质比什么都重要，是任何时代都不能缺少的。一个人如果没有这些品质，必定一事无成。”人品就像火车的方向、路轨，而才能就像发动机。如果方向、路轨偏了，发动机的功率越大，造成的危害也就越大。良好的人品比高智慧更重要。每个人的潜力都是无限的，有什么样的人品，就会有什么样的工作业绩与生命质量。可以说，好的人品是推动人生不断前进的动力。

四是做人要耐心，要虚心。在日常生活中，耐心非常重要，做任何事都必须有耐心、肯坚持，勇于克服困难，不要让各种困难的“小石头”成为阻碍你实现梦想的绊脚石。人要有进步，不仅要努力学习新知识还需要有谦虚的态度，才容易取得进步。如同进“宝山寻宝”，只有虚心询问善于观察才会发现“宝石”。

五是既要会动手也要会动口。新世纪需要的人才，应该是同时能够和多种人打交道的人。目前，用人单位通常首选那种既有专业才智又善于合作且有良好人际沟通能力的人才。在专业才干和人际合作沟通能力不能兼得的情况下，大多数用人单位倾向选择后者。动口是一种才智，同时又必须建立在人具有良好的德性涵养之上。在这个意义上，社会要求大家成为既能动手操作又具备良好交际能力的人。

黄耀辉希望学弟学妹能做到有则改之无则加勉，期待学弟学妹在大学中有所蜕变，成为最好的水院人！

（供稿：建工学院）

深深扎根工地的“寻常人”

——记 2003 级测量 1 班校友、上海隧道工程有限公司项目经理方杰

浙江，人杰地灵，多山多水的环境，优美祥和的村庄，为祖国孕育着数不尽的人才，这些人秉持着大山赐予他们的朴实与坚毅，有着“干在实处、走在前列、勇立潮头”的浙江精神。方杰，正是这样一位从村子里走出来的踏实能干的浙江人。在 2003 年的 6 月，他来到了浙江水利水电专科学校求学，并在之后的日子里闯出了一片属于自己的小天地。

大学，并不仅仅是求学的

乘坐地铁到达工地之后，我们悄悄到达了方杰临时的办公地点：一个钢板夹泡沫的小屋。我们伫立在门口静静看着他，过了些许时间，他才发现我们已经抵达。方杰对我们的来访显得有些局促，显然一心投身于工作的他并没有把过多的精力放在别的事上面。我们坐到他的办公桌前，那是一张放着几张施工现场的图纸和一桶尚未吃完的泡面的桌子。

等到他将手头上的事处理完，我们开始了对方杰的采访，“请问你对你的大

学生活印象最深刻的是什么?”方杰的思绪骤时远离了嘈杂的工地，飞向了十五年前的那个盛夏。“我印象最深刻的是刚刚进学校的时候，老师告诉我们的那番话‘在大学里，你要学习的不仅仅是知识与学问，还要学会怎么做人，怎么融入到这个社会中去。’这句话奠定了我大学三年里的主要方向，它让我明白不能一味地学习，要进一步去了解这个社会，要实现自身全方位的发展。”大学时期的方杰，努力践行着老师的教导，除了理论知识的学习外，他也注重实际操作内容的掌握，以及如何融入到社会中去，以更好地适应环境。

方杰说，最开始来到大学的时候，面对的诱惑的确是很多，没有人对你的言行举止和学习状态进行约束，你就很容易不由自主地懈怠。方杰一开始也度过了这样一段迷茫的日子。那是大一上学期，他学会了去网吧通宵上网，渐渐地，他沉浸在这种虚拟世界中。突然有一天，老师敲着桌子告诉他：“方杰！大学不是让你拿来玩的！是让你充实自己的!”这番话犹如一把利剑刺进方杰的内心，他渐渐醒悟，放下了手中的游戏，静下心来专心读书，努力提高自己。网吧里兴奋激动的小伙子，渐渐地变成了图书馆里奋笔疾书的勤奋者。

暑假期间的方杰，也不愿浪费时间，他四处寻找工作的机会，工资不是重点，体验和提高才是重点。相比于同专业的同学，自己能够有机会提前了解工作情况、体验工作环境，这样他就清楚将来要面对什么，需要具备哪些工作能力，需要锻炼哪些方面的品质。之后的每一个假期，方杰都会做兼职，远离自己的舒适圈，走向繁复冗杂的社会，逐渐，沉稳替代了幼稚，成了方杰新的标签。

方杰在职场打拼多年后，总结自己的大学经历，他说大学所学的理论知识在未来的工作中能直接使用到的其实不多，主要还是靠后期的工作能力，自己如何把理论转化为实践。但是，在大学期间培养的自主学习能力和习惯是非常重要的，学到的基础理论知识越扎实，今后实际操作就越容易上手。“大学的理论就像工作的灵魂一样，它充斥在工作的每一个角落，但是空有灵魂还不足以撑起工作，需要实际的操作经验，也就是肉体来支撑，灵魂与肉体相结合，才能发挥出最大的作用。”

脚踏实地，稳扎稳打

2006 年，从浙江水利水电专科学校毕业后，通过网上投简历，他应聘到上海隧道工程有限公司工作。最初，靠着自己扎实的理论知识，他负责施工现场的测量工作，一干就是三年。“前几个月面对实际操作，我是茫然无知的，才发现大学里学的都是皮毛，空有理论，但不知该如何下手，虽然最初跟着老师傅一同工作，可以观摩着一步一步地学习实际操作，但是进度不够快，老是会觉得自己跟不上工作的节奏。为了更加快速有效地上手，方杰就私底下不断地向老师傅请教，多学习、多思考。每天的工作结束之后，睡觉前都要总结下今天都干了什么，有哪些需要注意的地方，哪里做错了，哪里以后一定要注意。”跟在老师傅身边观摩、学习了三个月之后，方杰已经能够初步掌握大部分的测量工作要领，可以较为独立地负责一地或多地的测量项目。

干工程测量的这 3 年，虽然辛苦，方杰却从未有过一丝懈怠。“在我做工程测量的时候，有过一段休整期，人稍稍有些松散。但骨子里闲不住，觉得应该趁着这段时间静下心来看点书，提升自己的业务能力，于是就报考了二级建造师考试和函授本科，找回了当年在水院图书馆废寝忘食的感觉。过程艰难，结果不易。”人生的道路，本应该如此，保持不断学习、不断向上的心态。青春没有风风雨雨，人生就不会春华秋实。

方杰认为，工程测量，除了要能很好地运用专业技能知识，将图纸上的东西放在施工现场上外，还一定要心细胆大，不要怕出错，出错其实是好事，这就意味着你有发现错误并且改正错误的机会，更重要的是要有责任心，一个测量人员如果没有责任心的话，不以认真负责的态度对待工作，那么对整个项目、工程的影响都是很大的。

之后，凭着在工作中的努力，方杰成为了一名测量员，不到一年的时间又被提拔成为测量主管，开始步入公司的管理层。方杰说：“幸好之前在施工工地上干得足够久，对测量上的大小事务都有了解。”靠着丰富的经验以及严谨的工作作风，方杰负责的工作都以很高的效率完成了，获得了同事和领导们的一致好评。

方杰在一点一滴的工作中积蓄着力量，逐渐发展自我，工作的能力越来越强。在经过长达五年的考察后，方杰被任命为项目经理，开始负责统筹规划跟踪完整项目的开展及后续情况。项目部经理的工作内容主要是监督项目的进程，管理生产的质量、产量的进度。管理整个项目，对于方杰来说也是一个不小的挑战，他参加工作到现在也没有过类似的经验，而且一直也是从事技术方面的工作。正式从事管理工作的他，第一个任务是协助一座桥梁的修建作业。要知道测量对于他来说，是老本行，做起来本就得心应手，但关于整个工程的进度，方杰却犯难了。他回想起刚参加工作时的迷茫，下定决心要加强学习，加上前辈的指引，方杰很快便有了自信。工作之初，方杰也遭遇了不少挫折。有一次架桥，两个桥板要求 18 米长，结果由于施工人员的粗心大意，导致每一个桥板都短了将近 5 厘米，在架桥的时候，桥板差点掉了下去，方杰严厉批评了负责相关作业的人员，并且在那之后对自己的项目组制定了严格的要求，严于律己，以身作则。

方杰总结自己的工作经历时感慨，人一定要开阔视野，眼光放远放长，多出去接触这个世界，不要活在自己的舒适安逸的小圈子里，一定要有自己的理想和目标，不能狭隘地只想着今天和明天，得过且过，只有发奋努力，才能不断前进。

从哪来，到哪去

方杰说："我是从水院出来的，心里也一直惦记着水院。"他对母校的学弟学妹提出了这样的忠告：将未来发展前景放在首位，给自己定一个明确的目标和定义，不断地提升自己，努力去学习，不论是知识还是道理；使自己的心安静下来，不要急功近利，不要浮躁，该做什么就做什么，一步一个脚印儿，慢慢来，该来的总会来的，该有的总会有的；要坚持，要有干劲。不要轻言放弃，成功或许就在下一次的尝试；要有明确的人生目标，从近到远，达到眼前目标，放眼长远目标。他衷心地希望母校能越来越好，希望学弟学妹在人生路上一帆风顺，为祖国和社会做出自己的贡献。

（供稿：测市学院）

测绘心 责任心 立人心

——记 2003 级测绘 1 班校友、浙江省河海测绘院
计划经营科副科长凌佳

子曰："士不可以不弘毅，任重而道远。"在校期间，他认真学习专业技能知识，把每一天简单的事情都尽力做得完美；工作期间，他勤奋敬业，把每一项繁重的工作都尽心做得更好。他觉得只有心怀高远的志向，脚踏实地地把责任落到实处，才无愧于自己的内心。他，就是我校测量 2003 级校友、浙江省河海测绘院计划经营科副科长凌佳。

认真负责态度初显

大学三年，对于凌佳而言具有特殊的意义，不仅因为这里是他梦想开始的地方，也因为他是测绘 03－1 班的班长。

"大学不像中学那样，大学里当了班长，代表的是一个班级，必须起到表率的作用，而且还要顾及班里的每一个人。班长是一个班级的核心，每位班长都以管理好一个班级，建设一个优秀班级为己任。"凌佳回顾起自己的大学班长生涯，他说，"很多时候班里同学一出了事情，第一时间想到的不是父母、老师，而是

班长，因为班长是他们在学校第一时间能依靠的臂膀。”

有一年十月份的一个星期五晚上，班里集中组织了一次活动，结束后大部分同学及时赶回宿舍，凌佳在寝室即将进入梦乡时，一阵急促的敲门声将他惊醒，与之相随的是一声叫喊“班长！班长你在吗？”凌佳马上辨认出了这是班里同学方杰的声音，立刻跳下床跑过去打开门并询问出了什么事情。方杰拉着凌佳就往外走，说是同寝室的张毅同学生病了，在床上一直很难受。凌佳小跑过去，看着头冒冷汗的张毅，自己的后背也不禁冒起了冷汗。他二话没说，一下背起张毅，对方杰说：“我现在就送医院！你赶紧跟班主任联系一下。”凌佳背着虚弱的张毅，向宿管员说明了原因并征得班主任的同意后冲向了校门口。“那时候下沙可不是这番景象，交通远没有现在这么发达，打车是一件相当困难的事情，我们在门口等了很久，也没有等到一辆出租车。”凌佳对于这件事还是记忆犹新，“夜晚10点多的街道有点冷，出门的时候急，忘记多带点衣服。我扶着他在路边休息等车，他时不时地露出难受的表情，当时我也是心如刀绞，十分担心他的状况。”凌佳见打不到车，便立马拨打了120急救电话，“现在想想当时也很笨，可能是因为太紧张，没有第一时间想到打120。”不一会儿，一阵尖锐的声音刺破云霄，他扶着张毅上了车，一路送到了医院。张毅得的是急性肠胃炎，需要住院输液。望着躺在病床上的张毅，凌佳紧张的表情终于有所舒缓，但他没有休息片刻，立马去缴费窗口，拿出自己的生活费为张毅垫付医药费，也顺利帮他办好了住院手续。折腾了一晚，作为班长的凌佳只是觉得这些都是他的责任，不能辜负同学们对他的信任。

这件事情让凌佳意识到，一个人想要在社会上好好生活下去，责任心是不可或缺的，责任承载着能力，一个充满责任感的人才有机会充分展现自己的能力。他认为，责任是一种与生俱来的使命，它伴随着每一个生命的始终。从出生到离开这个世界，我们每时每刻都要履行自己的责任：对家庭的责任、对工作的责任、对社会的责任。一个缺乏责任感的人，或者一个不负责任的人，会失去自己的信誉和尊严，失去别人对自己的信任与尊重，甚至失去社会对自己的认可。责任是永恒的职业精神。如果说智慧和能力像金子一样珍贵，那么勇于负责的精神则更为可贵。

用心对待每一件事情

凌佳说，在任何一家单位，只要你努力工作，认真、负责地对待每一件事情，你就会受到重用，从而获得更多的尊严和自信。靠着自己认真负责的态度，凌佳受到了老师与同学们的认可，2006年毕业之后前往浙江省河海测绘院工作。他所负责的工作内容主要以外业为主，需要将理论知识和实践结合起来。最开始他做的是海洋测绘、水文测验，都需要有测量船，那时海洋测绘很多时候是起早贪黑的，为了“赶潮水”，作业时间并不固定，而水文测验则需要停在一个地方做定点测量，一个小时测一次，一共需要测量36个小时，与另外一名同事轮班每个小时都要到甲板上观测和取水样，一干就是33个小时，有时候甚至是36个小时，这项工作刚开始还是比较新鲜的，就是在海上刮风、海面起浪的时候，吃东西会觉得吃不下，回到岸上之后，躺在床上，会觉得天花板是在旋转的。但这些辛劳，凌佳从来没有抱怨过。

靠着认真负责的工作态度和扎实稳健的工作作风，2008年凌佳被提拔为项目负责人。经过几年的工作积累，就在开始带项目后的第二年即2012年年底，他接到了一个比较大的综合性很强的项目，作为项目组现场负责人，凌佳要带领团队对整个340平方公里的三门湾测区进行1∶10000比例尺地形测绘。项目推进时，离除夕夜仅剩23天的时间。为了尽快完成项目，凌佳组织20多人分3个工作组，配备7条测量船，克服了海陆基准不统一、测深与定位延时情况严重、工期紧、海况复杂、潮差大、滩涂及养殖业发达等许多困难，只用时19天就保质保量地圆满完成任务；在项目成果方面，他们完成了涵盖所有图层的换带程序开发，实现了一定的技术创新。凌佳还指导年轻职工利用ArcMap软件正确描绘滩涂地形现状。最终，项目成果在专家组评审会议中得到了充分肯定。

凌佳说：“作为项目现场负责人，不一定非要事事皆知，事事皆会，就像诸葛亮一样，他不一定要什么事情都知道，略知一二即可，但是我们负责人需要的是充分了解项目组中每一个人的特点，充分利用我们手头上的这些资源及每一个人的特长，充分熟悉项目任务的每一个环节，充分预估项目任务的每一个难点，那么最主要的工作就是把正确的人和事对应起来，加以合理地统筹规划，通过调配加以利用，最终达到我们需要达到的目的。”

不可或缺的责任心

这些年一路走来，凌佳对责任心的重要性体会尤深。他说，大多数人工作效率低下、质量不高的根本原因都是因为缺乏责任心，不负责任会导致工作拖拉、工作质量差，影响工作数量和进度。一般情况下，不是人的能力不足，而是责任心的缺乏。一些有能力的人因为不愿承担责任往往会造成工作上的失误。责任远比能力更重要，因为责任承载着能力，责任可以改变对待工作的态度。只有明确了自己的责任，才能充分发挥自身的能力，把工作做好。现实的工作需要高度的责任心。尤其是在当前，我们面临着前所未有的发展机遇，也需要应对前所未有的挑战，这就更需要各行各业的人们负起责任来。

2014 年始，凌佳的岗位调整至计划经营管理方面，开始做项目前期策划、方案编制、组织协调、后期服务等工作。在他任职之前，当年的七月份，凌佳当时所在的地形分院，要负责测量并绘制浙江省南部沿海地区理论深度基准面 5 米以上的水下地形图，他与几位同事负责浙江省南部区域的测量工作，他们分别坐船在海上进行测绘作业。有一天，在台州石塘附近的海域进行海洋测绘。海面上风平浪静，看起来十分温柔，然而事实上暗礁就藏在这没有波涛的海水下面，静静地等待着过往的船只。他们的小船在海面上缓缓地行驶，船老大依仗着自己多年来的下海经验，似乎并不惧怕什么。然而就在一个小小的海岸线突出的地方，一个右满舵朝海岸线进发，就在这时，凌佳听见沉闷的一声巨响，接踵而至的是船只的晃动，凌佳跑到甲板上，看到船上的人都聚集到了甲板上，还在纳闷的时候，船老大气喘吁吁地跑过来，手中抱着许多救生衣，冲他们大喊："快穿衣服！抓紧时间下船，刚刚触礁了，马上联系周边船只进行救助，所有人员船高侧集合，在甲板上很不安全！"凌佳的脑子嗡地一声，接过船老大手中的救生衣，赶紧往自己身上套。可就在这千钧一发之际，他突然意识到所有的测绘仪器和数据没有救生衣，万一情况恶化，这些数据和仪器定会石沉大海。他不敢想象接下来的事情，于是想也没想就调头冲进船舱，将重要的数据和能随身携带的仪器救了出来。虽然最后船只并没有沉没，仪器也平安无事，但是他的这份责任心令同事们无比敬佩。

秉持信念前行

凌佳认为履行责任是实现人的全面发展的必由之路。每个人只有在全面履行责任中，才能使自己的潜在能力得到充分挖掘和发挥。要把职业当做一生的事业，忠诚爱企，做好本职，身不离岗，责不离心。只有这样，每个人才能在推动企业发展、社会进步中，实现个性的丰富和完善，进而最大限度地实现自身价值。而所谓能力，简单讲就是做事的本事、才干，是实现理想、落实责任、做好工作的保障。由于个体、职务的不同，能力有高有低，但不论高低，只要你肯付出，那么每个人都会找到适合自己的位置。作为校友和学长，凌佳希望水院的学子都能找到属于自己的舞台，他会带着自己的理念坚持下去，以培养更多有责任心的人为己任。

忆往昔，博学石旁，母校的一草一木，老师的一颦一笑，在凌佳脑海里记忆犹新。他想告诉学弟学妹，学习与实践永远是我们一生最大的财富，既要珍惜在校期间的学习时间，又要加强实践课程的技能培训，最终做到学以致用。希望大家在那绿色的校园里，手握春光烂漫的年华，不断编织人生的七彩之梦。

（供稿：测市学院）

行成于思，业精于勤

——记 2003 级机电一体化专业校友、杭州娃哈哈集团有限公司部门经理毛伟栋

毛伟栋，2003 级机电一体化专业校友，2006 年毕业之后，先后任职于杭州松下马达有限公司、证券公司投资顾问，目前任职于杭州娃哈哈集团有限公司，担任部门经理一职。

求学：坚持求知，必有用处

2003 年 9 月，毛伟栋满怀憧憬地来到浙江水利水电高等专科学校的杭海路校区。毛伟栋回忆到："在那里学习生活了 1 个月，日子虽然短暂，但经历的点点滴滴难以忘怀，跟同学们一起在秋涛路上的篮球场挥汗，一起逛庆春路上的夜市。10 月份，我们就告别了老校区，搬入了下沙新城。下沙当时还是黄沙满天飞，由于周边环境受限制，我们很少有校园外的活动。基本生活就是宿舍、教室、运动场，三点一线。那时篮球场是我们的最爱，但因为场地有限，经常因为

候场要等好几个小时，虽然时间漫长，但是看其他人在球场上比赛也是别有一番趣味。”随后毛伟栋感慨道：“短短十几年，现在的下沙高楼耸立，樱花盛开，旁边更有高教西公园。”巧的是，2003 年也是学校校庆 50 周年，一些老校友来学校参加校庆，毛伟栋作为大一新生在校门口做接待工作，看到一位位老校友步入校门，才意识到母校的强大。

回想大学生活，毛伟栋感悟颇多。他认为大学中有这么几件事情是一定要做到位的：其一是找到大学生活的乐趣所在，可以是学习乐趣，也可以是兴趣爱好，一定不要虚度大学光阴；其二是在大学中一定要找到自己的职业发展方向，可以从一个面开始，慢慢根据自己的能力和性格特征形成自己的职业聚焦点；其三是积极参与社交活动，结识方方面面的同学朋友，拓展自己的人脉资源。

工作：诚恳踏实，着眼未来

跟许多应届毕业生一样，毛伟栋在临近毕业的时候四处投简历，参加招聘会。幸运的是，由于在学校里表现优异，很多单位都想找他签约。在众多的邀请里，他结合自身状况，慎重考虑，最终选择了杭州松下马达有限公司，毛伟栋讲道：“虽然有很多企业供我选择，但我觉得松下更适合我，因为第一它是外资，想去见识一下日资企业是什么样子的；第二是在下沙，还是自己熟悉的环境。”毛伟栋在杭州松下马达有限公司工作了 2 年，他渐渐不甘于这辈子就这么平淡度过，毛伟栋同几个志同道合的朋友，商量了一下就打算出去闯一闯。就这样毕业后的第一份工作在 2008 年 3 月份结束，另一段经历开始了。

年轻意味着充满机遇、活力和斗志。刚开始的棱角由于岁月的冲刷而变得圆润，就如刚出石的玉石，经过打磨后才引得世人惊叹！毛伟栋从松下出来后，年轻人的好高骛远使他想跳开自己擅长的领域，而去找个其他领域的事做！当时正是证券投资最流行的年代，于是他打算去做证券投资顾问！期间他也有跟证券公司里的同事合作开公司。不过，开公司并不是一件想当然的事情，就算开成了，日后的管理运营又是一门学问。事实证明：没有启动资金、过硬的人脉，单靠激情是成不了事的！考虑到生活压力，毛伟栋放弃了开公司的想法，决定还是回去干老本行，做专业对口的工作。

经过这次创业失败，毛伟栋再也不像当初那么鲁莽了，他变得更加内敛和成熟。他感慨道："我们学的知识比工作要高大上，所以工作要能'沉'得下来，从基础做起，然后才能高大上！"松下出来的几个弟兄，也找了其他工作了，有的去了萧山奥伯尼（美资企业），上司是亚洲区总裁；还有的人去了多米诺公司（英资企业），后来又转GE（美资），反正大家都没闲着。毛伟栋也开始找工作，终于在2008年的11月份，找到了第三份工作，杭州娃哈哈集团有限公司，一直工作至今。谁都有过这样艰难的时刻，当你感觉天就要塌了，那个时候没人能帮到你，真正能帮你的人只有你自己，甚至有时候觉得自己再也撑不下去时，会发现一咬牙一跺脚又是新的一天，然后所有困难都变成过眼云烟，那些走过的路、吃过的苦，终究只是为了成就更好的自己。人先立志，只要心定，就不会有困难！为什么这次选择了娃哈哈呢？毛伟栋笑道："娃哈哈跟我们学校是有一定的渊源的，当年在学校学数控的时候，当时的王建军老师就带我们参观过娃哈哈精机公司（研究院），那时精机公司的数控机场（加工中心）基本都是法兰克系统，跟专业对口，那时的吹模是生产营养快线的罐装瓶，开发一套需要上百万资金。可是我并没有在精机公司上班，而是分配到了有娃哈哈黄埔军校之称的饮料公司。到了饮料公司之后，那就吃苦头了，到车间学习操控老设备，去外面的新厂房学习操控新设备，看两步伐的制瓶机、克朗斯的灌装机（可口可乐用的机器）。每年的下半年还要到设备科参加设备大修，一台台机器能拆的，都要拆一遍。那几年比在日资公司苦，比在证券公司充实，基本就是上班干活，可能娃哈哈本就是这样的公司，我们的事业也是要在这里开始。"

寄语：三思后行，有舍有得

大学应该多交朋友，积累人际关系；多去社会实践，多去企业打工，积累工作经验；多去运动，为以后工作打下一个良好的身体基础。别老待在寝室打游戏，游戏要适度，休息的时候用来放松一下自己就行，沉迷网游的危害不需多言。

对于创业而言，大学生创业前要做好充分的准备。一方面，去企业打工或实习积累相关的管理和营销经验；另一方面，积极参加创业培训，积累创业知识，接受专业指导，提高创业成功率。大学生由于长期接受应试教育，不熟悉经营"游戏规则"，技术上出类拔萃，理财、营销、沟通、管理方面的能力普遍不足。

要想创业成功，创业者必须技术、经营两手抓。建议可从合伙创业、家庭创业或低成本的虚拟店铺开始，锻炼创业能力。资金是大学生创业要翻越的一座山，大学生要开拓思路，多渠道融资，除了银行贷款、自筹资金、民间借贷等传统途径外，还可充分利用风险投资、天使投资、创业基金等融资渠道。创业过程中很多刚进入社会的大学生过于重视点子，而忽视执行，选择过于复杂、超出创业公司能力的项目，又或者眼高手低，纸上谈兵等，这些对于创业来说都是致命的危害！切记不要犯以上的错误。天下没有免费的午餐，一分耕耘，一分收获。满怀激情的开始，最后都归于平淡，凡事要静下心来，心静了才能看到远处。

毛伟栋想要借用《大学》里的几句话送给学弟学妹，“知止而后能定，定而后能静，静而后能虑，虑而后能得。”得就是得到，想要有所成就，必须要经过这么一个过程，三思而后行。最后，毛伟栋触景生情：“刚离开学校的时候，怀念的是那里的人，时间久了，怀念的是物！变成了一种情怀，这是在学校时感受不到的。母校一直是我们的第二个家，预祝母校与时俱进、科学发展、办出特色、越办越好，为社会培养更多、更优秀的应用技术型人才！”

（供稿：机械学院）

认认真真做事　踏踏实实做人

——记2003级商务专业校友、浙江物产物流投资有限公司佛山分公司总经理助理张慧麟

张慧麟坦言，“博学求实”的校训对他的影响非常深远。博于问学，笃于务实，重视学习，向各种人学，学各种知识，踏踏实实做事，老老实实做人，这成为他日后学习、工作中的行为准则。

水院成长　校训精神铭刻心间

张慧麟回忆起2003年年初来到水院求学的时光，学校刚刚迁至下沙校区，很多基础设施都还不完备，有人戏称那一届学生为“开荒者”。但即便物质环境并不是很优越，张慧麟对自己的大学生活仍然充满了期待。

大学三年期间，他多次获得奖学金及优秀学生干部等荣誉。除了竞选班级干部，他还加入了学院宣传部和海益剧社。谈起在大学时最难忘的经历，便是担任物流04－3班副班主任。那段时间，他为新生们能够尽早适应大学生活尽心尽力，体会到了作为“大家长”的责任与担当。张慧麟称：“在与老师和学弟学妹

们相处的过程中学到了很多东西，也提升了自己的办事能力与交际能力。这对我之后的工作产生了很大的影响。”

大学毕业后他获得了在阿里巴巴工作的机会，然而与此同时，浙江物产物流投资有限公司也向他伸出了橄榄枝。浙江物产物流投资有限公司的主要经营方向是面向钢材等大宗生产资料物流服务领域，以重资产投入与轻资产管理输出相结合，推进物流网络的拓展、服务功能的完善、物流资源的整合。张慧麟最终选择了浙江物产物流投资有限公司。而这一干，就是十余年。在此期间，他不仅把自己历练成物流行业的专家，更是为公司培养了一批优秀物流一线工作者。

坚韧务实　平凡岗位历练成长

最初进入浙江物产物流投资有限公司的时候，公司中大多数的员工都只有初高中文化水平，只有张慧麟等几位应届大学毕业生，这是他们的机遇，但同时也是不小的考验。他从最基础的岗位开始做起，担任一名仓库理货员，工作无趣又没有挑战性，有人渐渐离开。而张慧麟始终踏踏实实干着这份工作，因为他相信“是金子总会发光”。

七个月后，因表现突出，张慧麟被提升为组长。然而就在任命下达的时候，他拒绝了。他认为自己作为新员工还没有资格，还有很多基层工作的细节自己没有领悟到位。秉承着务实的精神，他觉得自己需要进一步历练，做专做精，把基层的岗位工作真正做实、落地。领导也无奈于他的坚持，只好继续让他留在基层做理货员。在婉拒了这次的提升之后，张慧麟没有后悔错失良机也没有骄傲被破格提升，他还是如同刚进公司时那般勤勤恳恳，踏踏实实。终于，在工作 13 个月后，公司领导再次提升他做基层干部——班长，协助领导做一些管理工作。

担任班长后，他还是和往常一样到露天库区协助理货、指挥班组作业。七月的杭州，室外气温逼近 40 度，而物流基地的钢板温度更是高达 60 多度，汗水滴落到钢板上马上就会“滋”的一声蒸发，有人笑称他们的露天理货就是“铁板烤肉”。在这样的“烤炉”下作业，张慧麟从没错失过一次督导任务，从没逃避过一次室外作业，从没叫过一声苦。

作为公司较少的大学生主管，张慧麟时常会被公司外派到其他地方工作学习。他说：“每一次外派都是一种成长。”因为初入公司是做仓储管理板块的，所以当他被外派到唐山负责货代业务之后，许多从没接触过的工作内容让他开始感到了茫然。虽然同样是物流的业务模块，但是货代和仓储是完全不同的，当时的张慧麟连报关报检都没有接触过，有一种无从下手的感觉。通过虚心请教同事和诚恳与客户交流、边干边学边练，三个月后，张慧麟终于理顺了这个板块的工作。回忆起这一段，张慧麟感慨道："那是我截至目前学得最慢的一个板块，也许是能力的一个瓶颈期。但唯有不懈坚持，才会突破瓶颈，上升到新的阶段。"

北国的冬天较杭州来得早而且冷。当时京唐港发展的业务主要是货代和矿产业仓储。因为矿砂存储的特殊性，看守一艘 10 万吨级的外轮卸载矿砂需要 24 小时不间断。就在零下 15 摄氏度的寒夜里，张慧麟带着他的团队始终如一坚守到天亮，直到船只卸完离港。公司初期人员配备较少，白天要处理货代事宜，晚上要去看守矿砂，春去秋来，寒来暑往，这样单调枯燥的生活，张慧麟度过了 300 多个日夜。

从杭州零上 40 多度的"炙烤"到唐山零下 15 度的"坚守"，张慧麟用他的"恒温"坚守着每一个岗位。正是经过这些磨炼，张慧麟才能达到"无论动还是静，都能保持心中沉定"的境界。

尽职敬业　与企业共谋发展

正是凭着这股"爱折腾"的劲儿，张慧麟 11 年来不断得到企业的认可，从最初的基层岗位一路被提拔，逐渐担当起管理岗位的职责。对于一帆风顺的职位晋升，张慧麟坦言他并没有什么特别的窍门，就是"做人做事"。"做人"是做真人，真心实意为他人着想，真材实料学本领。不管是对公司对同事还是对客户，性格爽直的张慧麟总是能让人感受到他心里的那份热忱和实在。无论在工作中还是生活中，好学的张慧麟也总是保持着一股肯钻研的拼劲儿。"做事"是要做实事，要脚踏实地，干一行，爱一行，专一行，履行好职责，尽最大努力做好本职工作。

目前张慧麟就任于佛山分公司担任总经理助理，负责分管三个部门的统筹工作。一是公司最核心的业务部门物流金融部；二是新成立还在组建中的配供配送部，三是协助领导管理多个仓储加工的仓库。

多业务模块管理给张慧麟提出了新的挑战，协调好各个部门之间的工作需要优秀的表达能力和沟通技巧，而这也是张慧麟一直努力去突破的。2017年，有一个新的业务计划准备开展，涉及几个部门的配合。张慧麟带领团队前前后后一个多月，做调研、做沟通、反复推敲细节，写提纲、磨方案，撰写计划报告，方案最终获得了公司领导的肯定得以实施。他相信，竭力付出，必有回响。

张慧麟从不认为“我为企业工作，企业给我发薪水，天经地义”，对他来说，认真工作是一种责任更是一份归属。如果说企业是一艘船，那么员工就是水手。当船乘风破浪遇到风雨、礁石、海浪时，只有同心同德、扎实拼搏，这艘船迎难而上、安全航行的时机就会更多。对每个员工来说，与企业同呼吸、共命运，是共同职责。因为企业的发展会直接影响到人生前程，企业的发展是个人发展的基础。

张慧麟对物流行业发展前景也有自己的想法，这些年来公司也在不停地尝试突破。日前，张慧麟向总部提出了一个新项目计划，是一个从钢厂的集采一体化到加工配送分销，再到终端的整条供应链的物流金融项目。这种业务模式目前在整个集团没有先例，需要配置的人力资源成本很低，但利润很高，项目一旦实施一年便可以将目前的净利润翻倍。而这个新模式可以有效复制，在各个分公司实施，为公司寻求更高的利润点和核心竞争力。

寄语母校学子

对于面临毕业的学弟学妹们，张慧麟分享了自己的职场体会和就业建议。一是要眼光长远。刚刚入职时不要过多考虑薪水和职位，而是注重公司、行业的发展，再平凡的岗位用不平凡的心态去面对，都能做出卓越的成效。尽量在体系完整的公司任职，在实践中去学习、成长。二是要终身学习。学校里获得的所有荣誉都是过去式，只能证明你的曾经，工作以后尤其要加强学习。三是要有感恩之心。不要总是想我能得到什么，而是多想我能为此做什么。以感恩之心做人，以敬畏之心做事。

（供稿：经管学院）

用自己的双手铸造梦想

——记2004级测量专业校友、浙江华东测绘地理信息有限公司舟山分公司总经理翁剑帆

给自己插上励志的翅膀，你才可以飞得更高；练就一双千里眼，你才可以望得更远。成功一定是要付出努力的，成功带给人的喜悦千金难换。先苦后甜，2004级校友翁剑帆的经历就是这个词最真实的写照。

翁剑帆，2004年至2007年就读于浙江水利水电学院现代测绘技术工程专业，在校期间表现优异，经常参加各项比赛和活动，曾获得三好学生称号、优秀学生干部称号、浙江省普通高等学校优秀毕业生称号，并多次获得奖学金。他不仅认真学习理论知识，还十分注重自身综合能力的培养与锻炼，并于2006年成为一名中国共产党党员。

脚踏实地，从头做起

大三期间的实习经历为翁剑帆今后的工作打下了坚实的基础，使他充分地了解到社会对自己的工作要求、能力需求。2007年6月毕业后，翁剑帆通过应聘顺利进入了华东勘测院下属的子公司——浙江华东测绘有限公司（现更名为浙江

华东测绘地理信息有限公司)。这是浙江为数不多的专业测绘公司之一，在测绘界拥有相当的知名度。进入公司后，翁剑帆被分配至宁波奉化参与地籍调查测绘，从事外业调查、内业处理等工作，外业调查就是在室外用各类仪器测量和检查；内业处理就是在室内把外业调查的数据和结果进行整合处理的一项工作。虽然遇到了工作环境艰苦、现实情况复杂和技术不够熟练等困难，但翁剑帆始终相信，只有不断地学习研究才能把工作做好，坚持就是胜利，坚持也让他从一名实习生逐渐成长为一名技术骨干。翁剑帆认为，技术是个铁饭碗，没有实打实的工作经验和技术基础，就绝对不可能有丝毫进步的空间。脚踏实地、从头做起是翁剑帆的工作准则，杨绛说的一段话则是他成长的真实写照：“如果要锻炼一个能做大事的人，必定叫他吃苦受累，百不称心，才能养成坚韧的性格。一个人经过不同程度的锻炼，就获得不同程度的修养、不同程度的效益。好比香料，捣得越碎，磨得越细，香得越浓烈。”

2008 年 3 月，因为工作需要，翁剑帆被调往公司的水电部工作，首次被派往西部参加水电测量，用特制的仪器测量各项数据。工程所在区域很多地方荒无人烟，随处可见陡坡峭壁，几乎没有安全可靠的路可以到达。为了完成工作任务，翁剑帆和他的同事们不畏辛苦，每天走上几十公里的山路，背着重达几十公斤的测量仪器，没有路的地方，翁剑帆他们坐船到山脚下再爬到几百米的高山上去，小心翼翼地放好仪器，做好准备工作，尽量按计划点位测量。“当时是真的很辛苦，荒郊野岭里测绘，走山路，晚上山里的温差还特别大，不过再苦再累也是值得的，为祖国为社会做贡献，这些都是份内的事。”翁剑帆如是说道。他还记得遇到大风天连写数据也是一件十分麻烦的事儿，有的时候天黑了还在回去的路上，而且是走在山路上，经常无路可循只是凭着感觉走。“有一天夜里出了点意外，数据弄错了，原本要完成的指标没有完成，就又重新测了一遍，刚开始天还很亮，大家都没有注意到时间，测到最后写数据的时候才猛然发现已经天黑了。三四月份的傍晚还是蛮冷的，夜幕降临之后，山风呼啸而过，还有几个同事觉得自己听到了狼嚎，搞得大家都人心惶惶。每人打着一个手电筒，照着脚底的路，也照着前行的方向，还得时刻保持警惕，毕竟山里也容易出意外。就这样大家紧挨着，护着仪器和数据，战战兢兢地下了山。从那以后，在山里工作都会格外注意时间，并且尽量避免发生测错数据的问题。”

翁剑帆在西部大山里的测量经历，充分展现了测绘人吃苦耐劳、勇于奉献、勤劳勇敢的精神。他和队友们不但认真完成了上级交代的任务，还针对恶劣环境测绘进行了经验总结，为后来者提供了宝贵的经验。翁剑帆也因此被公司评为优秀员工，获得青年岗位能手等相关荣誉。

回首往夕，成功路上没有捷径。翁剑帆告诉我们：“每一位党员都是社会主义道路的建设者，都要有强烈的责任感和使命感。”正是这份强烈的责任感和使命感，才让他能在曲折的道路上攻坚克难，不断前行。

突破原始，开拓创新

翁剑帆，还是一位孜孜不倦的创新者。

2009 年 4 月，因公司拓展业务需要，成立了舟山办事处，翁剑帆任舟山办事处主任。面对新的领域，翁剑帆要重新适应环境，不仅仅在项目管理上要保质保量完成任务，同时要在市场经营上有新的突破。在这期间他按时完成公司下达的业绩要求，其中岱山县（岱西、东沙、岱东冷坑）1∶500 数字地形测量荣获“2009 年度优秀测绘与地理信息工程”三等奖、岱山县大鱼山岛 1∶500 地形图测绘荣获“2010 年度浙江省优秀测绘与地理信息工程”二等奖、岱山县大长涂岛 1∶500 地形图测绘荣获“2011 年度浙江省优秀测绘与地理信息工程”三等奖、岱山县（秀山岛、官山岛）1∶500 数字地形测绘荣获“2012 年度浙江省优秀测绘与地理信息工程”二等奖。这些成绩的取得是对翁剑帆工作的最大认可。

2010 年，因为工作方面表现突出，翁剑帆被集团公司评为年度优秀党员；2012 年，取得浙江工业大学本科学历；2013 年由于舟山办事处业绩出色，公司决定在舟山成立分公司，并由翁剑帆出任分公司总经理。翁剑帆走马上任后，对公司做出了全面的发展规划，他不仅在项目管理上调动大家的积极性，保持团队的和谐融洽，同时大力开拓市场，并在新的领域为公司高端仪器推广使用培育了良好的市场基础。2014 年 4 月，翁剑帆被评为优秀工程师，他负责的岱山县岱山本岛 1∶500 地形图测绘获得“2015 年度浙江省优秀测绘与地理信息工程”一等奖。

不同方面，不同成果

2016 年全省开展农村土地承包经营权确权登记颁证业务，该业务需要由舟山分公司负责监管温州地区农经权项目，管理瑞安市、文成县、泰顺县、平阳水头镇、万全镇等项目。翁剑帆带领舟山分公司员工兢兢业业推进该项工作，2017年年底项目通过浙江省测绘质量监督检验局专项验收，平均达到85分以上，达到国家评定金奖要求，目前已通过省级评审，国家级正在评审中。文成县作为本项目国家试点县，由于管理上成绩出色，翁剑帆先后被温州市评为示范岗、被公司评为党员示范岗。

除了热情对待工作外，翁剑帆在文化体育方面也有同样的热情。自2008年开始，翁剑帆一直担任公司篮球队队长，他所在的篮球队分别于2009年、2010年、2011年、2014年、2015年、2017年获得公司各部门篮球赛冠军，2012年、2016年分别获得浙江省测绘系统篮球赛第三名、第四名，2016年个人获得浙江省测绘系统篮球赛定位罚球第三名的好成绩。

翁剑帆说，生命需要奋斗，奋斗与不奋斗，造就的结果截然不同。生无所息，保持奋斗的姿态，人生将绚烂多姿。千万不能满足小溪的平缓，否则你也只能满足于自己的平庸，只有欣赏到山峰的险峻，才有机会欣赏自己的卓越。不忘初心，鼎力前行。翁剑帆认为，11年的工作以及取得的小小成就，离不开母校当初的谆谆教导；滚石上山，逆水行舟，他将不断开拓新的领域，为母校增光添彩。

总结经验，吸取教训

多年的工作与学习经验，让翁剑帆对人生有着更清晰的认识，同时，他对于学弟学妹们，也有着许多想要传递的话语。翁剑帆认为，凡事都要踏踏实实、脚踏实地，很多事情吃吃苦，忍耐一下就会过去。翁剑帆是一名共产党员，他经常告诫自己，要做“最不知疲倦的，无所畏惧的和可靠的先进战士”。为了实现自己的理想信念，为了实现自己的人生价值和社会价值，他不断努力着。

“路漫漫其修远兮，吾将上下而求索。”翁剑帆以《离骚》中的这句话来形容自己目前的状况。对于未来，他有梦想，更有踏实坚定的脚步。

（供稿：测市学院）

献身、负责、求实的道桥人

——记 2004 级道桥专业校友、浙江银润休闲旅游开发有限公司工程副总监杨锦

"献身、负责、求实"是水利人的精神。杨锦，就是这样一个继承了水利人精神的水院人，在自己的工作岗位上不断地践行着这样的精神。

杨锦，2004 年至 2007 年就读于浙江水利水电学院道桥 04-1 班，现任浙江银润休闲旅游开发有限公司工程副总监兼浙江绿城银润物业有限公司副总经理，曾在杭州腾达建设集团有限公司和杭州恒顶园林建设集团工作。毕业十年以来，一丝不苟的工作态度使他在竞争中脱颖而出，成为工程行业同龄人中的佼佼者之一。

学不可以已

学校是一个熔炉，水院更是聚集了来自四面八方的莘莘学子，杨锦在这里不仅学习了文化知识、更学会了为人处世。从大一的下学期开始，杨锦便开始各种兼职，"这不仅仅是一种锻炼，会让你更早地进入社会，理解社会，我在大学学了很多。"杨锦如是说。

"其实一开始就是抱着试一试的心态去做，想补贴一点生活费，但后来发现，

兼职带给人不仅仅是物质上的，还会更早地让你步入社会，兼职这种事吧，有人赞同，也有人反对，主要是看个人觉得是利多还是弊多了。”杨锦的大学四年读书之余一直做兼职，直到去正式工作单位实习前停止。兼职的经历，使他学会了在工作中如何与人相处，这一点对他未来的工作生活，留下了不可磨灭的影响。

积水成渊，蛟龙生焉

“故不积跬步，无以成千里；不积小流，无以成江海；骐骥一跃，不能十步；驽马十驾，功在不舍。”杨锦的故事，诠释了《劝学》里的这段哲理，杨锦说，“只有小事一件一件做起来了，才能提升自身的经验和能力，很多人小事情不去做，大事情便做不来。人生道路如果缺少了坚持，肯定会一事无成。这也正是很多人为何还在原地踏步的原因。”杨锦最先在腾达的施工单位工作，负责最基础的施工现场的测量工作，杨锦回忆当年的事情说，最开始的日子是很苦的，和恒顶一起合作，在施工单位的两年，不论是什么样的小事都会去做，打桩、测量、实验……各种各样不同的工作，他都会一丝不苟地认真对待。渐渐地，早出晚归的他被同事和领导注意，获得了公司领导和兄弟单位同事的广泛认可，第三年跳槽到了杭州恒顶园林建设集团工作，作为重点培养对象，开始自己负责一些小型的项目。他说，负责项目如果对下面的工程一点都不了解，就会没有思路，工程也难以很好地完成。靠着自己认真踏实、事无巨细的态度，2012 年 10 月 8 号杨锦被浙江银润休闲旅游开发有限公司所录用，负责一级开发，当时最后面试的董事长问他，对自己的职业生涯有何规划，他说想在两年内做到工程部经理。当时并没有太多的人相信，然而在接下来的工作中，他用行动证明自己有能力胜任。他说“做好手头上的事情，不管大事小事，一步步积累，领导总会看见你的努力的。”兢兢业业的杨锦，在公司里有着强大的存在感，在 2013 年的 10 月 8 日，被提拔成为了公司的工程部副经理，一年后成为经理。杨锦打趣着说道：“现在公司在工程方面有了什么问题，第一时间想到的就是我。”一点一滴的积累，让他成为所负责领域的专家，成为了公司不可或缺的一部分。他一直告诉自己：“胜利最终属于不懈努力、勤于积累、厚积薄发的人。必须要不断进步才能不被社会、时代所淘汰。”

吃得苦中苦，方为人上人

“别在最能吃苦的年纪选择安逸。”杨锦用他的亲身经历告诉我们：吃苦，是一件再平常不过的事情。

杨锦回忆他在施工时的经历，不由得感慨，他说现在的社会不缺人才，不缺高材生，缺的就是吃苦耐劳的人。施工单位的忙碌和人手的缺少是常态，在腾达工作时，杨锦与隔壁班的黄海在秋石高架共同负责工程测量，从一标到二标，所有的测量都是他们完成的。有一次杨锦接到任务，负责指挥交通。那天中午时分，烈日炎炎，照射着地面翻出了滚滚的热浪，刚刚在燥热的天气中结束了测量的工作后，杨锦与黄海一同回去汇报了工作，场地的负责人告诉他们，需要他们去负责交通指挥。虽然对这项工作并不熟悉，但是他们还是果断地接下了任务。经过一小时的休整和简单的学习，他们开始了这项工作。

七月的蝉鸣不停地在耳旁环绕，与聒噪的环境相伴的是炙热的地面与来往不息的车辆，他们希望呼啸而过的车辆能带给他们一丝清凉，然而带来的只有阵阵的尾气。午后时分，黄海向杨锦问道：“你说这个活要什么时候才能结束呢。”杨锦默不作声，望着湛蓝的天空，以沉默回应黄海。工作一直持续到了晚上，回到施工工地吃晚饭，望着一片忙碌的景象，以及每个人脸上的汗水和紧张，他俩默默地吃完饭，把到嘴边的话又咽了回去，拿了两瓶矿泉水，又回到了马路上坚守自己的岗位。晚上的车辆并没有随着气温的降低而减少，司机们仿佛约定好了一样，一窝蜂地在他们工作的时候出没在这条马路上。熬过了晚高峰，情况有所好转，路上的车辆减少了不少，他们二人也可以开始轮班，一人站岗一人休息。凌晨的路边，行人越发少了，杨锦端着泡面，嘬了一小口汤，对黄洋说：“你先去休息吧，我看着。”就这样一轮接一轮，在启明星的照耀下，他们等来了黎明的第一道曙光。只是曙光带来的除了光明外，还有川流不息的车流和不断升高的气温。通宵作业的劳累加上闷热的天气使他们疲惫不堪，但他们拍了拍自己的胸脯，晃了晃脑袋，尽量让自己恢复精神。高强度的重复劳动又持续干了一天。他们就这样指挥着来往的车辆，偶尔有微风拂过，那是最好的嘉奖。交班之后，他们并没有回去寻那令人着迷的席梦思，而是“瘫倒”在施工工地的桥墩上，带着憔悴却又坚毅的脸庞进入了梦乡。

就这么一场艰苦卓绝的“交通指挥战”，在杨锦的眼中，却是一件很普通很平常的事情。在刚参加工作的时候，杨锦和老师傅一起负责机场路整治、顶管的定向转、沉井等任务。因为当时施工处的土质是砂岩，导致顶管机拉不动管子，沉井沉下去之后，定向转却找不到之前预留的洞口，而当时负责测量的人也搞不清楚是否弄错了标高。杨锦二话不说，就脱下衣服，只穿条短裤，弯下腰一只脚往下探，一点一点向坑底靠拢，下了坑之后，在黄泥浆中不断地摸索，6 米×6 米的方井，找一个小小的洞口实属不易，泥浆没过了大腿，双手在浑浊的泥浆里四处寻找洞口。杨锦的身上、四肢、脸庞、头发，都溅满了泥浆。“当时也没有想这么多，只是想着要完成自己的任务，这本身就是我该完成的。”杨锦回忆道。

“我们班里，42 个人，很多人毕业之后觉得这样的工作辛苦，都放弃了。”杨锦说，做施工的，苦点累点太正常了，之前在石桥路施工，连续工作 24 个小时打桩，能陪伴他的只有一桶泡面，而这样的“苦”很多，只有坚持下来了，才有可能脱颖而出。

杨锦认为，凡事都要一步一步来，不能好高骛远，要始终保持认真的态度，抱着一定要完成任务的决心，在面对困难时，不能想到退缩，要有水利人的精神，迎难而上，解决问题。杨锦的吃苦精神影响、激励着身边的同事，让更多的人去努力去奋斗。

机会总是留给有准备的人

对于自己是如何一步步成长为现在的工程总监的，杨锦说道，机会总是留给有准备的人，“所谓的幸运，不过是当你准备好了的时候，机会来了。”

回顾自己十年来的工作经历，在每次跨入新的工作领域时，他总会比别人多花出一点时间来学习、领悟，没有哪个人在一接触到工作的时候就什么都会，“不会什么就学什么”，杨锦说，正是因为他早些年里打下的工作基础，正是他对施工方方面面的熟悉与了解，才帮助他成长为工程的项目负责人。项目经手的多了，才能成为工程总监。提前做好准备，多下工夫，等到机会来的时候，你就能牢牢地抓住它。

杨锦对于自己的人生秉持着脚踏实地的态度，他说现在其实还年轻，虽然不能像以前一样在工地上拼命了，但现在还远远没到放松的时候，应该一步一个脚印，踏踏实实做好手头的事，心平气和一心一意地做事，总会做成的。杨锦还充分肯定了吃苦的重要性，他认为这是一个磨炼自己心境的过程，如果吃不下这些苦的话，是不会了解以后的种种“甜”，正是这些经历让人强大，当回首往昔的时候，想起来曾经的那些坚持，也会坚定个人的理想信念，助人远航。

无论大事小事，杨锦都亲力亲为，事无巨细。他说：“踏踏实实地做好手头上的事情，把每一件简单的事做好就不简单，把每一件平凡的事做好就不平凡。”每当接触全新的工作领域，他总是充满干劲，愿意花上比别人多一倍的时间和精力去学习新知识。正是因为他不断更新知识，全面熟悉施工现场，达到理论与实践的完美对接，才能圆满地完成工程项目。回顾自己十年来的工作经历，杨锦总结道：“踏实工作，积累经验，提前做好准备，那么当机会出现的时候，你就可以抓住它。”

心系母校，不忘旧恩

作为水院的一名学子，母校对于杨锦来说，永远是他的故乡，正是在这里，他学会了为人处世的道理，打下了牢不可破的理论基础。如今，他也用自己的经历影响着学弟学妹，为他们指引正确的方向。

杨锦引用《劝学》里的一句话送给学弟学妹：“蚓无爪牙之利，筋骨之强，上食埃土，下饮黄泉，用心一也。蟹六跪而二螯，非蛇鳝之穴无可寄托者，用心躁也。”他希望水院的后生，可以如金石一般，在祖国各地闪闪发光！

（供稿：测市学院）

艺术设计的心与感恩母校的魂

——记2004级建筑装饰工程技术专业校友、杭州“一梵设计”工作室设计总监林金波

林金波，浙江省台州温岭人，中共党员，2004级装饰工程技术专业学生。毕业后一直从事家装室内设计专业，擅长高端居住空间、办公空间及餐饮空间的设计。2015年成立杭州“一梵设计”工作室，现为杭州“一梵设计”工作室创办人、设计总监。曾荣获2015年大浙网20强设计师荣誉称号、2015年杭州国际陈设大赛最佳室内空间奖、2016年荣获中国（上海）室内设计总评榜优秀设计奖。

十年后再见林金波，母校老师评价他“谦恭有礼、积极阳光，一如往昔，只是多了一份成熟和艺术设计人才特有的‘范儿’”。

在母校的三年，是“从无到有”的成长

曾经，建筑装饰这个专业对于林金波而言，是一张彻头彻尾的“白纸”，没有任何的美术基础，甚至缺乏最基本的专业认知。刚进校园的林金波对于自己的未来充满了迷茫：零基础的专业知识储备、对于建筑设计行业的一无所知、只身来杭求学的环境不确定性，一度让他对自己的决定产生过动摇。

曾经，他是一个青涩懵懂的少年，踏入青葱校园，似乎还停留在背着书包去

上学的高中时代。他也从来没有想象过，什么是学生工作，什么是社会服务，什么是学生党建，什么是学科竞赛，根本无法体会为同学服务的精髓。一切对于他来说都是新鲜的，从未接触过的未知领域。

曾经，他告诉自己，对于自己的人生之路，终将会回到那个生他养他的地方。因为那片故土有着童年的记忆、家庭的温暖，更重要的是那里有熟悉的空气，一切都是那么的自然。

……

然而，现在回望，感觉一切都是那么真实而又遥远。大学三年，他一直抱着一颗积极向上、求知进取的心，凭借着自己天马行空的想象力、永不服输的坚强意志，努力向与自身专业相匹配的艺术素养靠拢甚至超越，在这张“白纸”上画出了属于自己的设计稿。与此同时，因为各方面能力突出，林金波担任了班长、学生会部长、主席等学生干部，成为同学和老师联系的纽带。这些经历让他学会多角度看问题，为自己日后设计道路上的“换位思考，永远站在客户的位置去看设计”提供了很大的帮助。奖学金、优秀学生干部、优秀毕业生……一系列的荣誉接踵而至。三年的校园生活让他很多的迷茫与动摇真正成为过去，开启了属于自己的“杭漂”生涯。

“回想起那段日子，最令人印象深刻的应该是团学社的小伙伴们一起筹备活动的时候。为了定一个方案，大家在一起出谋划策，激烈讨论至深夜，而第二天又一早赶到活动现场，全力投入到活动组织中去。那个时候，尽管辛苦，但是想得更多的是要把活动搞好，很纯粹的目标。等到走入社会以后，才发现这种纯粹的珍贵。”而这种纯粹就伴随着林金波走过了大学的三年，明确的目标，积极的心态，快速的节奏，充实的生活，精诚的合作，是他在大学里最大的收获。

初入行业，是难忘的又一次学习经历

毕业后，林金波先后在多家知名装饰公司工作过，一直在室内外设计行业寻找发展空间。从一个装饰设计的学徒工开始，他利用学校里学到的基本设计技能，参与到公司的一些简单设计项目中去。起初只是墙面、厨卫、柜体等项目，为了让自己的设计风格贴近公司项目的整体风格，产品设计稿改了一遍又一遍，与公司项目设计负责老师、客户一次又一次地沟通，直到他认为满意为止。说起这段经历，林金波认为，自己的坚定和意志力很关键。在初入行的时候，对于项目设计与服务而言，主动去对接需求是非常关键的，接下来才是要求自己不惜一切代价完成项目的设计工作。因此，节假日、旅游以及12点前睡觉，在他生活中都是不存在的。他心中只有一个念头，那就是把项目做好。从跟着师傅承接一些分部设计，到慢慢地独立承担设计项目，林金波一共用了八年多的时间。

随着时间的推移，林金波开始对这个行业有一些自己的理解："建筑装饰设计业，是融合了自我创意与客户需求的服务行业，特别是创意、灵感与能力、需求的匹配决定你在行业发展的高度。"他一直致力于生活方式的研究并倡导生活空间给予客户的满足感，八余年的住宅设计经历中，客户涵盖社会各界人士。凭着对设计的"热爱、坚持、思考"，林金波逐渐形成了"畅意设计、尽享人生"的建筑装饰设计理念，这一理念逐渐被业界认可并赢得了一定声誉。

毅然创业，只为独立设计梦想

随着项目设计与实施的经验越来越多，艺术设计的理念越来越被客户接受。2014年的春天，林金波开始思考自身的发展与未来。自己的设计是否可以成为一个完整的体系，什么才是设计的核心，这些思考成为了林金波创业的"初心"。有一次，接到一个三层空间的设计项目，交错别致的空间里，他想要实现西方的理性思考与东方的形神诗意完美合一。他在设计时考虑了很多细节问题，然而这样追求精致细节的理念与公司大刀阔斧包干格格不入。作为一名设计师，他感觉到，要想在别人的设计公司里完全实现自己的设计理念，是不太现实的，于是萌生了成立独立工作室的想法。

2015年，在自身努力和朋友、客户的支持下，杭州"一梵设计"工作室在滨江成立了，主营室内外装饰设计，林金波担任设计总监。同年，他加入了"青设会"（杭州首个由青年设计师自发组织筹建的设计师联合会），拥有了自己的设计师微博。这个时候的林金波，自己的梦想和身上的担子让他加倍地努力工作，他想让自己的设计理念在业界产生一定的影响力。

践行梦想，在艺术设计的道路上追寻自我

工作室成立以后，林金波就像对待自己的孩子一样呵护着它，看着他一点一点地成长。用他自己的话说“爷爷都是从孙子做起的”。他觉得自己作为一个设计师，本身的学习、修养，包括工作方式、方法，前期会有一个慢慢成长的过程，而个人的成长必定也是工作室的成长。初入行时，林金波总是跟客户讲生活方式、生活状态，现在他要完全站在客户的角度去看问题，去感受客户住这个房子的细微体验。他说要通过体验生活、融入生活，更深切地感悟生活，才能把生活中最好的东西比如内涵、形象反映到作品上，去表达给客户，给客户一种体验和感动。

曾经有一个大华西溪风情的别墅设计项目，林金波团队花了整整两年去做设计。花两年时间做一个项目对于一家设计公司来讲，是难以想象的，牵扯太多的精力，但是他毅然坚持。客户对接的时候，并未提出特别的要求，只是要求最高标准完成项目的设计。尽管如此，细心的林金波还是发现了一些细节，比如客户夫妻非常时尚，全身的穿戴都比较潮流；个性外向，善于交流；在多次交流中，女主人都穿着一些豹纹的个性衣物，背着爱马仕的包包……林金波认为，应该从客户的个性出发，牢牢抓住客户的时尚喜好、个性外向的特点，再结合户型风格给出设计方案。于是，在最终设计中，林金波确定了“狂野”的风格，特别是在客厅中，做了很多动物皮毛、斑马、鹿角等配饰。设计稿一出来，就得到了客户的高度赞同。

在林金波和他团队的努力下，“一梵设计”得到业内广泛认可，多次获得大浙网20强设计师荣誉称号、杭州国际陈设大赛最佳室内空间奖、中国（上海）室内设计总评榜优秀设计奖等奖项，这也是对林金波在艺术设计道路上不懈追求、勇于攀登的褒奖。

未来有梦，梦想之花终将盛开

谈起未来的路，林金波充满了希望。他认为，随着人们生活水平的逐步提高，未来人们对于物质文化生活的需求和精神生活的需求都是同等重要的，而

装饰设计恰恰是不多的能够兼顾这两项需求的行业。作为一名对梦想有着追求的设计师，最重要的是将客户的物质需求和精神需求加以融合，将设计师的理念在设计作品中得以具象化。他希望，“一梵设计”能够在未来的道路上，在市场竞争如此激烈的情况下，始终坚持走“心”，将客户的需求放在第一位，逐步形成独有的企业文化，走出一条属于自己的道路，并在行业内形成较大的影响力。

感 恩 母 校

从2004年踏入校门，一晃14年过去了。学校也从浙江水利水电高等专科学校，升格为浙江水利水电学院，并在优秀应用技术型本科院校的发展道路上不断前行。林金波说，“当我们向朋友及客户介绍起我的母校时，总会有一份自豪感”。毕业之后，他也一直与班主任和任课老师保持着联系，有困惑依然向老师求助，老师就像在学校里一样给予无私的帮助。在毕业十周年的庆祝活动上，老师与同学齐聚一堂，回忆在学校生活的点点滴滴，也感慨于学校的新发展。他说，作为一名水院学子，无论身在何方，无论经受了多少风吹雨打，母校永远是灵魂深处的圣地。他非常感谢母校教会了他诚实宽容，教会了他奋斗拼搏。林金波由衷地祝愿母校，不断乘风破浪，驶向辉煌！

（供稿：信艺学院）

扬起梦想的风帆，驶向幸福的彼岸

——记2004级软件技术2班校友、杭州伊晨电子商务有限公司CEO王建新

王建新，信息工程与艺术设计学院软件技术07届校友，现任杭州伊晨电子商务有限公司CEO、运营总监。从一名普通的手机软件工程师，到电商从业者，进而成长为从事独立电商运营业务的电商公司老总，一路走来，王建新把幸福感作为自己人生道路上始终追求的风向标。

大学里的幸福，是一种很纯粹的向往

当王建新踏入校门，扑面而来的大学气息让他有了呼吸自由空气的向往，让他觉得大学的三年，能让自己过得充实而有意义。他希望能够刻苦学习专业知识，在信息工程行业开始快速发展之际一展才华；他希望能够交到更多的朋友，从而提升自己对这个社会发展的主观认知；他希望能够做自己喜欢做的事情，让自己的大学生涯充满挑战和创造力……

回首大学三年，让王建新印象最深的，是参加社会活动的经历，特别是参加

校内外创业联盟的工作经历。他清楚地记得，为了组织好校际交流活动，在校学生会、社联的支持下，他经常跑到周边高校参加交流座谈，开展一些第二课堂活动。当时很多同学觉得他太折腾，跑进跑出，不求回报，没有什么太大的意义。但是这些看似小儿科的社会活动，却深深地影响着王建新。“这是我对这个社会的初认知”王建新如是说，“如果没有那段日子，我就不清楚这个世界有多大，不清楚社会上的主流思想，更不清楚如今飞速发展的电子商务，当然也就没有现在的伊晨和我。”

大三的时候，王建新尝试着把专业所学与社会需求结合起来，在一家网络公司担任程序员。这段经历谈不上精彩，却也让他渐渐地明白，大学里有很多值得尝试的机会。与现今社会相比，大学最大的幸福，就是可以不断尝试，不怕失败，用最小的代价积累社会经验，这是初入社会的年轻人最大的收获。

优秀的软件工程师，成为专业学习的最大梦想

2007 年，行将毕业，王建新已经掌握了软件技术基本的专业技能，课程成绩优秀。并且，他自学了许多和软件开发相关的课程，不断丰富自己的专业技能。加之已经有了一年的实习与工作经历，他有了向更高平台迈进的勇气，随后他成功进入浙江移动热点科技有限公司，担任手机软件开发工程师。

那时候，互联网手机端的开发，与现在完全不可同日而语。作为互联网应用程序的开发工程师，王建新成为了第一批“吃鸡”的技术人员，第一次把互联网的用户体验从 PC 端搬到手机终端。在热点科技工作期间，他充分发挥着自己的专业才能，无论是系统软件开发，还是应用程序设计，都得到了同事同行们的认可。逐渐地，一些成功的手机业务软件项目成功上线，让他成为了业内优秀的软件开发工程师。

“在热点科技时，我的人生轨迹似乎正朝着我的老师、同学走过的方向前进，正在成为一名在业内有一定影响力的、知名的软件工程师。而那正好也是初入大学时的‘初心’!”王建新认为这段经历很有“味道”，恰恰证明自己可以通过专业学习，在专业领域有一定建树。

电商之路起步，用梦想为自己的幸福铺路

2007年，阿里巴巴在香港联交所上市；2009年在阿里巴巴集团创立十周年之际，其与口碑网、中国万网等合并发展；其后，聚划算正式上线……这是一个电商风起云涌、社会认知发生重大变化的时代，多年的社会交际与前卫的理念，让王建新突然发现，电子商务正在悄悄地改变着传统行业，并影响着人们的生活。就在这个时候，老师和同学们惊愕地发现：王建新辞职了！做起了淘宝电商！

"我不会为自己的决定后悔，因为这是在我探寻幸福之路上必须有的过程。"尽管辞职要下很大的决心，无论是家人也好，朋友也罢，都对他的这个决定持否定态度，但是王建新毅然坚持了下来。他坚信：马云的出现，阿里巴巴的成功，一句"让天下没有难做的生意"，改变了现代这一代年轻人的想法——你没有钱也可以创业，创业很简单，用互联网平台就可以创业。他要向着自己认定的这条路一直走下去。2010年，王建新建立了自己的B2C网站，独立开发并成功上线，主营服装品牌的商业零售。这一路走来很是艰辛：网站的运维、客户的需求、团队的维护、同行的竞争……任何一处稍有不慎，都会让这个初创企业陷入危机。但是靠着对梦想和幸福的追求，他的杭州万青电子商务有限公司逐渐成长，担任运营总监的他慢慢拥有了一个70人的团队，总运营项目超过了10亿元人民币。

然而，看似风光的背后，却掩盖不了商场激烈的竞争与危机。现在的王建新引用一段话谈了当时的感受：互联网平台B2C模式，不是万能法则，并不是每位创业者都能驾驭，想要成为马云一样的大佬，并不一定非要创立阿里巴巴。正是应了那句话：那些学马云做B2C平台的创业者，最后都成了炮灰。王建新的第一次创业以失败而告终。

电商人的幸福指数，就是拥有自己的电商品牌

首创的失败并未影响王建新的决定。也许这就是作为一个电商人最基本的坚持吧。"一路走来，纵观如今的电商行业，从早期一批又一批地倒下，到一批又一批地兴起，恐怕这就是作为电商这种新生事物催生的人之信念和执著，也推动

着行业的不断发展。”

这是一次偶然的聚会，王建新和朋友聊起自己的创业经历，也谈到了自己对服装电商的经营理念，得到了朋友们的共鸣。随后，王建新就和朋友合作开发女装电商潮流品牌——于MOMO，出任副总和COO。这是一个网红时代的女装品牌，冰冷的工具时代过去了，淘宝也进入了一个温情脉脉的人格魅力时代，这后来被总结为“网红经济”，繁荣一时。王建新和他的团队在经营上有着自己的独到理念，颇有远见地初步构建起了店铺供应链，储备了生产加工厂，以提高店铺的利润率。与此同时，他们把阵地锁定在微博上，将精力都花在微博粉丝数的增长上。到了年底，于MOMO的个人微博已经有60多万粉丝。如今已有205万粉丝，并且每天还会有1万左右的净增长。如今很火的网络直播，也被王建新团队应用在了品牌推广上，以获取低成本甚至零成本的流量。

在团队的共同努力下，于MOMO的品牌运营取得了首年800万人民币的销售额。在接下来的三年中，他们又跨越了1.6亿元的大关。品牌荣登淘宝电商品牌TOP10。

不断攀登高峰，电商人的追求永无止境

随着于MOMO品牌运营的成功，王建新开始对淘宝运营项目有了更加深刻的认识。“如果说前期的网络电商，拼的是颜值，拼的是爆款，那么如今的服装品牌，拼的就是数据和流量。”王建新觉得自己学的软件技术专业，加上软件开发和淘宝运营的经历，就是专为品牌运营这一行而生的。

2016年，王建新成立杭州伊晨电子商务有限公司，自任CEO，主要从事淘宝店铺和独立电商运营业务，专注深度淘宝电商运营。针对传统企业转电商起步困难、专业网店人才团队难组、数据流量成本高转化难、店铺推广专业提升难等淘宝品牌运营中碰到的问题，从市场调研（行业分析、店铺诊断、竞争预测）、店铺装修（店铺入住、网店装修、信誉优化）、视觉营销、店铺推广、数据分析等方面提供多元化服务，成功带起多个大型项目。如今，王建新自有的童装品牌年销售额已达1亿元，而主营业务已经达到10亿元规模。

谈起这些经历，王建新说，“每一位创业者心中始终会有一颗‘第二天会更美好’的心，这样才能让自己的精神状态始终保持在拼搏冲刺的状态，才能在商

场的激流中奋力前行。每一位创业者的经历都是不可复制的，但是对于梦想和幸福的追求是亘古不变的。”

寄语学弟学妹

离开母校已十余载，却对一草一木记忆深刻：南湖北海边的杨柳树记录着春天的呼吸，风雨操场里充斥着汗水与努力的气息，一转眼，母校又将迎来新一届学弟学妹，作为老学长王建新有几句话想转告学弟学妹：

一要始终怀揣梦想。周星驰在《少林足球》里说：“一个人如果没有梦想，那跟咸鱼有什么区别?”这句话听起来好笑，但是细细品来不无道理。人如果没有了梦想，那他的生命就缺乏奋斗目标，没有方向、没有意义了。进入大学以后，要为自己定一个目标，然后为了这个目标而努力去奋斗，千万不能得过且过，做一天和尚撞一天钟。

二要始终坚持做自己。人越是怕丢人，就越在乎别人的看法；越是在乎别人的看法，就越会忽略自己的感受；越是忽略自己的感受，就越会像木偶一样活给别人看。如今有很多的大学生，进入大学后非常迷茫，不知道自己想做什么，也不知道自己该做什么，却又非常在乎身边人的看法。人千万不要活在别人的眼中，要培养独立的人格、独立的思想，坚持做自己。

三要学会坚持。通往成功的道路上，有一种品质必须具备，那就是：不放弃！任何一个人想要成功，就必须朝着目标勇往直前。遇到困难时，多反思多学习，坚持下去终能见到彩虹。

四要学会感恩。感恩是人生的一堂必修课，心存感恩，知足惜福。人要学会感恩，不忘恩负义，拥有谦虚之德，怀抱敬畏之心。这样才能不忘初心，砥砺前行。

曾经的水专，如今已是省部共建的浙江水利水电学院。作为校友，王建新说，母校的发展令他感到非常自豪。他祝愿母校在应用型本科院校的发展道路上越走越好，祝愿信艺学院在水利信息化方面取得突出成绩，祝愿老师们身体健康，青春常在，祝愿学弟学妹们像花儿一样茁壮成长。

（供稿：信艺学院）

年轻不是不成功的借口，十年足矣

——记 2005 级道桥专业校友、浙江大舜公路建设有限公司安全部经理王海涛

王海涛，男，2005 年至 2008 年就读于浙江水利水电学院土木工程系道路桥梁工程技术专业，2008 年 2 月开始在浙江大舜公路建设有限公司实习，后受聘为正式员工。2010 年取得助理工程师职称，2011 年被嘉绍跨江大桥工程立功竞赛组委会评为先进工作者。2016 年，因出色完成交通建设企业安全生产标准化达标建设工作，被公司任命为安全部经理，成为公司最年轻的部门负责人、中层干部。

充实大学生活　全方位发展自我

离开母校将近十年了，可王海涛依然记得那些在母校努力学习同时兼顾社团活动的日子。在工作之余，他会回想起当时的些许场景，和室友一起深夜备考英语四、六级，在复习的初期他总担心自己会考不过，但是室友的鼓励、陪伴和自己的要强，让他顺利通过大学英语四级。“母校对我的影响很深，”他讲述道，“当时我们高中有相当一部分同学的高考分数超过本科线，但最后还是相约来到

水院，可能受学校学风的吸引吧。”在校三年时间，王海涛发奋图强，表现优异，曾多次获奖学金，荣获三好学生、优秀团干部称号、浙江省微积分竞赛三等奖、浙江省普通高等学校优秀毕业生称号等荣誉，更是光荣地加入了中国共产党。同时，他作为社团的会长，将社团工作打理得井井有条。

打造锦绣繁华　全身心投入工作

王海涛就职的浙江大舜公路建设有限公司是一家公路工程总承包一级企业，他被分配至江苏盐城新洋港大桥项目部（该大桥主桥为系杆拱结构），从事测量、质检和资料等技术工作。在盐城的经历是辛苦的，盐城当地农村的生活水平比浙江落后很多，加之工地的条件不好，他不由地感叹：当时还觉得以前学校安排在桐庐那里的测量实习已经很苦了，现在想想和工地生活比起来那也算是非常幸福的了。在新洋港大桥项目部一年多的时间内，他不仅较熟练地运用了在校期间学到的专业知识，更收获到了之前并没有接触过的知识技能。因为在工地里的优异表现，他从一位实习生逐渐成长为了技术骨干，也正是在这一年，他通过了资格证考试，取得了浙江省公路水运工程质检员证书。

2009 年 6 月，由于就职公司和浙江省交工集团存在长期的业务合作关系，他被派遣至浙江嘉兴至绍兴跨江通道（也称嘉绍跨江大桥）北接线八标（高速公路）进一步深入学习省内行业领头企业的先进技术。嘉绍大桥北起嘉兴海宁，南接绍兴上虞，是继杭州湾跨海大桥后，又一座横跨杭州湾的大桥，是世界上最长、最宽的多塔斜拉桥。在这短暂的三个月交流过程中，他不仅学习了先进的技术知识，也学到了先进的现场管理理念，收获颇丰。

正是因为有了这一段工作经历，2009 年 9 月，短暂的派遣学习后，公司把王海涛调至嘉兴至绍兴跨江通道南接线一标（高速公路），主持技术科工作。接着，经过他的不懈努力，他从技术员干到技术科副科长再到技术科科长。王海涛知道，一个人的努力是可以看得到的。在嘉绍大桥工作的时候，工作节奏就是早上五点多起床晚上十一点多休息，每天的电话不计其数。虽然在上虞老家附近上班，但是每月回家一趟也成了“奢侈品”，太过全身心地投入工作，有时甚至连家人也不能理解他。即便这样，王海涛也没有选择抱怨，因为他觉得这份苦是带着快乐的，唯一让他觉得愧疚的是对家庭的亏欠。

2010 年，靠着自己的努力，他取得了助理工程师的职称；2011 年，因工作表现突出被嘉绍跨江大桥工程立功竞赛组委会评为先进工作者；2012 年 5 月，在参与了整个嘉绍南接线一标建设之后，因他个人的优异表现，公司把他列为重点培养对象，安排到公司总部的安全部上班。

王海涛觉得，让自己在安全部上班，是领导对自己之前努力工作的一种肯定。虽然安全工作对自己来说是全新领域，之前毫无接触，需要从头开始学习，但这也让他有了更努力学习的动力，因为之前在工地四年半的技术工作正好为安全工作打下扎实的基础，他学得也比别人快些。“其实真正要做的不多也不难，只需要每天划出一点时间放在学习上，半小时或一小时都可以，但一定要留出时间来学习，不管工作上有多忙碌、有多繁琐，这样的学习都是必不可少的。刚刚接触新的工作内容时，我很不熟悉，如果不尽快通过学习来适应工作，很快就会觉得吃力且痛苦。”2012 年，王海涛参与编写了由浙江省交通建设行业协会组织的科研项目课题，整个课题编写历时两年。通过充分的调查与研究，他参与编写的《公路工程施工现场安全标准化管理的研究》于 2014 年 6 月通过了专家审核，得到了行业内的一致好评。同年，他通过自学，考取了公路工程二级建造师，交通工程安全 C 证（专职安全员）。此后，他又结合自己的工作实际，撰写了浙江省省级工法——《水中防撞墩承台分层下沉式施工工法》，为同行的施工提供了极大的便利。

2013 年，因其在工作上兢兢业业的态度和出色的工作能力，王海涛被公司任命为安全部副经理，并开始主持日常工作。他编写的《论公路建设中影响泡沫混凝土施工质量的因素》发表在《交通世界（养建、机械）》。同年，他又考取了市政工程二级建造师，并取得大连理工大学的土木工程本科学历。

2014 年，他与刘湘和共同编写的论文《防撞墩承台下沉式施工技术探讨》在《交通运输研究》期刊上发表。同时，他参加了上虞区组织部组织的关于青春的演讲比赛；取得了交通道桥工程师职称；考取了交通工程安全 B 证（项目负责人）；被评为绍兴市上虞区东关街道优秀党员。

2015 年，王海涛率队组织开展交通运输建筑施工企业安全生产标准化一级达标建设。在此期间，他不断地查阅国家的方针、政策、文献、书籍等，多次前往省内先进企业学习安全生产管理理念。通过他与达标建设工作组成员一年的共同努力，公司的生产工作达到了安全生产标准化一级水平，他在公路工程建设行业安全生产领域内也小有名气。同年，他考取了公路工程一级建造师。因公路工程实务考取了111分，建造师培训中介机构联系让他去建造师培训机构做授课老师。

2016年，因出色地完成了交通建设企业安全生产标准化达标建设工作，王海涛被公司任命为安全部经理，同时也成为公司最年轻的部门负责人、中层干部。

王海涛总结自己的成绩，离不开母校的教育和党的培养，他说："作为一名党员，就意味着你要比别人更加认真负责，别人在施工现场检查工作一次，作为一名党员就应该检查两次到三次；作为一名党员，在工作中就要比别人多付出多献身，有什么困难事、麻烦事，就要敢于冲在第一位，起到先锋模范带头作用，这样的思想觉悟是一定要有的。"

工作的同时，他主持了公司2018年新春迎新晚会；再次被评为上虞区东关街道优秀党员。因为职位的提升和新职位更高的知识技能要求，他又考取了交通工程安全A证（企业主要负责人）、市政工程安全B证（项目负责人）、市政工程质量员等资格证书。

2018年，因同事父亲发生意外急需用血，王海涛组织员工去杭州无偿献血，同时也给自己定了个公益小计划：争取一年献血两次、积极参加各类志愿者活动。真正弘扬了一个优秀党员全心全意为人民服务的精神，同时带动身边的人一起为公益事业尽自己的绵薄之力。

拒染灯红酒绿　全面实现价值

王海涛回顾自己的大学与工作生涯，觉得最重要的事情就是不断地学习。"我即使工作，也从未停止过学习。通过学习，充实自己，别做太多无意义的事。"他说，"大学的时候你会遇到很多诱惑，比如，旷课外出游玩，熬夜玩游戏，还有一些所谓的不旷课就不算上过大学等不良言论，等等。到了工作之后诱惑就会更多，这种灯红酒绿的世界不断地刺激感官，但是必须看破这些假象，不沉溺于这种'快乐'，多给自己找些良好的兴趣爱好，慢慢的你就会在众人中脱颖而出。"王海涛认为如果要让自己的人生有意义就一定要坚持自己的理想信念，这些理想信念的最终目标不单单是实现自己物质上、精神上的满足，更应该是为社会、国家做出贡献，体现属于自己的人生价值，只有个人的人生价值和社会价值相统一才会实现真正的价值。

对于自己的未来，王海涛也有很多的想法，他会坚持自己的理想信念，做一名优秀的共产党员，继续秉持踏实肯干、艰苦奋斗、认真严谨的工作态度；坚持不懈，保持活到老学到老的学习态度；树立正确的人生观、世界观、价值观；实现属于自己的独一无二的价值。

不忘梦想初衷　全天候服务人民

毕业十年，王海涛不忘母校，经常回校参观拜访，也经常和李东风教授、赖华伟老师、卓敏老师等沟通交流，一同探讨专业知识技能，等等。

在他的办公桌上一直放了这样一块牌子——党员公开承诺牌，一直监督、引领着他前行。他所做出的承诺是不忘初心、继续前行，而这块牌子也时刻提醒自己，不忘自己是水院人的初心、不忘自己做交通工程建设者的初心、不忘为人民服务的初心。

遥寄希望之语　全面提升素质

王海涛以过来人的身份告诫学弟学妹，作为一名在校大学生，应该将学习放在首位，不要整天沉迷于游戏，要多抽身去图书馆查阅资料；不局限于课堂上的知识，试着拓宽自己的眼界，找到自己的兴趣所在，培养兴趣爱好，努力提升个人素质；学习过程中要积极和老师、同学沟通交流，提升交流沟通能力；要多参加体育活动，增强体质；对人生要有自己的定位和规划；要有责任感，要有团队精神，等等。王海涛说，只有全面培养自己的综合素质，才能在社会上占有一席之地，实现自身价值，为社会贡献绵薄之力，为母校争光。

（供稿：测市学院）

坚定信念　砥砺前行

——记 2005 级模具专业校友、英格斯模具制造（中国）有限公司设计部经理周峰

活跃在模具设计制造领域，坚定目标砥砺前行，他不仅仅在专业上有所建树，在职场生涯中历练了不一样的自我，更是在人生道路上取得了傲人的成绩。脚踏实地的他，在人才辈出的外资企业中，立有一席之地。他就是英格斯模具制造（中国）有限公司设计部经理——周峰。

情系模具制造——专业的学习动力来自于个人兴趣爱好

周峰是水院首届模具专业的学生，他对自己的专业有着深厚的感情。周峰在回顾三年丰富多彩大学生活的时候认为，首先，每个人都要有自身的职业规划，做自己感兴趣的事情，在不断历练成长中积累专业知识和实践经验。大学期间，周峰对模具设计制造有着浓厚的兴趣，积极参加机械创新工作室的社团活动，同时也多次参加浙江省机械设计大赛，以赛促学，以赛代练，从竞赛中检验了所学的技能知识，也增长了世面和见识。其次，要注重培养软技能，有些技能现在看

起来用处不大，但往往会成为你就业的敲门砖。大一时，周峰知道自己的英语基础比较薄弱，于是努力练习英语口语和阅读能力。日后，正是出色的英语能力，让他在校园招聘中受到了英格斯模具制造（中国）有限公司（简称英格斯）的青睐。再次，要合理分配好学习与社交的时间比例。周峰认为课程学习应当与社会交往活动结合起来，不死读书和不读死书。如果只是一味地学习而不闻窗外事，等参加工作时会发现，适应期要远远长于他人。如果学生提前能在学校通过社团或学生会进行锻炼，或者趁假期去开展社会实践，等他们参加工作以后会发现适应性更强一些；另外，在开展社交活动的同时，周峰还建议要打造自身的核心竞争力，努力做到“人无我有，人有我优，人优我专”。最后，周峰认为大学是一个可以试错的平台，他鼓励广大机械学子要树立创新意识，敢于挑战传统，敢于尝试，在不断试错中找到自己人生前进的方向。

情缘英格斯——工作的前进动力来自于职业发展需要

2008 年，周峰进入英格斯，一直脚踏实地、兢兢业业奋斗在自己的岗位上。当问起有什么事情令他最难忘，他谈道：“我进入英格斯 2 年后，一直都在做同样的事情，职业倦怠感日渐强烈，我也曾想过换工作，但最后还是咬牙坚持下来了。机会总是给准备充分的人，公司将我调到了销售部工作，这对我来说是一个绝佳的机会。因为岗位的轮换，我获得不同岗位的全新体验，这份新鲜感和好奇心让我更有动力将这份工作坚持下去，这就是我十年来能一直坚持在英格斯留任的重要原因之一，它帮我渡过了工作的厌倦期。”

在周峰看来，一个取得成功的人必定身经百战，工作动力源于自我成长的需要。2010 年他作为团队成员跟随上级一同赴德国慕尼黑参加模具设计制造会议，原本会议主题是交流热流道相关技术，然而当时德国公司高层领导突然提出超出本次会面计划准备范围之内的问题，这一度让公司参会领导陷入尴尬境地。这时周峰凭借着自己对相关产品型号的结构特点、使用特点的深刻了解，完美解答了德方所提出的关于一系列产品设计问题，将会议的主题拉回到正轨，推动双方达成了进一步的合作意向，为公司争取了更多的业务项目。此次会议之后，公司领导发现了他的才华和能力，于是将其调回设计部并被委以重任。

2017 年，周峰所在团队接手了一个由 8000 多个系统组成的热流道系统任务，这意味着他们要完成一个需要对接 8000 多套模具的庞然大物。然而，当时他的团队全部人数仅有 40 多人，这是一个难以想象的艰巨任务。在完成任务的过程中难免有人出错，也有新人表示无法承受如此大的压力，对此周峰以身作则埋头苦干，为团队做榜样示范，尽最大努力凝聚团队力量，最终在规定限期内，圆满完成了公司交办的紧急任务。

回顾这几年的工作经历，周峰感慨道：成功是需要去创造的，在创造的过程中需要经过重重的考验，一点点地创新，一次次地验证，从中累积成功的秘诀以实现自己想要的目标。

情牵工匠精神——人生的成长动力来自于坚定理想信念

周峰结合自己在企业工作的经历，从企业认知的角度，详细讲述了模具制造类企业发展与变迁、员工构成与发展、产品定位与体系、生产管理与品控、技术创新和研发等方面内容，给机械学子展示了生产一线、科技一线的“工匠精神”，这是现代制造类企业的重要支柱。周峰认为，从本质上讲，工匠精神就是一种职业精神，它是职业道德、职业能力、职业品质的体现，是从业者的一种职业价值取向和行为表现。周峰着重分析了工匠精神的当代价值。他认为工匠精神是身为机械专业学生的一种优秀的职业道德文化，它的传承和发展契合了“中国制造2025”，具有重要的时代价值与广泛的社会意义。

他说，母校应该成为一个培养工匠精神的主阵地，并提出了良多建议：第一，在价值转向上，弘扬工匠精神的核心理念。一方面，母校要转变教育理念，实现价值转向，重新厘清和审视工匠精神的价值底蕴，确立与工匠精神培养相适应的人才观、发展观和就业观；另一方，母校要加强顶层设计，把培养学生的“工匠精神”渗透到办学思想、教育理念、教学学风中。第二，在专业教学中，让课堂成为传承工匠精神的主渠道。母校作为应用技术型特色鲜明的本科院校，应当在专业课程教学中融入工匠精神教育。专业课程是工匠精神最主要的物质载体，专业课教师的深度参与是工匠精神内生性成长不可或缺的主导力量，从而使学生实现工具品格和价值品格的同构。第三，在实践体悟上，内化工匠精神。应用技术型本科院校的学生特点、学习习惯、知识结构和技能特点决定了工匠精神内化的最佳途径是实践活动。周峰指出只有通过实践活动，通过实践感悟，才能让机械学子感受到专业技能学习中的真善美，认识到技术的人文价值和社会意义，从而培养学生的技术理性和实践智慧，养成以工匠精神为核心的职业品质。第四，在氛围营造上，渗透工匠精神。对于机械学院而言，工匠精神的培育是一个持续不断内化的过程，它的价值体现在一定的行为方式或物质形态上。建议母校大力宣扬技能型人才的方针政策，广泛宣传机械行业领域中的技能大师的成就与事迹，让广大机械学子感受到工匠精神的劳动之美和无上光荣，努力在学院、学校中营造出“技能宝贵，崇尚实践”的工匠文化氛围，勉励更多的机械学子树立职业追求，坚守职业信仰，以孜孜不倦和锲而不舍的精神做工匠精神的传承者和创造者。

结　语

在采访的最后，周峰还流露出对大学青春年华的无限眷恋。他说，时间在流逝，我们在长大，青春不是风花雪月，也不是红杏绿柳，更不是富丽的象牙塔，它是生命中一个走向成熟的重要阶段。的确，生活并不像伊甸园般完美，没有我们想象中那么简单。迫于现实的种种压力或许得丢掉许多很珍惜的东西，但即使在我们所剩无几的时候仍得坚守执著于自己的梦想，那将会是你仅存的也是最珍贵的财富。所以，绝不要轻言放弃，奇迹只会降临在那些相信奇迹的人身上。回顾过去展望未来，坚定信念砥砺前行，努力做到心中有信念，脚下有力量。周峰为学院校友工作和应用技术型人才培养提出的宝贵建议，是学院和母校的财富。

（供稿：机械学院）

自强者胜　自胜者强

——记 2005 级市场营销专业校友、松阳县公安局团委书记兼办公室副主任叶冬军

叶冬军，2005 年考入浙江水利水电学院，就读于经管学院市场营销专业，2008 年毕业。在校期间曾担任经济与管理工程学院组织部部长、营销 05-2 班班长，创办辩才协会，曾获校奖学金、挑战杯浙江省二等奖。现任松阳县公安局团委书记兼办公室副主任。

人生起起落落，看似风光的背后却经历了常人难以想象的辛酸。荣誉也好，挫折也罢，叶冬军始终保持着积极乐观的态度，他说自己能走到今天靠的全是满腔热血。他常挂在嘴边的一句话是："自强者胜，自胜者强。"

广博多才　学思践悟促成长

叶冬军在校期间十分活跃，积极参加各类校内外活动和比赛，取得了一系列成绩：校第八届大学生文化艺术节先进个人、经管学院十佳毕业生、经管学院社联首届网络营销策划大赛冠军、第二届社会生存挑战大赛第二名、首届校园诗歌大赛水专校区"深情奖"等，并多次在各种写作比赛中获奖。

大学期间令叶冬军印象最深刻的事发生在大一那年。2006 年 5 月，学校参

加教育部示范性高职高专学校评比，其中有一个环节是由我校学生面向评估组专家答辩的专题研讨会。对此，学校非常重视，从全校 6000 多名学生中精心挑选出 45 人，再进行分组，然后各组拿到一个选题，1 天之内配合完成 3000 字以上的论文。从 45 人到 30 人，再到 15 人，经过多轮淘汰筛选，最后挑选前五名学子去参加评估组专家答辩。当时还是大一的叶冬军被选中，成为 45 人中的一员，而 45 人中，只有 3 名大一新生最终入围 15 人，大一的同学则只剩下了他一个。越战越勇的他，经受住了层层考验，最终被学校选定参加答辩。他清楚地记得，答辩的题目是“水·利·我”。接到题目后，他和学长学姐们又一头扎进了论文的组稿中。最终，在 24 小时后他们坐到了专家的对面，面对教育部的专家，叶冬军毫不怯场，凭借着敏捷的反应力和伶俐的口齿，成为五个人中回答次数最多、观点最为独到、表现最为突出的一个人，给专家和学校领导、老师留下了深刻的印象。

另一件令他引以为豪的事情同样发生在大一。叶冬军开辟了大一学生直接晋升社团部长的历史。刚进大学时，身为班长的他就积极参加各项活动，并成功加入了团委组织部，成了一名干事。在组织部的一年，他任劳任怨，积极参加辩论赛和学校院系的各项活动，自身能力得到了很好的提升。机会总是垂青有准备的人，当团委组织部面临换届时，老师就把目光放到了表现突出的叶冬军身上。经过自荐和竞聘演讲，2006 年 4 月，他成了经管系有史以来第一位还在读大一就当部长的同学。

贫困家庭出生的叶冬军在大学期间就开始勤工俭学，在各大商场超市做家电销售、手机导购等兼职工作，并自己批发水笔、坐垫等小物件找人代卖。他认为，大学生已经步入了半个社会，一个人贵在历练，经历多了，能力自然就会提高了。2007 年 11 月，读大三的他又与几位学弟共同成立了经管学院第一个旨在提高演讲、辩论、写作能力的协会——辩才协会。在这里，他遇到了很多能言善辩、思想独立的朋友，结交了一群志同道合的好兄弟。

问起大学时最大的收获是什么，叶冬军谈起了他班主任说过的一句话“做人、做事、做学问，做人排第一”。这句话对他产生了深远的影响，让他受用一生。而现实中叶冬军也确实是这么做的，他在现在的工作单位里，尊重领导、团结同事，能很好地处理人际关系和各项工作，获得了领导同事的肯定。

豪情满怀　不辞辛苦敢攀登

2008年7月底，走出校门的叶冬军来到了浙江康恩贝，在子公司里从事母婴行业销售工作。跟随同事跑了3天市场后，他独自回到了家乡——丽水，去拓展那里的市场。整个丽水，之前同事做的时候每月的销量只有3000元左右。叶冬军暗下决心，一定要用自己的双手，尽快打开市场。于是他每天来回穿梭在各个门店，不停地做客情、讲知识，辛苦的付出最终得到了回报，在年底的订货会上，公司给丽水的指标是20万元，叶冬军和各个门店多方沟通，挖掘潜能，最终实现订货50万元，成为了公司完成率最高的人！因为出色的业绩，公司将入职仅7个月的叶冬军提拔为温州城市经理。他成为了公司升职最快的员工，当他离开丽水的时候，丽水市场的月销量已经从3000元飞速增长到了3万元，是之前的整整十倍！在温州做了7个月，叶冬军又被公司调到了东北，担任东北商务经理，后来一直做到上海省区经理。2008年，他被评为优秀员工；2009年，他在公司“内训师”业务培训比武中获得了全公司第一名；2010年，他被评为优秀城市经理。

看似一帆风顺的工作经历背后，是叶冬军不辞辛劳、不畏艰难的执著付出。2010年元旦那天，东北气温零下35度，天寒地冻，又是法定假日，但他仍然坚持在市场上走门店、拜访客户，整个市场只有他一个人在冰天雪地里坚持乘坐火车一站接着一站到处跑业务。北方的客户看到他，都给他竖起大拇指“这个南方小伙子，真勤快!”问他“不觉得苦吗?”叶冬军自嘲道：“我在南方要经历零上40多度，我在北方经历零下35度，相差近70度，可不是一般人都能有的经历呀!”

然而，就在销售工作做得风生水起的时候，叶冬军突然改变了工作路径，向着政府工作的方向发展。一方面他想要多岗位锻炼，另一方面自己是困难家庭出身，经济条件不是很好，秉承传统思想的他还是想要有一份相对安稳的工作。

成功考取公务员以后，叶冬军的拼劲一如往昔。在湖州市人民警察学院三个多月的新警培训结束后，他又带回了两本证书，一本是“演讲比赛三等奖”，另一本是“优秀班干部”。参加公安工作一年不到，他又获得两次嘉奖，并在参加工作三年后，被提拔为局里的中层干部。

刚毕业的大学生，很多都会感到很迷茫。叶冬军在这个问题上给出了两句话：“干一行，爱一行”和“爱一行，干一行。”他说这是一个永恒不变的辩题，就看你怎么去选择，要“因人，因时，因地而异”。

爱心满满　乐于助人强担当

2014 年 6 月，叶冬军加入了松阳县关爱特殊家庭的志愿者队伍，在了解到樟溪乡的余承进夫妇老年丧女，多年来一直沉浸在悲痛中，二老相依为命，生活孤苦无依的情况后，他想到自己从加入公安队伍就一直在基层工作，与群众交流经验丰富，关系融洽，便“认领”了这对夫妻。后来得知老人的养女竟然是自己的初中同学，就默默扛起了替同学赡养老人的责任，只要有空就回去看望两位老人，不只送米、送油和塞钱，更是很贴心地与老人唠家常。“有事尽管叫我，我就是你们的儿子。”他是这么说的，也是这么做的。他给老人买手机、办理残疾证、申请助听器、缴纳住院费，他的心中，涌动着对老人无穷的爱。

其实，叶冬军的遭遇与余承进夫妇有些相似，他们同为“失独”人员。

2014 年 2 月 14 日，一场突如其来的车祸夺走了叶冬军挚爱的妻子和女儿。叶冬军说，那时女儿刚满一周岁，刚学会叫爸爸。然而，当他从昏迷中醒来的时候，却发现一切都没了，从幸福的云端径直跌入痛苦的深渊，每每想起来他都心如刀绞。

在全局上下四百多人的帮助下，叶冬军才从失去亲人的阴影中走了出来。同事们的关切和安慰不但给了他活下去的理由，更给了他支撑下去的信念。他将每笔捐款都认真记下并告诉自己：全局四百多人的恩情要永记，还要谨记“涌泉相报”，帮助有需要的人，回馈和报答这个暖意充盈的社会。从此以后，叶冬军跟随志愿者队伍拜访有困难的群众家庭，送温暖献爱心，引导悲观的人积极面对。在担任水南街道南山村指导员和第一书记后，他又把村民所需挂心间，除积极帮助村两委办惠民实事、找相关单位做好配合协调外，他还经常上村民家中与他们掏心窝子地聊，了解他们的所思、所想和困难。

2015 年 11 月 18 日，当叶冬军走进南山村村民叶大妹家，看到才 40 岁的人被“晚期非霍奇金淋巴瘤”折磨得只剩皮包骨头，心中一阵刺痛。他还了解到，叶大妹丈夫和女儿为了她，一个四处去筹钱，另一个辞工回家照顾，家里已经欠下了巨债。为了给这家人实实在在的帮助，在向街道办事处和各慈善机构反映情况后，他又想到了“微信众筹”，都说朋友圈力量很强大，他便在朋友圈里向大家“讨要”红包。

“一开始，真不觉得他会成功。”同事们都这样说。原本，有不少人冷眼旁观，但看到叶冬军的微信朋友圈不断被数字截图的“晒红包”刷屏，满满的正能量把大家都感动了。于是，熟识的、不熟识的纷纷 50 元、100 元、200 元的发，后来，有些根本不认识的人也要求加叶冬军为好友，东北的、宁波的，政府的、企业的，红包纷至沓来，短短 48 小时，红包就达到了 10941.34 元。当叶冬军将这一万多元钱如数交到叶大妹家人手中时，全家人感动得热泪盈眶，他的行为也得到了村民的交口称赞。对于为何不通过平台筹集募捐或者公布当事人卡号，叶冬军有自己的解释“面对这个年龄生病的人而言，通过其他途径，参与的人未必会多，在微信里，大家或多或少都会给我面子”。而对别人说他“透支”尊严去募捐，他却丝毫不以为意。

两年多的指导员工作期间，他为村民做了大量的事情，为差点因贫困而失学的大学生筹集学费，首次为村里老人举办重阳节“百叟宴”，以实际行动带动身边人孝老爱亲，关爱他人。他也因此被评为浙江省“十二五”计生协工作先进志愿者、丽水市优秀团干部、2016 年 3 月“丽水好人”、松阳县第七批“十佳”农村工作指导员等。

恪尽职守　夙兴夜寐勇向前

虽然身在和平年代，但叶冬军的工作还是常会面临危险。工作至今，他已经见过了各种各样的警情和当事人，甚至出警时人还是活着的，后来却不得不陪着家属将当事人送到殡仪馆的极端例子。但无论面对什么样的情况，他总是镇定自若，将事情恰当处置。2013 年 2 月 7 日，刚结束警校岗前培训的他，就和同事们碰到一件棘手的事：两个村庄为了争夺水源，大打出手，都砸坏了对方村里的水管，并僵持不下。最终在所长的带领和全所人员共同努力下，赶在除夕下午将群体性事件成功化解。

基层工作十分辛苦，叶冬军常因为工作无法给家庭很多关爱，为此，他也内疚，但是职责告诉他，“大河有水”小河才能“满”。他形容公安局办公室是“上下千万条线，一根针穿过”，他常常加班到深夜。虽然在单位里十分忙碌，但叶冬军说家庭也十分重要。“工作中没了你还能照样运转，而家庭没了你就垮了。”作为一个男人，是“单位里的一根草，家庭里的一片天”。他希望能有更多时间陪伴家人。

寄语母校学子

对于未来，叶冬军有更多的期待，希望可以做更多主动性的事情，有独立思考、有挑战，更有创新。他寄语学弟学妹，要多读书多学习多思考，要务实肯干，要放低姿态，扎扎实实从奠基的实事做起，一步一个脚印地向前迈进，方可仰望星空。

（供稿：经管学院）

面对困难　请保持微笑

——记2006级电力1班校友、中国电力传媒集团浙江区域负责人顾卫锋

一米八的大个子，一开口就面露微笑，给人一种亲和力，全身散发着一股正能量。他就是浙江水利水电学院2009届毕业生，电力06-1班的顾卫锋。现就职于中国电力传媒集团有限公司（即中国电力报社），担任浙江区域负责人。

顾卫锋出生在浙江嘉兴的一个农民家庭，家里并不富裕，父母辛勤耕耘着五亩承包田加上建筑工地打点临工，供姐弟俩上学。从小懂事的顾卫锋，身上遗传了父母的勤劳、善良、淳朴和乐观。

选择母校　缘分开始

对顾卫锋来说，2006年的高考成绩并不十分理想。填报志愿时，他的成绩跟第二批分数线相差7分。鉴于家里的经济状况，体谅父母的艰辛，顾卫锋放弃了复读，选择直接就读大专，学一门手艺，早日参加工作，让家里早一天摆脱贫困。于是，顾卫锋和水院结缘。

2006 年 9 月，拿着录取通知书，顾卫锋独自一人踏上了来省城杭州的求学之路，开启了为期三年的大专学习生涯。因为只有短暂的三年大学生活，跨进校门的第一天，顾卫锋就告诉自己要珍惜每一天。他是这么想的，也是这么做的。

全面发展 锻炼自己

为了锻炼自己的综合能力，顾卫锋加入了学生会和学生社团组织。最多的时候，同时参加了四五个协会。每个星期在学生会和社团组织上都要花费很多时间，甚至有时当几个活动挤到同一天时顾卫锋更是几个现场轮着跑。学生会和社团的经历，渐渐地改变了顾卫锋腼腆内向的性格，尤其是在语言表达、社会交往、活动组织等方面的能力有了很大的进步。

顾卫锋是个爱学习爱运动的人。图书馆和风雨操场是他大学时期最喜欢的地方。他是班里的篮球队成员，为了备战比赛，经常要参加训练。当年，他的生活中总会出现这样的一幕：图书馆阅览室的自习桌上，手机一震动，顾卫锋放下书本一看，马上找个地方换上战袍，直奔球场。

积极参加课外活动的顾卫锋，学业并没有受到影响。每次考试成绩都在班里排前十名，每个学期都能拿到奖学金。在选择专业之初，顾卫锋就明白一个道理，今后找工作完全要凭借自己的能力水平，所以要把学习专业知识、掌握实践技能放在读大学的首要位置。当时有大一新生问："大学生活不是该尽情享受的吗，为什么要过得这么累?"顾卫锋笑着回答："我们年轻，充满活力，这个时候吃点苦受点累并不算什么，但是在大学时期培养成的学习方法以及训练出来的思维能力，却可以伴随我们的一生，并在今后人生的各个阶段发挥作用、产生影响。"

无偿献血 坚持十年

在校期间，顾卫锋加入了一个社会公益组织，坚持做一件有意义的事，至今已有十余年的时间，这就是无偿献血。这件事，要从顾卫锋在学校做勤工俭学工作时说起。为了给家里减轻经济负担，顾卫锋申请了学校提供的勤工俭学岗位，每周都会去老师办公室做些辅助工作。一次偶然的机会他接触到了浙江省血液中心的工作人员。身为校青年志愿者协会成员，同时还是一名学生党员，当他了解到无偿献血事业的可贵之处后，就一头扎了进去，并且身体力行，一直到现在。

仅在校三年，顾卫锋就陆陆续续献血十多次（包括全血和成分血），合计献血量 8000 多毫升，获得了国家卫生部颁发的全国无偿献血奉献奖银奖。他还在浙江省血液中心签了骨髓捐献协议。工作后，又加入了无偿献血志愿者队伍，利用业余时间上街头血站进社区卫生院传播献血常识、招募献血志愿者，他用自己的行动诠释了一个简单的道理，“只要人人都献出一点爱，世界将变成美好的人间”。

告别母校　踏上社会

在学校的勤奋和努力，换来的是厚重的毕业简历。在顾卫锋的就业推荐表上，各必修课科目成绩基本在 90 分以上，选修课以几乎全优的成绩展现在分数栏一列。那一年，顾卫锋获得了浙江省优秀毕业生的荣誉称号。

2009 年夏天，在收拾好行李物品后，顾卫锋又忍不住在校园内走了一圈。即将告别生活了三年的学校，他有太多的不舍。学生宿舍 2 号楼、教学楼、图书馆、风雨操场……这些熟悉的地方承载了太多的美好记忆。

毕业后，顾卫锋如愿以偿地进入了电力行业工作，被浙江省电力系统内的施工单位——浙江送变电工程公司录用。顾卫锋渴望将所学的知识和本领转化到实际工作岗位中去，即便工作环境十分艰苦，工地生活枯燥乏味，他还是毅然接受，欣然前往。

新单位对顾卫锋来说，是一个新的人生起点。虽然不是系统内编制职工，在员工福利待遇上会有差别，但是这一点根本没有影响到他。那时的顾卫锋内心只有一个想法，就是努力学好技术，积累工作经验，做个有一技之长受人尊敬的蓝领职工。

刚到单位，顾卫锋就被分配到电气调试分公司的高压试验班组，还没熟悉办公室环境又被安排到一个新建的变电站施工工地。出发前领装备时，仓库的管理员刘建对顾卫锋说：“一个木头行李箱和一个军绿色帆布袋，上面写上你的名字，这两件宝贝会带着你走遍浙江。”刚开始，顾卫锋没明白这句话的意思。一年后顾卫锋回想起来，还真是一点都没错。

基层一线　磨炼意志

参加工作的第一年，顾卫锋几乎是在工地上度过的。毫不夸张地说，365 天有 300 天吃住都在工地。从 220 千伏舟山定海变电站到 500 千伏杭州杭北变电站，从新建到扩改建到检修，顾卫锋去过的工地大大小小有二三十个，足迹几乎覆盖了浙江省的各个地市。在工地的时间长则三四个月，短则一天往返。工作中跟着老师傅们认真学习，加上自己利用休息时间的琢磨体会，顾卫锋渐渐地从只会搬搬试验仪器成长为一名独立操作、技术娴熟的高压试验技术员。

由于变电站一般都是建在远离市区的偏僻环境，工地上的生活比顾卫锋当初想象得艰苦得多。运气好的时候，可以跟着施工队租到附近村里的农民房，有时候租到的房子连一扇像样的门都没有。条件差的情况下就住在铁皮集装箱里，和两三同事睡在一起，那段艰难岁月却被顾卫锋当做人生中的一笔财富。

一年后，顾卫锋被调到办公室岗位，从技术岗位转到行政岗位。说来也是在基层一线做通讯员带来的结果，喜欢看书写作的顾卫锋，利用业余时间充实自己的工地生活，不忘学习，苦中作乐。

在办公室干事的岗位上，顾卫锋依旧不忘初心，用阳光般热情服务单位的领导和同事，用钉钉子般的毅力扎根在文字和摄影工作上。后来的四年里，顾卫锋在公司担任了新闻宣传专职、劳务派遣党员支部书记、分公司团支部书记、篮球队队长，后来还被破格提拔为办公室主管。可以说，顾卫锋在浙江送变电工程公司工作的五年，一路亮着的都是绿灯，让所有还在工地一线打拼的同事们羡慕不已。但是，其他人也明白，机会往往是留给有准备的人。正是顾卫锋脚踏实地的工作和一点一滴的积累，才换来了他人生的转变。

五年积淀　再次起航

2013 年，有一个更大的机遇降临在顾卫锋身上，面对机遇，他有些犹豫不决。那年 3 月份，在《浙江电力报》一期报纸上刊登的招聘启事被顾卫锋记在心上。中国电力报社（即改制过后的中国电力传媒集团有公司）因事业发展，要在浙江设立运营中心，招聘记者从事采编工作。

抱着试试看的心态，顾卫锋投了一份简历。报名的二十几个人经过笔试、面试，最终居然是顾卫锋通过层层筛选脱颖而出。他后来才知道那些应聘的人有些是媒体从业人员，有些是硕士研究生，论学历和专业都比自己强。最终被录用，完全是因为顾卫锋身上具有的吃苦耐劳勤奋好学的品质打动了面试官。

一边是接到了新单位的录取通知，另一边是深受领导器重和照顾。摆在顾卫锋面前的是人生的分岔路口，是去还是留难倒了他。最终在身边亲朋好友的建议下，顾卫锋去跟单位领导进行了一次深入谈心，说明了事情的来龙去脉后，领导送给一个让顾卫锋这辈子都受用的建议——做自己想做的事，往更适合自己发展的平台走。

虽说还在电力行业工作，但是从施工单位到媒体单位，工作内容还是跨度非常大。虽说做过新闻通讯员，但是要成为一名合格的媒体记者，顾卫锋还要下很深的功夫，不过这也没有难倒他。通过自学新闻采编知识，跟着记者前辈学习，顾卫锋的进步很快。一年半时间里，顾卫锋从通讯员成长为见习记者，又从见习记者转为中国电力报正式记者。2015 年年底，当顾卫锋正式拿到国家新闻出版广电总局发的记者证时，连自己都感觉有些不可思议。

在记者岗位工作中，顾卫锋严格要求自己。在行业的大发展中，记录了很多个重要的历史瞬间，报道了一大批行业企业的优秀员工和先进事迹。2015 年，报道的“浙江能源集团燃煤电厂超低排放系列报道”，产生了积极的社会影响，“超低排放”这个词第二年被国务院写入了政府报告。

2018 年已过半，转眼又是五年过去了，如今顾卫锋已经是中电传媒集团浙江分公司的负责人。做过新闻记者，干过经营岗位，现在又向着综合性媒体管理型人才迈进。

心怀阳光　雨过天晴

天有不测风云。正当顾卫锋事业蒸蒸日上，生活越来越好之时，家庭的一次遭遇给了顾卫锋沉痛的打击。

2012 年，顾卫锋把几年奋斗攒下的积蓄加上父母的支持在杭州贷款买了房子。房子不大，但是足以装下小两口的幸福生活。2015 年 4 月，就在全家人期盼着宝宝出生的时候，一个坏消息从嘉兴医院传来，父亲被检查出直肠癌。当时，顾卫锋脑子里一片空白，犹如晴空霹雳，不知所措。当天晚上，顾卫锋一夜没睡，他告诉自己要坚强。他清楚地认识到，从此家庭的重担落在了自己身上。只有更加努力地工作，积极乐观地面对生活才不会被困难打败。

次日，顾卫锋就赶回嘉兴，带着父亲踏上寻医问药的道路。4 月 14 日，就在女儿出生那天，父亲就住在杭州的另一家医院。接下来的一年多时间里，顾卫锋一边工作一边照顾家庭，尽可能多地陪伴在父亲身边。

2017 年 3 月，顾卫锋的父亲还是不幸病逝。面对失去亲人的痛苦，顾卫锋没有屈服也没有消沉，反而他更像一棵大树不屈不挠地守护着家人，体现出一家之主的成熟和稳重。

写给母校的话

顾卫锋说，在母校学习的三年时间，对他来说是一个标志，界定着一个阶段。在他来学校之前，他只是一个成年的人；在他离开学校的时候，已经是个成熟的人。母校的校训“博学求实”使他的人格得到了升华，三年的求学经历让他的灵魂得到了净化。直到今天对他的为人处世还在产生影响。在此，他深深地感恩母校，感念老师，感谢同学！

（供稿：电气学院）

坚持奋斗初心　重燃创业梦想

——记 2006 级电信 1 班校友、杭州莱宸科技创业合伙人吴德

吴德，2009 年毕业于浙江水利水电学院电信专业，现在是杭州莱宸科技有限公司的研发经理。多年来干一行爱一行的品质，让他能够成功创业重燃梦想。吴德总说，创业不能够害怕困难，最重要的是坚持，任何困难的事情通过拉长时间都会变得简单许多。吴德的创业过程淋漓尽致地诠释了他的奋斗初心。

创业基础：春种一粒粟，秋收万颗子

在毕业的十字路口何去何从，始终是大学生不可回避却难以抉择的问题。对于吴德来讲，尽管当时在学校很有规划，但是进入社会之初却懵懵懂懂。当时，摆在他面前的只有两个选择，要么是经商，要么就是从事研发工作。尽管犹豫，但是吴德深入问自己，从今后十年或者二十年的角度看，抉择的依据很简单：这辈子能够为社会做出一些贡献。如果在金钱和事业当中只能放弃一样的时候，那应该放弃金钱。就这样，他毅然决定做研发工作。决定了，内心就如明镜一样

了，接下来只要长期兢兢业业踏踏实实地奋斗。

进入华立贝特燃气表有限公司以后，吴德如愿以偿，主要从事燃气表主控板的研究。由于之前在学校里有一些研发经验，所以很快就可以独立自主开发公司的燃气表电子模块。不久他又去福州参加相关培训学习，很快就能完全自主开发公司的IC卡表，可谓是“潮平两岸阔，风正一帆悬”。

最难能可贵的是，吴德在业余时间还一直和学校的老师们保持着联系，一起合作开发基于GPRS模块的水文信息监控系统。谈到学习方面，他表示学校的知识还是十分重要的，老师本身起到的是一个引导作用，更多的是靠自己的努力和钻研。吴德在学校期间参加了很多竞赛，如每年的电子竞赛。对于电气学院的学生来说，电子设计竞赛是一个锻炼能力的好平台。参加三到四次的电子竞赛，就能够学到不少东西。吴德还表示，他是做技术的人，所以比较喜欢参加过竞赛拿过奖的人。

除了开发公司产品之外，吴德在业余时间还要做很多相关的项目。他几乎把所有的业余时间都花在了电路设计、代码编写上。比如，基于GPRS模块的水文信息开发系统，它是自主开发的一款软硬件结合的产品。由于吴德是项目的主要执行者，再加之初生牛犊不怕虎的劲头，他“大包大揽”，直接提供了电路设计、PCB布板、软件编程、元器件采购、线路焊接一条龙服务。吴德说，那时候真是年轻，一个月几乎每天都是通宵待在兰溪水库上。

回首那段日子，吴德将它比喻成为一道风景。正是因为有了这样的历练，他才能更好地反省自己、激励自己。自己的工程师匠心精神也是在这段日子里萌发。

创业起步：山重水复疑无路，柳暗花明又一村

在电子工程师进阶之路上，随着一些项目经验的不断积累，吴德开始做一些与企业相关的外包研发项目。他与朋友公司合作开发一款通过气泵充气放气的按摩仪，获得了成功，首批量产2000个。这个项目是吴德成长的一个新开端，因为对于做技术的人来说，自己设计的产品真正进入市场成为商品，这绝对是一次质的跨越。

小试牛刀之后，吴德开启了真正的进阶之路。他希望可以利用自己的技术创

业，一方面改善生活，另一方面也是更远大的理想，希望自己的技术推动社会发展。他相信，在杭州创业是个大风尚，他也可以成功。

吴德第一次尝试创业是毕业后两年，和朋友一起做一个出口韩国的老年人护理仪器项目。但遗憾的是，因为股份分配事宜，项目最后无疾而终。这次经历带给吴德很多反思：从事技术开发有一个天然的优势就是直接接触公司的核心产品，但找到合适的创业合伙人也非常重要。吴德说道："创业，首先要知道你需要哪些方面的人，一个公司需要有人做CEO，需要有人做营销，需要有人管理，需要有人做技术指导等，每一个人都要有独当一面的能力。"

第一次创业失败后，又过了一年，吴德的第二次机会来了。吴德从事的是燃气表开发，他有个朋友则刚好是做海外仪表销售的。当时，海外智能水表市场刚刚起步，市场前景非常可观。于是大家一拍即合，吴德也开启了第二次创业。他们一起创办杭州莱宸科技有限公司。从事技术工作的吴德就只专注于产品。

创业发展：乘风破浪会有时，直挂云帆济沧海

吴德的新公司成立不久就接到了第一个5000万元的订单。为了完成订单，吴德和他的团队加班加点，通宵加班成了常态。他进入了真正的创业生活。

然而，事情远没有想象的顺利。第一批产品就遇到供应链问题。吴德的公司买到了假电容。虽然一只电容只要几毛钱，但是它却能将售价300元以上的产品毁在细节当中。为了尽快解决问题，他们接连换了3家零配件供应商，最终解决了产品质量问题。后来，他们还遇到了海运过程高温高湿导致表计电池寿命缩短等问题，庆幸的是，吴德和他的团队不畏艰难，想尽各种办法解决难题，最终成功交货。

吴德说，第一批产品交货是一部血泪史，也是一部兑变史。创业是一件九死一生的事情，创业很累很辛苦，但很多时候也很快乐。

第一批产品交货只是吴德创业路上的冰山一角，那是一段靠信念活着的日子。有订单虽难但有奔头，没有订单才是最恐怖的岁月。他们的战场在国外，面临的是欧洲巨头，产品质量、渠道、实力等方面都在他们团队之上。好在吴德他们在渠道、产品开发和成本上也有自己的优势。吴德和他的团队既有良好的愿景，又能保持头脑清醒、脚踏实地，他们的目标是把自己的产品打造成为海外智

能水表领域的领导者。

吴德的公司，刚开始几年因为订单较少，一直处于亏损状态。但是他们一直坚持产品研发。到公司成立第5年，新产品出货慢慢上来了，接到赞比亚、马拉维等几个大订单之后，2017年终于实现了盈亏平衡，也实现了产品年产量10万台的出货量。

企业实现盈亏平衡，标志着进入了一个新拐点。吴德他们思考的不再是生存问题，而是如何提升竞争力以抢占更大的市场份额的问题。

2018年是母校建校65周年，吴德在百忙之中为母校送来了祝福，他祝母校人才济济、桃李满天下，成为人才的摇篮、知识的沃土。

（供稿：电气学院）

立鸿鹄志　做奋斗者

——记 2006 级营销 2 班校友、杭州牛墨科技有限公司首席运营官杨跃仁

杨跃仁，浙江水利水电学院 2009 届毕业生，在校期间，学习市场营销专业并任经济与管理工程系社团联合会主席，多次获得校奖学金，2008 年参加浙江挑战杯创业大赛获一等奖。曾在阿里集团市场部任职，现任杭州牛墨科技有限公司首席运营官。

君子之约　不负青春

与大多数人选择按部就班的生活不同，杨跃仁选择了不断挑战自我。杨跃仁很早便有了自主创业的想法，在高中时就与人合伙加盟了“石头记”品牌，在老家开设了本地的第一家加盟店，打理店铺事宜，推广介绍品牌及产品，这些都让年轻的杨跃仁充满干劲儿，因此高考后他义无反顾地选择了钟爱的市场营销专业。

杨跃仁于 2006 年就读于经济与管理工程系的市场营销专业，在校期间表现突出。一方面，他深知专业知识学习的重要性，始终都把学习放在首要位置上，

讲究方法，注重学习效率，扎实掌握本专业的理论知识和基础应用技能；另一方面，他更明白市场营销的知识、技能是需要在实践中检验的，在学中做、在做中学。杨跃仁发挥自己的特长，挖掘自身的潜力，积极参加校内外的各种活动、实践，努力提高自己的学习能力和分析处理问题的能力，注重理论与实际相结合，这也为他日后创业的成功打下了坚实的基础。

杨跃仁还积极参加各类社团活动。从参加辩论比赛到创办辩才协会（即经管学院悬河辩论社前身），杨跃仁锻炼了自己的口才，提高了思辨能力，同时也以“辩”会友，结交了一群志同道合的好朋友，这些朋友在今后的创业道路上也给他带来了很大的影响。后来，他还担任了经济与管理工程系社团联合会主席，组织学生社团的系列活动，丰富活跃校园文化的同时，更为同学们提供另一个展示自我、锻炼自我的平台。同时，作为营销 06－2 班的副班长和纪律委员，在班级工作中，他始终坚持为同学服务的原则，认真踏实，工作效率高，积极为同学们提供便利，主动了解、帮助学习、生活上有困难的同学，得到了老师和同学们的一致认可。

在校外，杨跃仁也是不放过任何一个锻炼自己的机会，参加各种兼职，并尝试不少推销、销售工作，真正把市场营销学到的知识、技能应用于实践，增强了实践能力，更是开拓了眼界，扩大了人脉。他认为，成功永远与努力成正比，每做一件事都专心投入其中，产生更高的效率，才能在学习之余有更多的时间去参加活动。

然而，频繁参加校外实践和兼职工作引起了时任经济与管理工程系党总支书记赵志江的注意和担忧，担心他过多工作耽误了学业。为了让自己的恩师放心，杨跃仁与赵书记定下了君子之约——每个学期必定都拿到奖学金。从大二开始，杨跃仁每个假期和周末几乎都在各种工作之间忙碌，但他会定时向赵书记汇报自己的收获和感悟，同时筹备参加省挑战杯创业大赛，更是遵守约定直到毕业前每个学期都拿到奖学金。对杨跃仁来说，与赵书记的君子之约，是他大学期间获益最多的一堂课。

学无止境　积累工作经验

杨跃仁在创业之前对其影响最深远的一份工作是在阿里巴巴担任销售专员。

营销专业科班出身的他凭借着过硬的专业知识和积累的经验，在之前的工作中小有成就，前景可观。但是进入阿里巴巴这样的大公司历练成长是他的重要目标。为了进入阿里巴巴工作，杨跃仁前前后后面试了 10 次。刚进入阿里巴巴时，他被安排进入了一个创新的部门，新兴的销售方式给一直接触传统销售的他带来了很大冲击。那时，从未接触过互联网甚至连互联网是什么都不知道的他面对新工作一头雾水。看着团队里刚毕业的大学生在这份工作中如鱼得水，杨跃仁作为一位职场老手内心十分焦急，甚至面临被淘汰的压力。但他很快振作了起来，及时摆正了心态，把自己看作是一个职场新人，一切从零开始。面对专业知识的空白，杨跃仁坦言："既然不懂，那就去学吧。"他向其他同事虚心求教，自己刻苦钻研，努力填补了这块空白，最后他从一个即将被新兴行业淘汰的传统销售者成功转变成了全国销售第一的优秀团队中的一员。说起这个成功的转型，杨跃仁认为，强大的学习能力是首要因素，在初入职场的时候，需要学习的东西很多，信息、技术、知识的更新越来越快，强大的学习能力在这个时候起到了至关重要的作用。

杨跃仁心中始终抱有创业的梦想，他认为一定要为自己的理想去创业，否则，就会为了别人的理想去打工。在学校参加的校内外实践也好，进入阿里巴巴工作也罢，都是为他积蓄经验、人脉、资源，为今后打造团队、找准市场做准备，他相信终有一天能厚积薄发。

在做好自己的岗位之外，杨跃仁还会关注同事的工作，理论上做销售工作只要完成销售这一环节就行，但是产品接下来的流程杨跃仁也会去了解，他认为只有对产品的各方面有所了解，才能把销售做得更好。他说，在这个过程中还可以认识不同领域的人，了解不同领域的知识，不但可以拓宽知识面还能在不同领域中积累人脉，为之后的创业打下坚实的基础。

逆境磨炼　涅槃重生

2016 年 6 月，杨跃仁和自己的团队成立杭州牛墨科技有限公司，杨跃仁担任法人及 COO（首席运营官）。公司的经营范围主要是石墨烯及其制品的研发、生产（限分支机构生产），以及石墨烯高分子发热板的上门安装。石墨烯具有优异的光学、电学、力学特性，在材料学、微纳加工、能源、生物医学和药物传递等方面具有重要的应用前景，被认为是一种未来革命性的材料。正是抓住这样一个先机，短短两年时间，杭州牛墨科技有限公司发展成为省市及国家重点支持的高新科技企业，不但是中国石墨烯应用的标准制定者和领导者，还是欧标国际采暖联盟中国唯一副理事单位，是国际上第三代石墨烯油性浆料的发明者及首推者。

然而，在创业初期，杨跃仁也经历过异常艰难的岁月，离开竞争力强大的大公司走上创业之路，他遭到了家人的不理解和反对。公司初期遭遇经济危机、运营困难时，他却无法与人倾诉，只能自己默默承受，将苦难都吞入肚中，也曾在无数个孤独的夜晚辗转反侧。

更为雪上加霜的是，2016 年年底营销团队为了追求利润跟客户过度承诺，并启用企业淘汰产品销售给客户。刚刚步入正轨的公司面临一个两难抉择，一是追回已售产品，但将会遭受严重的违约惩罚，并会被客户追责；二是默不发声，假装并不知晓销售团队的私人行为，这样做短期并不会带来影响，可事后必然会使公司名誉受损。几乎没有犹豫，杨跃仁和整个创业核心团队决定，追回淘汰产品，向客户道歉并承受违约惩罚。同时，开除整个营销团队。“做企业不能丧失诚信的底线。”这样的决断带来的后果是，公司三个月没有销售团队，直接经济损失达 3000 万。旁人看来，刚刚步入正轨的初创公司这样做简直就是自寻死路，但对于杨跃仁来说，这是断臂求生。

成功的创业需要各方面因素：创新、机遇、人才……但杨跃仁认为，创业最重要的是信任。这个信任体现在多个方面。第一，是对产品的信任。在创业时要有自信，就是相信自己的产品潜力，就像当年空调成功取代电风扇一般，杨跃仁相信自家的石墨烯能够取代其他的制暖材料，最后必将走入千家万户。第二，是团队间的信任。创业者要相信身后的团队能够与自己携手并肩，在创业的路途上披荆斩棘，走向成功。第三，是与客户之间建立的信任。这是企业真正可以拓展市场、强大发展的基石。杨跃仁的梦想不仅是公司的管理者、经营者，更希望成为一名企业家。而企业家既要担负起对公司发展的使命，更要担负起为社会发展助力的责任。

面对创业的千难万险，支撑杨跃仁一路走来的是他的理想，而在后面不断推动他前进的动力正是他内心的那一份责任。杨跃仁告诉我们，人生会做出许多选择，不管选择了什么，都要对自己所做的决定负责。“年轻就是把吹出去的牛实现。”只有这样，在努力过后想要放弃时才能理直气壮地说“我已经尽力了”，这就是杨跃仁创业有所成就的原因。

塑造文化　为创业保驾护航

杨跃仁的公司通过对“德国柏林大学国家石墨烯研究院和中科院石墨烯新材料研究所”的核心技术理论进行深度研发，将“诺贝尔获奖新材料——少层石墨烯”作为发热导热材料，成功应用于家庭采暖、工业化冰、农业恒暖等领域，获得了多项国际国内发明专利。然而，杨跃仁认为，公司在短时间内有如此成就不光是产品技术过硬，还离不开独特的企业文化。他认为，很多企业都能盈利，而一个企业想要变得伟大、变得与众不同则必然需要企业文化的渲染，企业文化有助于留住老员工，并帮助新员工更快地融入到团队当中去。他生动地将自己的公司比作秦国，而供暖市场中各种各样的产品就像“战国七雄”，他相信自己的产品能够像秦统一“六国”一般统一市场。不仅如此，他还效仿秦国的奖励军功制度，用这种方式大大增加了员工的积极性和责任感，使得员工的能力得到了全面的发展，增强了企业的整体实力。

寄予学弟学妹

在讲述了自己的创业历程后，杨跃仁分享了创业最重要的两个品质：学习能力和抗打击能力。“骐骥一跃，不能十步；驽马十驾，功在不舍。”他说，年轻人在创业的道路上要不忘初心，方得始终。

（供稿：经管学院）

公路上的青春

——记2007级道桥专业校友、浙江省丽水市莲都区公路管理局副局长沈凯

决定一个人优秀与否，有时候并不取决于他有多伟大的成就，而取决于一件件的小事。脚踏实地做好每一件事，与成功的距离自然会缩短。我校2007级校友沈凯就是这样一个脚踏实地做好每一件小事的人。沈凯就读于道路与桥梁工程技术专业，不管是在校园学习，还是走上工作岗位，他都认真踏实做好每一件事，每一天都过得充实而美好。

在校期间，沈凯曾任土木系学生会副主席，获得2009年国家奖学金，被评为“校十佳大学生”“校优秀班干部”“校三好学生”“校优秀团干部”“校优秀团员”等荣誉称号，同时被评为2010届省级优秀毕业生。2016年他作为一名交通人，积极参与G20杭州峰会决战阶段的公路保障工作，确保公路安全、畅通，被授予“浙江省交通运输系统G20杭州峰会交通运输保障先进个人”和“最美交通人”荣誉称号。沈凯的简历令人羡慕，在校园里他是“明星学生”，在单位里他是“明星员工”，他努力奋斗的目的不在于做大事、得大奖，不过是把每件简单的事做好，这些小事堆积起来，便成了大事业。

80后公路人——继承优良传统，敢于突破创新

“由于你不可能做到你所希望做到的一切，因此，你就应当做到你能够做到的一切。”泰伦底乌斯的这句名言，是沈凯的座右铭。作为一名80后公路人，他不仅继承了老一辈公路人不辞辛苦、敬业奉献的精神，更有着当代公路人勇于担当、敢于创新的朝气与干劲。沈凯对职业有一种敬畏的态度，将自己的职业视为生命信仰。他说，当敬业意识深植于我们脑海里，做起事来就会积极主动，并从中体会到快乐，从而获得更多的经验和取得更大的成就。继承优良传统，敢于突破创新，这才是我们脚踏实地要做的事。

不折不扣的“手机党”——心系突发险情，及时回应工作

自从走上公路岗位，沈凯就成了一个不择不扣的“手机党”，24小时开机、不离开身边3米、电话第一时间接。这样的“症状”在刮风下雨的时候更加明显。当台风过境时，一点点的手机铃声都能让他在睡梦中醒来。为了不影响女儿休息，他将手机调成震动模式，每晚握在手里，怕的就是随时可能发生的公路水毁塌方等突发状况。沈凯回忆说：“正是当时在学校里担任学生会主席时养成的高效率工作习惯和时间观念，为往后工作上一丝不苟的过硬作风播下了种子。”“公路已经成为我第二个家，在公路上的时间，比和老婆孩子在一起的时间还要长。”这是他日常工作的真实写照。“一个人若是没有热情，他将一事无成，而热情的基点正是责任心。”沈凯对工作和人民的责任心帮助他取得了事业上的成功和当地老百姓的信任。

敢为先，敢于勇往直前

有一种责任叫担当，有一种使命叫坚守。2015年11月13日深夜，莲都区里东村发生山体滑坡，30万立方米的塌方体瞬间侵吞了大半个村庄，接到险情通知的沈凯甚至来不及穿上雨衣雨鞋，便紧急赶往现场。他协助封道、疏导交

通、调运车辆、抢通便道，一到达便是风雨里 18 个小时的坚守，忘记了灾害现场的危险，忘记了湿衣裹身的狼狈，只为给被困生命多带去一分生存的希望。他用自己的专业所学尽力排除险境，用自己的踏实付出认真负责换回里东村人民的安全。也正是这样一点一滴的守候，在基层工作的他才获得群众最有力的支持。不仅如此，他同样在雪灾面前毫不退缩：山道如歌，和着你辛劳的汗水；公路如画，融进你艰辛的生涯。2016 年春节前夕，人人盼望阖家团圆，眼见着归家的旅人开始增多，1 月 22 日的一场强降雪却不期而至，致使大雪封山，交通阻断。为尽快恢复交通，方便沿线群众出行，沈凯放弃周末休息时间，带领着公路人，对重要的县道展开除雪保畅通行动。为了节省时间，大家的午饭也都是在雪地里匆匆解决，吃的是冷饭冷菜，幽默的沈凯却笑称："今天我们吃的都是凉拌菜，味道还不错。"在无情的灾难面前，人间处处充满真情。沈凯在与灾情积极做抗争的同时牺牲小我为大家，这样的精神赢得很多身边人的点赞。"时刻具备强烈的事业心和高度的责任感，想干事，肯干事，能干事，干成事，为工作尽心尽力，尽职尽责，忘我奉献。"尽心尽力，为人为民是沈凯职业路上一个永恒的闪光点，在灾难面前他能用自己的意志力唤起大家的乐观，或许这也是沈凯的人格魅力。

创新改革　服务未来

努力工作着、不断学习着、默默奉献着，这是沈凯的工作状态。沈凯总是不断尝试用新的方法来解决老大难问题。莲都的农村公路多山路，易水毁易塌方，过长的资金补助过程经常让无法及时修复的公路面临二次灾害。2014 年他积极推进了浙江省首个农村公路财产保险项目，设计理赔流程、编写理赔手册。用一种全新的方式顺利地解决了原有的困境。通过几年的不断调整与尝试，该项目在他手上也日渐成熟与完善。工作经验与在校专业技能知识的结合，使得他在任何项目难题上都能得心应手，这也为他后来的工作创新提供了思想火花。他真正践行了自己的座右铭——"由于你不可能做到你所希望做到的一切，因此，你就应当做到你能够做到的一切。"

兢兢业业　忍伤痛为工作

轻伤不下火线，将敬业写进生活。2018 年 5 月，沈凯主动报名参加了路政执法培训，却在培训期间意外受伤，但这并没有中断他的学习。在室友的帮助下，他坚持完成了为期一个月的培训。回来后的他更是一头扎进工作中，“瘸着脚”上工地、走现场、查工程，大家都劝他赶紧回家歇歇把脚先养好，他却总说“手头上的事情很多，走不开”。终于“瘸脚”变成了“拄拐”，无奈的他在领导的坚持下只能回家休养。即便如此，心系工作的他也是电话不离手，实时远程遥控，安排着各项工作。而为了尽快解决保险招标文件事项，他甚至在家约见有关人员，一谈就谈到晚上 10 点多。沈凯努力钻研专业技术知识，在工作岗位上兢兢业业，勤勤恳恳，全身心地投入到工程建设中，已成为交通工程建设项目的技术骨干。为破解项目进度慢等问题，他积极与上级部门沟通，建立项目数据库，提出并实施了如提早储备、预计划早下达、设计早审查、招标早启动、进度早督促、质量早把关等一系列创新举措。因工作表现出色，2013 年沈凯被上级部门选派到浙江省公路管理局农村处挂职。通过一年的挂职锻炼，他对农村公路养护管理及农村公路建设管理工作的重要性也有了更加全面和深刻的认识与了解，同时也提高了对相关问题的分析和处理能力，发表了论文《探讨农村公路养护与管理问题》。作为一名公路人，沈凯用真实的生活、担当的精神，坚守着自己的岗位，与太阳为伍，和星辰做伴，不畏伤痛，不惧艰辛，只为成为公路建养规范的执行者，实现公路畅通的守护者，让人民群众走更好的路，将“天堑变通途”。有人说 80 后是垮掉的一代，是暮气沉沉的一代，但 80 后沈凯就像一碗料多味足的“麻辣烫”，在公路这口锅里时刻沸腾着。

不忘初心　为党为民

“心中有阳光，脚下有力量。”随着一个个困难的破解，一个个工程节点的完成，丽水公路交通迎来了前所未有的大发展、大繁荣。无论是推进精准扶贫还是经济建设，沈凯都把担当放在首位，用勤奋、实干、严谨描绘出一幅幅美丽的画卷。能够成为一名农村公路建设与养护管理工作的见证者和参与者，沈凯心中充满了自豪。“将来青春是用来回忆的，现在青春是用来奋斗的。”作为一名公路人，他始终不忘初心，继续前进，以诚待人、以情动人、以心交人，把工作当成了一种爱好，把全心全意为人民服务当成自己毕生追求的事业。机遇面前不迟疑、压力面前不退缩、重任面前不懈怠、撸起袖子加油干，公路上书写青春，青春路上书写人生。

言辞恳切　珍惜大学时光

作为学长，沈凯有很多话想和学弟学妹说。他告诫道，首先，无论你是否喜欢所读的专业，一定要认真对待学业。学习是学生的天职，活到老学到老，认真学习的态度将会影响人的一生。其次，多参加社团活动。大学就像一个小社会，是锻炼各项能力的地方。参加社团活动不仅可以丰富大学生活，还可以增强交际能力，锻炼胆识，认识更多的朋友，学习更多的知识，这些对日后快速融入社会有很大帮助。最后，大学要多做一些尝试。大学就应该大胆去尝试之前没有做过的事情，等毕业那天不要后悔现在所做的任何决定。“等毕业那天能有一两件值得回味的事情，出了校门能养活自己，这就足够了。”不要害怕失败，你可以倒在对手的剑下，但绝不能连拔剑的勇气都没有！“今天很残酷，明天更残酷，但后天很美好，可绝大多数人都死在明天晚上，见不到后天的太阳。”马云说的这番话值得好好回味。

沈凯说，或许，刚到一个新的环境，我们有很多的“不会”，但请不要因此而产生懒惰心理。我们可以不断探索不断创新，在一次次工作学习中提升自己，将自己变得更加优秀，大胆说出自己的想法，并且付出实践，让我们逼迫自己：当别人抱怨少放一天假时，我们要静心练习；当别人对我们产生疑惑时，我们要坚信自己一定能成功；当别人疯狂玩耍时，我们要规划好下节课的任务；当别人借口拖延时，我们早已开始行动；当别人轻言放弃时，我们坚持既定的人生目标。于是，当别人失败时，我们就已经迈向成功。沈凯认为，年轻人应当有“血性”，不能安于现状，不断尝试新鲜事物以寻找突破才是青春的主题。大学岁月是人一生中最幸福、时间最充裕、生活最洒脱的一段时光，希望学弟、学妹们一定要好好珍惜。

（供稿：测市学院）

情系母校 不忘初心

——记2007级电气2班校友、宁波白溪电站运行值长赵佑军

2007年9月，赵佑军一个人来到浙江水利水电学院，学校“不会让一个学生因交不上学费而不能上学”的郑重承诺，让他因家庭变故而悬在半空的心放了下来，学校、老师、同学带来的每一次感动，赵佑军至今铭记在心。2010年他从浙江水利水电学院电气专业毕业，顺利就职于杭州中信网络自动化有限公司。现任职宁波白溪电站运行值长。

真抓实干，投身水利一线

岁月如梭，2010年7月赵佑军离开了母校，进入到社会这个大家庭。作为电气专业的毕业生，他跟大部分人一样选择了专业对口的工作，在杭州中信网络自动化有限公司做一名调试员。该公司是一家集计算机系统集成，电气控制系统，通信网络产品开发、设计、服务和制造于一体的高新技术企业。对在校就喜欢动手的赵佑军来说，很快就融入了企业角色。为了能在一线给企业创造效益，他积极学习研究，让自己更高效地做好调试工作。

三个月的试用期很快就过去了，他信心十足，认为自己完全能胜任这份工

作，并且企业也给了他一个选择的机会：研发部和销售部。

正当他做人生的第二次抉择时，来自母校的一个工作推荐电话，让赵佑军的人生又走上了另外一条道路。由于生活和家庭的种种原因，他选择了回到家乡，来到了美丽的白溪水库，从微电转向强电，从民企转向国企。在白溪水库这个全新的大家庭里，他从一个值班员的身份，通过层层考试，不断学习沉淀，到现在晋升为运行值长。整个工作过程中，赵佑军始终都秉承着真抓实干的精神，去做好每一件事。

尤为重要的是，赵佑军从接触水电站运行这个工作开始，就始终把安全放在第一位。因为一个微小的误操作就可能带来巨大的损失或灾难，所以他每天、每个细节都要做到头脑清晰、做事严谨、操作规范。赵佑军所在单位是宁波市最大的供水单位，兼顾发电，同时调控下游农业灌溉，他深知压在肩上的担子有多重，每天都要做好安全生产任务。在班组运行期间，赵佑军主动承担运行职员应尽的义务和责任，并一直致力于为建设优秀班组而努力，并且留意协调班组成员的关系，以利于平时工作的开展。

担任运行值班员以来，他努力学习管理电站台账、分析记录相关报表等，以便提升个人业务技能水平；在作风上，他遵章守纪、团结同事、务真求实、乐观上进，始终保持严谨认真的工作态度和一丝不苟的工作作风；在生活中发扬艰苦朴素、勤俭刻苦、乐于助人的优良传统，始终老老实实做人，勤勤恳恳做事，勤劳简单生活，时刻牢记自己的责任和义务，严格要求自己。

作为以供水、防洪为主，兼顾发电、灌溉等综合效益的国家大（2）型水利枢纽，身为运行调度人员，赵佑军压牢身上的担子，全年无休地轮班守卫着这片天地，保证了供水的稳定，解决了高峰用电紧张的问题，同时也保证了下游老百姓的农业灌溉。因为台风等原因，当地一到夏季就会有较大的降雨量，他们始终冲在一线，日夜坚守岗位，防洪抗台风，积极响应上级调度，度过了一个又一个的台风天、暴雨天。作为水库运行管理人员，他在工作中牢固树立“安全贵如生命，责任重于泰山”的理念，认真贯彻“安全第一，预防为主”的方针，坚持定期巡查各个设备运行情况，及时发现并掌握设备运行过程中出现的异常情况，有效地抑制了事故的发生。

求知上进，情系母校升本

在竞争如此激烈的当下，无论是工作的需求还是自我提升的需求，都要保持学无止境的态度，用知识武装自己、用知识改变命运。由于工作的需要，通过不断学习，赵佑军取得了高压入网许可证、阀门运行上岗证、压力容器特种证、建（构）筑消防员证等证书。由于工作努力，他也相继荣获了单位个人年度先进、县优秀团员、宁波市亲水使者等荣誉称号。

在激烈的市场环境下，很多人都选择了继续深造，让自己的专业知识有更高的提升。2015 年赵佑军也决定提升自己的学历，毅然选择了母校，而此时的母校已从浙江水利水电高等专科学校更名为浙江水利水电学院。赵佑军表示，重新踏进校园的那一刻，感觉非常熟悉，大学生活历历在目，仿佛就在昨天。近年来，母校的改革和建设硕果累累，无论是学校面积、校园面貌，还是师资力量，都不能同日而语，作为校友更作为新学生，赵佑军看在眼里，喜在心里，为母校的快速发展感到由衷的自豪和骄傲。通过专业知识学习，他对电气工程及其自动化有了新的认识。专升本的历程是对赵佑军的一种历练，在这个过程中他不断地成长、成熟，完善着自己的世界观、人生观与价值观。

谈到在母校的求学光阴，就不得不追溯过往。赵佑军，一个开朗的男孩子，他的脸上经常带着自信的笑容。这样一个阳光大男孩，却因为家庭的些许变故，使他走着不平坦的道路。但是，他没有因为这样就对生活失去信心，反倒更加成熟懂事了。当年，因为这些变故，他曾有去工作而放弃学业的想法，后来家里人还是要求去学校看看，希望通过贷款能让他上学。就这样他才来到了学校，一个从没有出过宁海的男孩，抱着求学的梦来到了杭州——当时他的心情既有高兴也有不安。

2007 年 9 月，赵佑军一个人步入了美丽的校园。学校“不会以一个学生因交不上学费而不能上学”的郑重承诺，让他悬在半空的心放了下来。在老师和师兄师姐的引导下，他到“绿色通道”资助中心办理了入学手续。之后在系老师和班主任的关怀下，他顺利地申请到了国家助学金。大二时，系里老师又帮他申请了勤工助学。每当节假日，校领导还会当面给予慰问，让他安心放心学习。每一次的感动，赵佑军至今一一铭记在心。

坚持创业，体现人生价值

可能因为赵佑军骨子里就不甘安于现状，有一种不懈坚持和不服输的精神，2015年开始他就利用空余时间帮家里经营喜糖铺子。对于一个全新的行业、全新的领域，他从无到有，不断去探索学习。通过两年的沉淀，赵佑军对喜糖行业有了全新的认识，他认为这一行有发展前景。为了能给顾客提供专业的服务，赵佑军及时关注婚俗文化及新闻动态，以中国传统的婚俗文化为基础，再结合自己对婚俗文化创新的理念，为新人定制属于他们自己的喜糖，为他们送上美好的祝福。

赵佑军2017年成立宁波市糖巢喜铺贸易有限公司，用全新的思维和理念，开创当地先河，引进优秀品牌，努力引导市场。在这过程中，他受到很多阻力，同时也受到很多人的质疑。面对这些，赵佑军不断地去一线城市参观学习，让自己的眼界更加开阔，以找到合适的发展路线。

说到创业，大学里培养的人际交往能力、团队协作能力、抗压能力，为赵佑军打下了基础。当时，作为班里的团支书，他凡事以身作则，心系班级，处处为班里的同学着想，及时向老师反映同学们的想法，在老师和同学之间架起了一座沟通的桥梁，班级工作得以非常有序地开展，为此他获得了“军训先进个人”和“优秀团干部”荣誉称号。在学生会里，他也尽心尽责为部门做事，为老师分忧，荣获了电气工程系“优秀部长”和“优秀学生”荣誉称号。他还参加学科竞赛并在全国水利水电学校举办的“楚天杯”电子制作项目中拿到三等奖、电子制作团体第二名。正是这些点点滴滴的成长，积蓄了他日后创业的力量。

赵佑军知道，创业对于每个人来说是既近又遥远的，只有肯想肯做的人才有可能实现成功的价值。创业的路不都是一帆风顺的，只要努力了，前方总是光明的。

情深义重，永怀感恩之心

赵佑军，这个快乐的男孩，喜欢交友，喜欢热闹，喜欢游玩。大学的时候，在系里，他认识很多人，因为他外向，没有人会拒绝他；在外系，同样有很多人认识他，因为他待人友善，与人快乐。跟他在一起总是有很多快乐，也时常让人开心，他的笑容总能感染大家。但其实他在心里一直鼓励自己，只有学好知识，才不负学校、老师和同学们对自己的关怀、关心。赵佑军也确实用他的行动证明了只要有自强不息的精神和坚韧不拔的毅力，就能填平坎坷、战胜挫折。

人生路上，他充满了感激之情，升腾了一种对生活的热爱和憧憬。他坚持带着感恩的心拼搏、奋进，用成绩证明自己，用行动回报感恩之情。

（供稿：电气学院）

做自己眼中的文化人，做学生眼中的领航人

——记2007级企管1班校友、浙江水利水电学院辅导员吴伟泉

吴伟泉，男，汉族，浙江绍兴人，绍兴莲花落第五代传人。在校期间担任企管07-1班团支书、经济与管理工程系文艺部长，于2010年5月加入中国共产党。2011年7月起担任浙江水利水电学院测绘与市政工程学院辅导员，历任2011级、2014级、2017级共4个专业、27个班级1000余名学生的辅导员。2016浙江教育新闻年度人物、浙江省教育厅《高校思想政治》杂志封面人物。

教育环境熏陶下的文化人

17岁拜师后，吴伟泉提出以后要从艺，但是在师傅的提点下他还是选择了继续学习，接受高等教育的熏陶从而做一个有文化的人，这个文化不仅仅是科学知识的文化，还是在高等教育环境里接收到的为人处世和道德方面的滋养。在他看来，有文化的人应该具备植根于内心的修养、无需提醒的自觉、以约束为前提的自由、为别人着想的善良。

大学期间吴伟泉凭借对戏曲表演艺术的热爱，一手创办了天外天艺术团，他深知中华优秀传统文化在教化育人方面拥有的“洪荒之力”。吴伟泉在水利部举办的纪念“世界水日”“中国水周”主题活动中，结合水利院校的行业与专业背景，精心创作了绍兴莲花落《治水村官竺水宝》，节目不仅在校内外多次演出中获好评，并被推举为浙江省唯一入选节目赴京演出。娓娓道来中，说唱结合间，一个基层村官爱水、惜水、懂水、护水的感人故事徐徐展现在舞台上，刻入观众的心田。时任水利部部长陈雷看后握着吴伟泉的手说道：“太好了，莲花落韵味十足，水利人的情怀更是淋漓尽致。”

作为团支书的吴伟泉带领班级团支部获得了水利厅优秀团支部的荣誉称号。在班级和天外天艺术团的管理中，他充分利用所学的专业管理知识，研究解决学生管理中的一系列问题，并思考如何将日常的工作打造成为品牌。这样的经历为其日后做管理工作打下良好的基础。2011 年 7 月，吴伟泉选择留校做辅导员，为学校做自己力所能及的事情，并立志做一个“不一样的辅导员”。

戏曲文化传承人

曲艺是中华民族各种“说唱艺术”的统称，而莲花落就是其中一种，拥有悠久的历史。吴伟泉从 4 岁开始接触地方曲艺绍兴莲花落，刚刚学会走路与说话就被地方曲艺的旋律吸引。与同龄人对戏曲的认知和感觉截然不同，在没有 MP3 和智能手机的年代，只能依靠老式的录音机磁带来听莲花落的代表作。每次，他只要听三四遍，就能将一两个小时的长篇句段背下来、唱出来。吴伟泉在 11 岁时开始业余登台表演莲花落曲艺，17 岁时成为绍兴莲花落第五代传人。

工作后的吴伟泉仍“时不时地要唱上一曲儿”，利用自身的曲艺特长，探索育人规律，找准育人推手，并且带着学生一起创作了《欢唱十九大》《大学小事》《春泥护花》《梦谒舜帝》等一大批脍炙人口的曲艺、故事、诗歌、小品。近年来，他共带领、指导青年学生编排 57 个曲艺精品，赴杭州、绍兴、嘉兴等地近 40 个乡镇 50 余个自然村，参加 800 余场演出，获得 104 次各类荣誉，直接观众达 40 余万人，让青年学生在传颂党的十九大精神、展现社会发展成果、为他人带去欢乐的同时，切身体悟到了传统江南曲艺的精髓，同时宣扬了绍兴莲花落，传承了地方曲艺。

2017年7月，他受邀为意大利、日本、马来西亚等19个国家、地区158名华裔青少年讲授《曲艺文化》课程，让青年学生在传承曲艺文化的同时展现青春芳华；作为浙江省唯一代表参加全国“大学生曲艺社团调研座谈会”，让青年学生在传承曲艺文化的不懈奋斗中书写人生华章。

传统文艺轻骑兵

作为一名辅导员，吴伟泉每天“泡”在学生堆里，事无巨细地处理着各类事务，老师、保姆、学长、朋友……集多种身份于一体。自当辅导员那一刻起，便立志做一名“有点特色”的辅导员。多年来在传承中让学生坚定文化自信，让学生做社会主义核心价值观的宣传员，让学生做了解国情省情的弄潮儿，做传统文化的传递者，做传统文化的挖掘匠。带领青年学生在学校内外、社区村落，通过社会实践、志愿服务，以课堂讲授、街头宣讲、舞台表演等方式宣传社会主义核心价值观。他带领的实践队伍也因此荣获了浙江省大学生社会实践“十佳团队”、浙江省“双百双进”暑期社会实践活动省级社会实践基地等多项省级荣誉。

2017年，吴伟泉参加全国曲艺高峰论坛，探析中国传统文化视阈下高校学生对曲艺的认知状况，提出了让青年学生感受传统文化、坚定文化自信的具体路径，荣获全国优秀曲艺理论评论文章，引得不少兄弟院校同仁前来“问道”，这也让吴伟泉再一次感受到了肩头的使命和压力。所以他充分利用作为曲艺传承人的先天优势与资源，发起成立了浙江省23所高校78个社团参与的大学生曲艺联盟，让青年大学生在体验曲艺文化的实践中放飞青春梦想。

因为在文化育人上的孜孜不倦与累累硕果，吴伟泉独特的育人手段受到了更为广泛的关注，荣获了“2016浙江教育新闻年度人物”等诸多荣誉。吴伟泉还通过共青团校企合作、校地互助，精心承办杭州市故事会比赛、指导学生参加浙江省故事会比赛、组织大学生曲艺巡演、参加孝文化节演出、董培伦诗歌分享会等多种多样的形式，用言传身教引发青年传承、弘扬非遗文化，感受中华传统文化的博大精深，让文化自信成为青年立德树人的内生动力。

其实，比吴伟泉更兴奋更高兴的，是他带过的一批又一批的学生，他们从成功的演出当中，从高度的赞扬当中，真真切切感受到了传统文化以及创作的魅力，也感受到了身处的行业将大有可为、大有作为。

锤炼品格领航人

在吴伟泉看来，传统文化的滋养离不开道德教育的浸染。为了让道德教育落地生根，他发起成立虞舜文化研究会浙江水利水电学院分会，组织大学生开展“孝洒钱塘　德留余香”孝德主题活动；倡导发起“阳光假期”，2000余名青年学生积极响应“日行一孝，知恩图报”的美德习惯，记载“孝德存折”，让学生践行和弘扬社会主义核心价值观，互帮互助、敬业向善、爱国奉献。

2012年，吴伟泉发起“紫藤计划”帮扶工程，组建学生团队，在学习、生活等方面对学生进行精准结对互助，让青年学生更好地成长成才。经过吴伟泉和他的学生团队将近半年的持续帮扶，患有习惯性眩晕的维吾尔族学生艾山江·艾力顽疾痊愈，成为我校第一个获得奖学金的新疆籍同学，并考上了新疆特岗教师；落入传销组织的学生李某某在吴伟泉学长风餐露宿72天，两赴江西、福建辗转多个公安机关，捣毁十余个传销窝点的不懈努力下，终于重返家庭，驱散阴霾，重现阳光；热爱设计的学生赵南在吴伟泉学长的指导下，创立公司、盈利千万，收获事业。6年来，“紫藤计划”互助结对共12期，累计近千人参与，帮助了近百名学生，成为学生眼中名副其实的“民心工程”，“有困难，找紫藤”，“我是紫藤团队成员，有困难，请找我”，如今，紫藤计划已经引爆校园正能量，学生间互帮互助蔚然成风。

“工匠精神”熏陶传统技艺，精益求精身体力行。2015年1月，嵊州市“越乡工道”党的群众路线教育实践活动成果展演开展得如火如荼。他带领学生创作小品《知情知心》并应邀参加演出，讴歌群众路线教育实践活动中涌现出来的先进人物事迹，揭露“四风”问题的危害，受到了观演嘉宾和嵊州市文化馆的高度好评。在这成功演出的背后，是吴伟泉带着学生挤在学校教学楼的地下车库日复一日排练的场景。这出剧当中，有个两人“拧耳朵”的桥段，学生表演不真实，吴伟泉就亲自上阵，直到学生把他的耳朵拧得通红，吴伟泉才示意通过，并告诉排演学生：“表演和做人一样，要真实真诚，要脚踏实地，否则很难让群众真信，不管是表演还是做人。”就这样，吴伟泉学长和学生一字一句地推敲剧本、用心用情地设计情节、一板一眼地刻画人物，把敬业向善的种子在不经意间不断播撒到学生心中。

“上下山乡”磨炼意志，国情民情熟稔于心。吴伟泉认为，当代大学生的成长成才离不开爱国家、知民情。2017 年 7 月，吴伟泉指导 9 名青年学生以“村小二”身份蹲点金华浦江，深刻认识国情省情、深刻体验感受农村，在乡村振兴中体现青年担当。“村小二”相菀婷感言道：“我们以新时代‘知青’的形象，走着那时下乡‘插队’的路。烈日不打伞，拖鞋不出门，处事不畏难，追随情怀的感召，用脚步丈量了浦江每一个乡镇，体悟着农村这本‘无字之书’的厚重和华彩。”最终，该团队获评全国大中专学生志愿者暑期“三下乡”社会实践优秀团队，并被中新网等 50 余家媒体报道。

良师益友引路人

吴伟泉把大学分为四个阶段：兴奋期、迷茫期、寂寞期、收获期。他认为年轻人的时间是最充裕的，关键是怎么去做一个独善其身的年轻人，怎么提高自己的自控力，并给出了三个锦囊：第一个锦囊是在兴奋期，一定要多助人为乐，多参与，多去交一些良师益友；第二个锦囊是在迷茫期和寂寞期，一定要定下一个方向，静下心来做喜欢做的事情，做能做好的事情，不断钻下去；第三个锦囊是保持利他心理，“不要没有好处就不做，只要没有坏处就去做”，很多时候一件事最终对你是有好处的，只是时间节点未到。

吴伟泉一直在工作的学院里弘扬一种狭路相逢勇者胜的精神，一个人再弱，只要敢于尝试就能成功。青春就要勇敢闯一闯，年轻人要有年轻人的样子。

高校思政工作，就是要引导青年人应该在哪用力、对谁用情、如何用心、做什么样的人。吴伟泉是一手攥紧艺术、一手引导青年，传承着真真正正的中华气质，传递着撼人心魄的中国力量，更是传播着圆润通达的民族情怀和充盈其中的文化自信。春风化雨，润物无声，吴伟泉坚信，以艺育人、以文化人，定能在“心”时代干出辅导员工作的加速“度”，必定能引导青年学生树立与时代同心同向的远大理想和崇高信念。

（供稿：经管学院）

脚踏实地　行成于思

——记2007级企管专业校友、浙江富春江光电科技有限公司人事秘书科科长王爽

初见王爽是在他的办公室，他身上干练与沉稳的气质让人印象深刻。王爽在校曾担任企管07－1班班长、企管08－1班副班主任、经管学院纪检部部长、经管学院学生会主席。大学期间获得校二等奖奖学金、三等奖奖学金、校优秀毕业生等荣誉，并在大学期间加入中国共产党。

王爽所就职的浙江富春江光电科技有限公司是专业研发、生产、销售各类单模光纤、光缆、无源光器件和配线产品的国家级高新技术企业，拥有全资、控股子公司三家。为便于直接观察生产车间的状况，王爽公司的办公室直接设在生产车间楼上，在参观生产车间时，王爽向我们介绍道，公司创建于1992年，浙江省第一根商用光缆就在富春江诞生，大力推动了光纤光缆在通信行业应用的进程。公司生产的光缆产品主要供应给中国移动、中国电信、中国联通三大运营商。平时通信用的光缆，就是在这个生产车间一步步地由细如发丝的光纤生产而成的。

大学时光　回忆往昔

王爽担任班长时，对班级事务事无巨细。班级集体活动、班级整体动态、奖

学助学金等，每一件他都尽职尽责做到最好。他说，现在老同学见面还会叫一声班长，是对他最大的肯定。那时他还曾担任企管 08－1 班副班主任、经济与管理工程系纪检部部长、经济与管理工程系学生会主席。“能力越大，责任越大”这句话在他身上得到了很好的体现。这些学生工作经历让他与人沟通相处的能力得到了很大的提升，同时体会到做事做人的责任心与敬业心的重要性。一份经历，一份成长，是学习，也是进步。

谈及大学期间令人难忘的经历，王爽回忆满满。最让他记忆深刻的还是丰富的学生会工作经历，其中就包括 2009 年的元旦晚会。晚会的筹备时间有限，在老师的指导下，王爽和学生会干部一起，利用晚上时间，多次召开筹备会议，确定晚会主题，落实各部门的工作任务，确定最终的演出节目。中途还因晚会主持人人选问题出现了不少状况。为交出一份完美的答卷，王爽和同学们都绷紧了神经，利用自己所有的业余时间，全身心投入到筹备工作中去。最终，晚会效果在师生中获得一致好评。

“走出寝室你就会发现精彩”，谈及如何将自己的大学生活过得丰富多彩，王爽这样建议。生活的丰富多彩是需要自己去创造的，不要局限于当前，不要做一个“井底之蛙”，要努力跳出自己的舒适区。

忆起曾经的恩师，王爽坦言最感谢的是黄俊鹏老师。老师的责任心、事业心、处理问题的能力，对他在大学期间的学习及之后的工作都产生了较大的影响。

永不放弃　厚积薄发

毕业之初，王爽从事的是销售工作，这段经历对他往后的工作产生了深远的影响。初入社会，工作中处处碰壁，吃了不少“闭门羹”，但他不放弃，虚心学习，慢慢摸索出“规律”，逐步拥有了自己的稳定客户，最终成为同一批业务经理中第一个成功开发客户的人。

销售经历是苦与乐做伴的过程，让他记忆深刻的是在外出拜访客户时突遇暴雨。那天，王爽行走在工业园区的道路上，突然下起暴雨，四周一个遮风避雨的地方都没有，只能冒雨前进，哪怕全身都被雨水淋湿，他仍得按原计划拜见客户。在销售生涯中，类似的事情数不胜数。这样的困难与挫折让王爽受益匪浅，让他能从容地面对任何一个工作难题。

在工作中，王爽从未停止学习的步伐，他利用业余时间学习企业管理知识、财务知识、秘书知识等，并考取企业人力资源管理师。一步一步地从销售岗位转岗到了企业管理岗位。

脚踏实地　尽职敬业

王爽现在所担任的职务是浙江富春江光电科技有限公司人事秘书科科长，负责公司的人力资源工作及总经理秘书、董事会相关工作。

工作性质决定了他的工作离不开各类数据、各种报告、各类会议。他常常在电脑前一坐就是一天，不停地起草各类文件，修改各种报告。人力资源、董事会工作、秘书工作任务繁杂，加班加点是常态。

今年年初，王爽带着生病的女儿来杭州就医。刚到医院，就接到公司董事长的电话，说第二天要在江苏子公司召开紧急股东与董事会会议，要求准备股东会与董事会会议资料。工作十分紧急，女儿看病也很紧急，这让他瞬间万分纠结。思虑片刻后，王爽还是决定让家人带着女儿继续看病，自己先返回公司处理工作。虽然家人有所不解，但更多的还是对他工作的默默支持。回到公司后，王爽立马投入到紧张的报告起草、资料准备工作中，一直忙碌到深夜。回到家，女儿早已进入梦乡。这样的场景，对他来说是常态。

人们常说，与人打交道是最难的工作。王爽负责公司的人力资源工作，主要就是与人打交道。薪酬福利、人员招聘、员工培训等让他每日不得空闲，他的办公室往往是公司里人流量最大的地方。为了招聘到合适的人员，他需要周末去参加各类招聘会，需要在晚上和周末去约谈各类潜在意向人员。

2017 年，公司需要招聘一名特殊岗位人员，因本地区这样的从业人员较少，招聘难度很大，一时无法招聘到合适人员到岗，对企业生产经营造成了一定影响。王爽通过行内人士推荐与介绍，了解到有一名合适人选，但前几次的约见均没有成功，对方对于跳槽的意向不大。过往的销售经历很好地帮助到王爽，他坚持不懈，以“不能先成为同事，那就先成为朋友”的心态继续和对方沟通。最终公司在花费较小的代价下成功将此特岗人员引入到公司。

优秀的人总是更加努力。在工作上，王爽脚踏实地、兢兢业业地做好每一个项目，在人生道路上，他挥洒自己的聪明和才智，为自身事业的发展奠定了良好的基础。正是这种一直以来的责任心与敬业心，加上出色的工作能力，让他在公司上下得到了一致的肯定与好评，也让他在公司得以快速成长，成为公司最年轻的中层干部之一。

建议与分享

谈到工作中应具备的素质，王爽提到以下几点：首先，态度决定未来。脚踏实地，不好高骛远，正视自己的能力，在同等学力、能力条件下，态度往往能最终决定谁是更优秀的那个。其次，要有良好的职业素养。要有敬业心和责任心，特别是对于新入职的大学生而言，一定要有培养良好职业素养和意识。最后，勤奋刻苦，学会思考，要在工作中学习与提升。

王爽还提到："理想和现实的差距是很大的。"应届毕业生找工作之初，应首先关注个人兴趣爱好和行业发展前景，不要过度在意薪资高低，眼光要长远。对于如何处理上下级关系，王爽说"应做到尊重而不盲目听从。有不同意见与见解的时候，要注意表达方式，切忌自以为是。对于女生来说，在工作中与同事的关系应亲切而不亲昵，一定要把握好亲切与亲密的分界线。"

寄语

时光如白驹过隙，虽然已毕业多年，但王爽身上仍然保持着那份少有的少年意气。作为一名经管人，王爽对学弟学妹们说："享受美好的大学生活，学好专业知识，提升自己的综合能力，未来属于你们。"当谈及对母校的期待与展望时，他满怀憧憬地说："期待母校有更好的发展，培养出更多优秀的人才，期待我们的校友能有更好的建树，为母校争光。"

（供稿：经管学院）

平凡人生亦含饴

——记 2007 级数媒 2 班校友、杭州瞄眼网络科技有限公司执行董事王勇民

王勇民，数字媒体技术专业 2007 级校友，是我校第一届数字媒体专业的毕业生，也是学校第一个影视工作室创始人。2009 年第一次创业。2012 年，任杭州物美公司电商经理职务，一年内出任电商总监职位。2014 年创办杭州瞄眼网络科技有限公司，主营电商服务和人工智能营销系统开发与服务。他热爱生活，爱好广泛。同时，他搏于商界，有着明确的目标和定位，又能顺应自然，从容看待得失，把工作当成一生的事业。他经常说“穷则独善其身，达者兼济天下”。人生路上，他不想做一位孤独的行者，而是希望找到一群志同道合的伙伴，携手前行，一起为这个世界发一点光和热。

金色年华　莫失莫忘

古人言：“上善若水，水利万物而不争”，道出了做人的精妙大义。水的哲理，在于它的博大和包容，虽利万物滋长，却始终是润物细无声，因此填报高考志愿的时候，浙江水利水电学院成为他的首选。幸运的是，王勇民顺利地成为其中的一员。

进入大学校园后，生活就像突然为他打开了一扇窗。他热爱生活，兴趣广泛。摄影、制作、电商……王勇民头一次发现自己可以做的事竟然有这么多，人生竟有这么多的可能，于是不断去尝试。

但要说最爱的，王勇民认为还是影视技术。除了学习课堂上的专业知识，跟着数媒专业老师做项目以外，他觉得自己的业余生活也应该有数媒的影子。当时学校并没有传媒类社团，校学生会和团组织的社团活动也极少有这一类。心有不甘的他，便寻找志同道合的伙伴，并积极和学院各个部门沟通，终于在 2008 年组建了水院第一个学生影视工作室（微影影像工作室的前身）。到如今，微影影像工作室已经发展成为校五星级社团，参与制作了多项校内外大型活动的宣传作品，成为学校最有影响力、最具实力的影视制作类社团。听说这个社团发展得这么好，这位首任会长感慨万千，就像自己的孩子，从一个步履蹒跚的孩童，成长为光彩夺目的少年，既欣慰又充满了自豪感。

对摄影的热爱让他记录下了水院生活的美好点滴。他翻开自己的相册，看到了满眼的回忆。虽然毕业多年，但他始终不曾放下心中所爱，一说起来便满是激情。他说，“等到有那么一天，我就把这些照片贡献给学校，让学弟学妹们，甚至下一代水院学子看一看曾经的学校，来一波回忆杀”。

自主创业　几经沉浮

进入大学以后，王勇民的心里一直有一个梦想，就是拥有自己的工作室，有自己的初创团队，甚至有自己的公司，而他也是朝着这个方向努力的。

2009 年，王勇民组建了创业团队，成为第一批入驻学校创业园的学生创新创业项目。他在 12 号楼下拥有了自己的第一间店面，主要从事摄像、电子商务、培训咨询类项目，并且作为学校的新兴项目，享受到了学校对于学生创新创业项目的支持。创业初期，同学们对于创业园的这些项目比较感兴趣，渐渐地公司的营业额上升了，店面的人气也越来越旺，王勇民和他的团队初尝了创业的甜头。然而，随着时间的推移，产品的吸引力下降，加上主营项目学生摄影摄像对于装备的要求很高，他们没有相应的财力去购置相关设备。几个月后，第一次创业就以失败告终了。回望这次创业经历，他说：“我的第一桶金不是钱，而是和员工、顾客的信任和帮助。”

巨轮远航　莫急莫躁

2014年5月，王勇民组建了杭州瞄眼网络科技有限公司，主要从事电商营销解决方案及人工智能营销系统开发和服务业务。现如今，瞄眼网络在营销策划和方案设计领域占据了一定的市场份额，并赢得了较好的口碑和市场影响力。当谈及成功的经验时，他认为一切都应该顺其自然，不可苛求。从商业的角度，他认为自己的个性和理念影响着从商的方方面面。

首先，要放宽心态，应该把工作当做自己一生的事业，而不是仅仅把赚钱当成第一追求。很多人都认为做生意就是为了赚钱，但他坚定地认为，从商就是工作，是人生的事业，赚钱只是其中的经济价值。他说，生意在你手里，总有你赚钱的机会；生意不在你手里，谈何赚钱。所以，心态是何其重要。一个人经商如果背离了初衷，就很容易被金钱所迷惑，从而让自己的事业在发展的道路上缺乏可持续性，得不偿失。

其次，要懂得如何与他人合作。要处理好与客户甚至同行的关系，相互欣赏，达到双赢。对待客户，以诚待人，很多的经营者对于“客户是上帝”这句话都是持认可态度，因为他们能为你提供企业生存的必要条件。然而，对于行业内的同行，很多人会抱着同行是仇敌的心态，但是从现今社会与经济发展的情况来看，与同行的交流融合，取长补短，甚至资源整合能够让行业的发展打破“闭门造车”的壁垒，取得更大的发展。

最后，作为从商者不应该过于在乎生意的大小，更为重要的是正确定位并且花精力去研究自己的产品。很多企业家、经营者在乎的是市场份额，却很少有人能够理解“商战”中所蕴含的真正含义，就是自身产品的提升。因此，企业应花更多的精力去研发、创新，这是网络科技公司的立身之本，同时也能为市场、为社会的创新贡献一份力量。

时刻把握时代新兴产业的发展规律，对社会需求有极高的敏锐度，有自己招收员工的独特方式，异于常人的企业管理模式，真诚对人的态度，凭借这些，在信息瞬息万变的当今社会，王勇民成功地创造了属于自己的一片天地。

去而归兮　莫弃莫离

谈及对学弟学妹们的建议，王勇民提了六个字“独立、兴趣、规划”。他认为，人生的旅途很漫长，而大学生涯是决定一个人在社会上的起步、步频、步幅、耐力的重要时段，绝不能浪费这大好时光。王勇民还表达了对学校、对学弟学妹的祝福：“衷心感谢水院的老师、水院的文化氛围、水院的同学，祝愿母校越办越好，也希望母校能培养出更多更优秀的人才，愿更多的校友活跃在商界以及更宽广的领域。”

（供稿：信艺学院）

学会把握每一个人生的转折点

——记2008级机电专业校友、杭州杰廷服饰有限公司总经理邱华华

“合理利用业余的时间，做自己喜欢做的事。”说这句话的人，便是我们今天采访的校友——邱华华。初次见面时，采访组成员不免惊讶，因为没想到从白手起家到身价千万的这位校友竟如此的年轻。邱华华，现年28岁，是杭州杰廷服饰有限公司总经理，他于2008年入校后就读于机电一体化专业，在校期间表现优异，曾任学院社联主席一职，2009年担任都市之光房产有限公司的实习置业顾问，同年开始自主创业，创立两家淘宝店。2010年进入著名互联网公司阿里巴巴工作，实习工作期间表现优异。

大学的经历是人生第一个转折点

2008年，邱华华进入机电专业学习，对于短暂充实的大学生活，他仍然记忆犹新。以前邱华华性格内敛，成绩平平，踏入大学之后，他想改变自己。大一刚入学他成功竞选上了班长，这是他迈向成功的第一步。大学期间邱华华获得“优秀学生干部”“第十一届大学生文化艺术节先进个人”、两次校三等奖学金、系辩论赛“优秀辩手”等荣誉。他担任学院社联主席期间组织策划过多场活动，

丰富了社联学员和同学们的大学生活。

机会总是留给勤奋的人。大二一年的课余时间，他基本花在了淘宝店商上，同学们对他印象最深刻的就是“淘老板”。他经营两家淘宝店铺，从开始学习淘宝、了解淘宝、研究排名规则，到店铺如何做活动、提高销量等全靠自己摸索，那时他已基本解决大学的日常开支，闲暇时还能出去旅游。淘宝店的这段经历让他对电子商务产生浓厚的兴趣，也让他更加明确了未来的职业发展方向。说到这儿，邱总对学弟学妹们建议道：“大一可以多参加一些活动，尽量让自己忙碌起来。我到现在还是很满意自己的那段经历，因为到了大学比学专业知识更重要的是自主学习能力，不管你从事哪个行业都必须要有独立思考、自主学习的能力，这也是我后来能进入阿里巴巴的优势所在！”

阿里的经历是人生第二个转折点

邱华华在创业之前，曾在阿里巴巴工作过一段时间。谈起这段经历带来的收获，他兴奋不已，滔滔不绝地讲起与阿里巴巴之间的浪漫故事。“阿里巴巴可以说是我的第二个大学，更是我人生的第二个转折点。”大三上学期阿里巴巴来学校招聘，邱华华抓住了这个难得的机遇，成功地从200多名应聘者中脱颖而出进入阿里巴巴公司实习。阿里巴巴公司非常完善的培训体系，让他学到了许许多多学校里学不到的东西。例如，阿里巴巴的素质拓展训练，所有新入职实习者都要爬到二十几米的柱子顶端再奋力往前跳下来。据他回忆当时许多女孩子都吓哭了，当然他自己内心也有点发怵，腿也有点软，但是当他鼓起勇气往前跳之后，发现整个人轻松了不少，这让他明白了一个道理——人们对许多事情的恐惧在于对未来的未知，因此人们在面对一些困难或者挑战时总是望而却步，只有迈出第一步之后，才能知道有些事情并没有想象中的那么艰难。人们总是将自己局限在思维的框框里，有时只要换个思维就能柳暗花明又一村。从邱总神采奕奕的表情中，采访队员可以看出他对阿里巴巴的敬重。当问起“到目前为止最让您感到自豪的事是什么”，邱总毫不犹豫地说：“在阿里巴巴期间得了新人年度第一。”其实邱总在阿里巴巴的头两个月并未拉到业务，这给他带来了前所未有的压力。在不断的自我鼓励和自我学习下，第三个月终于实现了业绩零的突破，随后业绩就如开闸的水一样，稳步上升。邱总在阿里巴巴实习期间取得了很多成绩，如在白展项目中部门获得 TOP3，他个人获品牌广告部半年度“最佳新人奖”、品牌广告部年度“最佳新人”、QI 绩效 3.5，担任擎天柱小组组长期间三次获得最佳小组等。

自主创业是人生第三个转折点

邱总说：“我的成功不是偶然，而是必然。在别人玩游戏的时候，我就用这些时间来做自己喜欢的事；在别人迷茫的时候，我就已经坚定了目标。我的成功源于兴趣，始于坚持。其实我的创业可以说没有太多的挫折，但也并不是一帆风顺，主要是抓住了机遇。”据他回忆，2012 年 10 月开始自主创业，那时他一边上班一边做淘宝。在一个月的时间中，他利用午休的两个小时骑着电瓶车去四季青拿货，虽然那时候只是一天十几单小生意，但这样小的成绩也足够让他兴奋，有了坚持下去的动力。一个月后邱总便辞去了阿里巴巴的工作，专心致志做起了淘宝。第二年生意不是特别好，于是邱总便决定自己做供应商。但是成本高风险大，他在深思熟虑后决定拿出自己所有的积蓄去四季青找了一个店铺做起了男装供应商。不过接下来的日子生意并没有多大起色。机缘巧合，邱总得知曾经阿里巴巴认识的客户遇到了困难，虽然这位客户没有给他带来利益，但是邱总还是决定帮他们一把。这位客户派他助理来解决问题时，邱总很热情地帮助他们去塘西解决问题，两天后问题终于解决。萍水相逢，助人为乐的品质让客户相信了邱总的人品，至此，他们确认合作关系。客户作为供货源，邱总负责销售，就这样服装生意开始变得越来越好。

邱总公司的第一次突破是在 2014 年，那时公司一天的营业额可以达到五万元左右，工作量越来越大，于是邱总组建了专业化的公司管理及销售团队。2015 年邱总购买了天猫店，一天可以拿到三百多个订单，这样一年下来在天猫上可以实现四五十万元左右的利润。2016 邱总审时度势，决定招聘自己的品牌设计师成立市场研发部，从而形成了研发生产销售一条龙的经营模式，将其服装事业推向高潮。

邱总在分享成功的干货时，说道：“成功需要成本，时间也是一种成本，对时间的珍惜就是对成本的节约。人生最大的敌人是自己，所以我在创业时注重的就是勤奋与专注。在创业期间，每次想要放弃的时候我就会问自己，别人为什么可以坚持而我不行。我会一直向优秀的人看齐，并且坚定目标随时准备超越他们。”

对母校寄语

邱华华的经历正好展示学校“博学求实”的校训精神。邱总在访谈的最后，还不忘对母校的学弟学妹寄语。第一，希望同学们珍惜大学的宝贵时光。大学生活丰富多彩，它不像高中那样的快节奏。但是想要过好大学生活，首先要给自己一个目标，告诉自己该干什么。有时间要多出去实践，不要总是把大学想得那么轻松。第二，要学会自主学习。大学是学习专业知识的地方，这关系到未来发展，同学们不仅要学好专业知识，还要掌握必备的办公技能和社交技能，最为重要的是要养成学习习惯和终身学习的能力。第三，要学会用实践去检验自己的想法。大学生活中同学们的很多想法往往停留在晚上睡觉的时候，其实人最大的敌人就是自己，永远不要低估自己的实力和能力，有了可行性的想法，就要将它变现，落地生根，用实践去检验它的合理性和价值性。第四，要学会培养自身的“挑战意识”，要敢于挑战传统思维模式，挑战权威，树立“崇尚创新、乐于挑战、勇担风险、宽容失败”的理念，当同学们在面对职业目标和职业规划时，也要学会用系统的、整体的、辩证的思维去探寻最合适的实现路径。

最后即将告别之时，邱总突然说道：“其实有很多次都经过了学校，只是都没有时间回去好好看一看。”他眼睛里泛起了泪光，待邱总平复了心情，他说，“真的很感谢学校，老师们给了我很多帮助和支持，没有他们的鼓励，没有他们无私的奉献，就没有我的今天。”他由衷地希望水院能够越办越好，培育出更多应用技术型本科人才，有空时他一定会回去好好看看母校。

（供稿：机械学院）

不忘砥砺前行　书写无悔青春

——记2008级电力2班校友、国网浙江省衢州供电公司计量室团支部副书记汪如毅

汪如毅，2008年考入我校，2011年6月毕业并通过专升本考入浙江工业大学，2013年又以优异的成绩考上河海大学电气工程专业硕士研究生，毕业后进入国网浙江省电力有限公司衢州供电公司工作。

时光荏苒，2008年至2018年，七年求学生涯、三年工作经历，从象牙塔步入社会，汪如毅一直在努力。母校“博学求实”的校训和“自强、务实、尚德、求真”的精神始终牢记在他心里，像一盏明灯为他指明了方向。他给自己设了大目标，大目标下又有许多小目标。“不积跬步，无以至千里，不积小流，无以成江河”的水文化，激励着他无论身在何处，都能够脚踏实地、厚积薄发。

匆匆十年，恰是风华正茂的十年；匆匆十年，更是砥砺前行的十年；匆匆十年，已近而立之年，人说而立是坎，他笑而看之。记得习近平总书记曾寄语青年：勇做走在时代前面的奋进者、开拓者、奉献者。他牢记总书记的教诲，在他心里，而立之年就应当坚定理想信念，练就过硬本领，勇于创新创造，矢志艰苦奋斗，锤炼高尚品质，书写无悔青春。

回忆往昔　历历在目

2008 年 9 月的一个雨天，对汪如毅来说意义非凡。那天，他跟着浩浩荡荡的青年大军，来到了位于杭州市下沙高教园区学林街 583 号的浙江水利水电学院。从踏进校门的那一刻，他的人生轨迹就发生了变化，报到办理入学手续后，他终于成为了一名真正的大学生。偌大的校园让他对大学时光充满了期待，喧闹的校园也让他顿时感到迷茫，但他很快认清了自己的角色，刻苦学习，积极向上。

三年里，他从一个迷茫的少年成长为稳重的青年，从一个专业小白变成了专业学霸，更从一名普通群众成长为一名光荣的中国共产党党员。水院的三年大学时光令他难忘，奋斗的身影，老师的教诲，专业的学习，赛场的拼搏，球场的汗水，同学的关爱，实验的认真，课堂的有趣，食堂的美食，校园的风景，丰富的生活，毕业的场景，这一切的一切回想起来，都让他感觉到仿佛就在昨天。

那些年，他认真学习专业基础知识，掌握专业基本技能，不断勤奋学习，有疑问就请教，精心归纳知识要点，总结学习方法，在一次次的考试中脱颖而出，并多次获得校一等奖学金和国家奖学金。

2009 年的浙江省大学生“挑战杯”创新创业大赛，他作为项目负责人，负责整个团队的管理和项目的运作。第一次参加这样的大赛，开始的时候总有点摸不着头脑。俗话说，万事开头难，面对困难，他从不退缩，组织团队成员从网上搜集资料，开展小组讨论，邀请老师指导，进行分工协作，逐个问题击破，“杭州一贯科技咨询有限公司创业计划”终于开始有声有色地做起来了。就在交计划书的前一天，由于要对计划书的部分内容和总体格式进行最终修改，那一晚他几乎没有合眼。功夫不负有心人，辛勤付出终于得到回报，这一次的比赛他带领团队获得了浙江省大学生“挑战杯”创新创业大赛三等奖，打破了学校挑战杯竞赛获奖零的突破。

和蔼可亲的赵玉铃老师，风趣幽默的上课风格，科学严谨的教学态度，以及那令人印象深刻的模电和数电实训，激发了他的求知欲望。在赵老师的鼓励、启蒙和引导下，从实验台接线到小型电子产品制作，到挑战杯竞赛，再到参加科技创新项目等，他一步一步地快速成长起来。

每次走过学校南大门，校训石上镌刻的“博学求实”激励着他在无垠的知识海洋中不断遨游。他还记得在党旗下庄严宣誓的那一刻，“我志愿加入中国共产党，拥护党的纲领……”

刻苦求学　迎难而上

2008年的高考失利并没有击垮他，他选择了水院，选择了发电厂及其电力系统专业，他相信三百六十行，行行出状元。他相信还可以通过专升本、考研等途径改变自己的人生轨迹，于是开启了水院的奋斗之旅。说起这段刻骨铭心的“专升本＋考研”求学经历，真是一段迎难而上，砥砺奋进的励志史。

2011年的寒假刚过，他和往常一样按期来到学校，不一样的是从这一刻起，他要开始为专升本考试努力奋斗。在研究完招生简章和考试方案后，他和班里的几个同学一起选择报考浙江工业大学电气工程及其自动化专业。紧接而来的是紧张和压迫式的复习，时间紧、任务重，如何在一个月的时间内复习好高等数学和专业课，夯实理论基础，补齐各项短板？他一边思考，一边复习着，寻找着最快掌握知识的方法，重点难点问题逐个击破，整理错题集，规划好各门学科的复习时间，与同学互相帮助。期间，早出晚归，图书馆、宿舍、食堂三点一线成了生活的常态。

正所谓“功夫不负有心人”，日复一日的复习，最终他以满意的成绩如愿考入了浙江工业大学。进入浙工大以后，学习依旧是他的第一要务，他刻苦学习专业知识，注重理论学习的深度和广度，努力拓宽相关知识面。俗话说：和勤奋的人在一起，不会懒惰；和积极的人在一起，不会消沉；与智者同行，会不同凡响；与高人为伍，能登上巅峰。漫步在校园中，看着图书馆、考研教室堆成小山般的复习书和正在认真备战考研的学长们，他心里萌发了一个念头，就是“我要考研”。虽然他深知自己基础相对薄弱，考研之路会相对艰难，但他毅然决定将这个念头转化成为实际行动。

2012年4月起，他开始疯狂背英语单词，补齐英语短板，同年8月通过了大学英语六级考试。与此同时，他从各大考研网站搜索与考研相关的考试信息，关注各大院校研究生招生信息。在学校选择上，他考虑自己的实际情况，结合学校排名、专业排名，选择了自己心仪的并且认定有很大机会能考上的院校——河海大学电气工程专业。

2012年6月，在选定好学校、专业，准备好英语、思想政治、数学、专业课各种复习资料之后，复习之路就此开始。人说考研是一条不归路，选择它就意味着选择了孤独，其实不然，他遇到了一群志同道合的研友，大家一起学习、一起讨论、一起分享、一起约饭、一起活动，相互帮助，相互鼓励。渐渐地，他已经习惯了每天的两点一线，每天的早出晚归，复习的日子很快就过了一大半，到了最后冲刺阶段，复习也已进入了白热化。

然而此时的两件事情一度让他迷茫。一是一同复习考研的研友，由于考上了家乡的选调生，决定放弃考研之路，走向工作岗位，这无疑动摇了他的决心。二是离考试时间越来越近，专业课一轮还未复习完成。面对巨大的复习任务，他心情沉重，一次次地眺望远方，成功的彼岸却总也看不清楚。他鼓励自己，保持平常心，顺其自然，咬紧牙关坚持下去。

人的潜力是无限的，若非尝试，根本不会相信自己有这般巨大的能量。2013年4月，他顺利通过了河海大学的研究生复试，成为一名真正的研究生。

从2008年的高考，2011年的专升本考试，到2013年的研究生入学考试，一次次的考试在逐渐改变着他，在这些考试中他学会了坚强，建立了自信。曾经有老师对他说：走到这一步很不容易。面对困境与压力，没有退缩，没有放弃，而是攻坚克难，以实际行动让不可能变成可能。正是这段刻苦求学、迎难而上的经历，成为了他人生中的宝贵财富，让他更好地认识了自己，也学会了思考人生。

两年的研究生生涯，汪如毅通过课堂系统学习了各类研究方法，掌握了更为深入的专业知识；通过导师辅导，掌握了论文撰写方法与技巧；通过南瑞集团的校企实习，理论联系实际，丰富了工作经历。两年带给他的不仅是学历、能力和创造力的培养与提升，更是综合素质的全面发展。

不忘初心　再启征程

2015年6月25日，他告别了7年的大学生活，步入社会。当年8月1日，他正式加入国网衢州供电公司。新时代、新青年、新征程，他始终没有忘记水院“博学求实”的校训，持续发扬着水院“自强、务实、尚德、求真”的精神，努力践行“诚信、责任、创新、奉献”的价值理念，守护着进入水院时的初心。

进入衢州电力这个大家庭的三年多时间内，他经历了变电运维、变电检修、装表接电等三个岗位。无论身处何种岗位，他都始终牢记自己是一名共产党员，牢记自己担负的职责，严于律己，脚踏实地工作，认真刻苦学习，潜心专业研究，参与专业技能竞赛，参加科技创新活动，关爱身边同事，热衷志愿服务活动。凭借自身的不懈努力和强烈的责任感、使命感，活跃在党政工团工作战线上。三年内他获得了快速成长，获得领导和同事的一致肯定，现已成长为班组技术员，部门团支部书记，同时获得多项省、市竞赛荣誉和先进称号。

在专业领域，他刻苦钻研，潜心专业，大到一个工作面，小到一颗螺丝钉，都严谨对待，确保工作的质量与安全。先后参与实施并完成了全市十多个变电所和新上大型光伏并网用户工程的电能计量装置设计审查、新装、验收、启动、现场校验等工作。2017 年 3 月，针对变电站时钟准确率低的问题，他参与负责全市 60 多个变电所电能表的现场时钟校准工作，在发现可以通过远程方式修改命令进行对时后，作为主要成员的他参与了《提高变电站时钟准确率》QC 项目的研究、制作，该项目有效提高了变电站时钟准确率，获浙江省电力公司 QC 成果二等奖。同时，汪如毅还编写了《基于关联图与层次分析法的变电站电能表时钟异常分析》论文。

在党建工作方面，他脚踏实地，锤炼党性。作为一名兼职党务工作者，他严格遵守政治纪律、组织纪律、劳动纪律和员工守则，牢固树立“四个意识”，把“做事先做人，万事勤为先”作为自己行为准则，刀刃向内，敢为人先，冲锋在前，带头履行职责，组织计量红船青年突击队，承担各项紧急工作任务，主动参与品牌宣传工作，主动为用户送上优质服务，让用户一次也不用跑。他还主动响应上级组织的服务活动，充分发挥党员的模范带头作用。因为是兼职，白天要从事班组业务工作，党建工作一般只能利用晚上和周末加班完成，所以“白＋黑”的日子已是家常便饭。一切的努力都没有白费，就在前不久，他获得了公司年度优秀党务工作者荣誉称号。

在团建工作线上，他团结青年，凝聚力量。由于部门团员较少，相关工作开展难度大。为了团结更多的青年，凝聚更多的力量，他组建了部门虚拟团队，紧紧围绕公司团委各项工作要求，积极与其他支部开展联建工作，适时召开主题座谈会，掌握团青思想动态和工作要求。同时发动团员青年，参与到主动服务客户和公益服务中。2017 年 7 月，为有特殊需求的高压互感器用户，提供上门现场检验服务，让用户一次也不用跑。2017 年 5 月 20 日世界计量日，在衢州水亭门历史街区开展志愿服务活动，向用户传授用电知识和节电技巧。2017 年 6 月，积极服务 6.30 光伏并网项目，及时处理业务流程。

怀　念　母　校

母校是他三年青春的栖息地，在这里他曾欢乐过，挥洒汗水过，拼搏奋斗过；母校是他人生篇章的起始点，在这里他一步步走向了自己想要的人生道路；母校更是他灵魂深处的圣地，无论在何方，无论经受了多少风吹雨打，想起母校，内心都会变得平静。

转眼间，毕业七年，由于工作繁忙，回母校的次数一年比一年少，但他一直在关心着母校的发展，关注着电气工程学院毕业微信群里的信息动态，分享所在单位的就业招聘信息，给想考研，想选择电力行业工作的学弟学妹答疑解惑。

怀念母校的一草一木，怀念母校那群可爱的老师，怀念在母校里的那段青春时光。人生能有几个青春，几个十年？对他来说只要活在当下，把握当下，就是抓住了青春的尾巴，就是继续砥砺奋进，书写无悔青春。

（供稿：电气学院）

悠悠寸草心　难以报春晖

——记 2008 级风电 1 班校友、浙江续航新能源科技有限公司研发二部经理蒋建东

光阴似箭，日月如梭，转眼间，离开母校已经整整七个年头。他从一个毛头小伙，成长为一个能独当一面的部门负责人。他就是 2008 级风电 1 班校友、浙江续航新能源科技有限公司研发二部经理蒋建东。

忆往昔平凡岁月

2008 年 6 月，蒋建东和父亲提着行李，来到千里之外的杭城，心里汹涌着的是忐忑不安。他出生于一个偏远的小山村，在城市中成长的同学们也许无法想象那满是黄土的山坡，那进县城一眼望不到头的山路，那佝偻着身子扛着数十斤重粮食的农民……从小他的父亲就一直叮咛："孩子，好好读书，即使倾尽家里的一切，只要你能够走出这个大山。"他看着父亲那饱含恳求的眼神，是的，没错，就是恳求，是一位父亲希望孩子脱离贫穷的恳求，他下定决心要好好读书。

他成为村里的第一位大学生。在教育水平极其低下的小山沟里，走出一位大学生有多么的不容易。

兜兜转转，他来到浙江水利水电学院，当他跨进学校大门的时候，一路的忐忑就逐渐被燃烧着的斗志以及对未来的美好憧憬所取代。进入大学，他看到学校

里来来往往的朝气蓬勃的学子，看到一幢幢肃穆挺立的教学楼，以及深深刻印着的“博学求实”校训。他知道，他的人生，将翻开不一样的篇章。

三年大学时光，蒋建东过得很充实。每天都会早起去上课，在闲暇时间里，他还勤工助学，协助老师完成一些工作。工作结束后，他则把自己“扔”进图书馆，让自己沉醉在专业知识的海洋里。而到了双休日，他则会出去兼职，赚取生活费。

现在他的妻子还常常问起，有没有因为自己出生寒门而觉得命运不公？抑或因为每天这样忙碌地学习打工生活而觉得心累？他经常会陷入沉思，然后郑重地说，说一点没有那是在自欺欺人，看着别人一到节假日就约上三五好友及家人外出游玩，自己何尝不羡慕？可是他告诉自己，他的未来是可以通过努力改变的，他勤工俭学，收获的是各位老师对他工作态度的认可；他外出打工，收获的是面对陌生环境的适应能力以及面对不同人物的应对能力。这三年，他学会了使用各种办公软件：EXCEL、WORD、PPT 等，这为他后面的工作生涯奠定了良好的基础，也是这三年如一日的学习、工作和生活态度，使他在未来的工作生涯中，一步一步，扎扎实实，从而收获硕果。

宝剑锋从磨砺出

良好的体魄才是万事的源泉。

毕业时，蒋建东曾面对“博学求实”这四个大字告诉自己，在未来的征途中，不管是风欺雪压，还是莺鸣花开，都要将这四个大字谨记于心。“博学”即泛学、杂学，不管是自己的专业还是自己没有涉及的领域，都要去学习。“求实”则是在做人做事中实实在在，一步一个脚印，踏踏实实。毕业之后的七年，他确实也一直在这样做。

2011 年 7 月到 2013 年 8 月，他人生的第一份正式工作在杭州大有科技发展有限公司。这是一家国企，主营电动汽车充电设备、自动化系统、技术研发、技术服务等。要说为什么第一家公司就选择国企呢，有人会说“起点高，则走得远”，但其实对刚刚大学毕业的他来说，想法没有那么长远，他当时只是单纯地认为“国企待遇好”。

当然，在这两年中，他也切实体会到了什么是生活。在大有科技，他主要负责项目管理，国家电网城南供电局充电换电站项目是他职业生涯中的第一个工程。当总工程师把这个项目责任书交到他手上的时候，他有些局促。性格里的怯弱在叫嚣："你能行？你一个毛头小子才初出茅庐，就想担此大任？这可是一个3000多万元的工程项目！若有一点差池，看你如何收场！"又一个声音在鼓励："他为什么不行！他相信自己有这个能力！"他最终接过总工手上的这份责任书，开始了做工程项目的一个新的乐章。

自信归自信，终究还是要面临一系列的考验：

首先，工程运作中需要运输大型设备，而这些大型设备在白天是禁止通行的，只有在晚上10点之后方可进入。所以每天他都是带着下面员工，在晚上10点以后开始进入工地，一直工作到凌晨4点，才得以短暂地休整。白天也不能在家休息，还是要在8：30之前回公司上班，所以每天的休息时间就只有从工地回家到早上上班这短短的2个小时。

其次，在大有，没有领导与下属之分，到了工地你也要下工地干活，搬运器械、铺设电缆等，哪里需要你，你就去哪里。一天下来，浑身酸爽的滋味难以言表。

再有工程对天气要求很高，一旦下雨，工地就满是泥土，泥泞的程度就只能用"惨不忍睹"来形容，更何况是在伸手不见五指的黑夜，施工难度可想而知。

不过，蒋建东凭着一股永不服输的干劲，就这样用了45天的时间完成了这个艰巨的任务。之后他还大大小小负责了14个工程项目。你问他，经验是什么，他会毫无疑问地回答你：良好的体魄是万事的源泉！

良好的人际交往能力会为你铺设一条华丽的道路。

离开大有科技之后，在2013年9月到2015年3月期间，他跳槽到了一家民营企业——浙江安安电力设计有限公司。因为在大有积累了一些经验，所以在安安他能够比较轻松地驾驭各种工程项目。在安安的一年半里，他收获最多的就是老前辈们对他的谆谆教诲，他们告诉他做人要踏实肯干，告诉他做事要细致精炼，他把这些话都牢记在心里，也付诸在行动里。谦虚好学加上内敛沉稳的性格，让蒋建东收获了老一辈的甚至同年龄层人的喜爱，也获得了领导的信任。短短的一年半时间，他负责了很多项目，因为公司上下都信任他、支持他，愿意把更多的机会交给他。

"博学求实"才能让你走得更远。

也许是不安现状的性格使然，他最终还是辞去了这份工作，转而投身于新能源汽车行业。这是他人生中第一次重大决定，他跨了一个大行业。2015年4月到2016年8月，他来到杭州伯高车辆电气工程有限公司，这家公司主营电动汽车高压配电总成及配件，包括设计开发、服务和咨询。他担任高压控制盒研发部的主管。说来惭愧，虽是一名研发部的主管，可是他对高压盒的了解并不多。隔行如隔山。他虽然对电气比较熟，但是对于结构设计则一窍不通。所以他每天一下班，就带着相关资料去浙江图书馆学习，整整大半年后，才对结构有所掌握。蒋建东还面临着复杂的人际关系问题，每天他都要面对各种不同的人群，处理各种不同的问题，等等。每一次他想要放弃的时候，是母校“博学求实”那四个大字在鼓励他前行。他广泛学习，从不好高骛远。一路走来，种种难题最终被他一一克服。

梅花香自苦寒来

在朋友的推荐下，2016 年 9 月，蒋建东来到浙江续航新能源科技有限公司，担任高压控制盒研发二部经理，还分管生产部门与品质部门。

在续航，作为高层，他已不再将自己作为一个独立个体，而已经将自己融入公司。他每天从余杭开车 1 个半小时到临平的公司，每天开车 100 多公里，顾不上家庭与孩子，只想尽他所能地为公司付出。

在一个行业里要长远走下去，就需要创新。在 2018 年 6 月，经过一个月的时间，他将原本分开的几个零部件整合到一个高压控制盒里面，创新出高压控制盒三合一以及四合一，不仅节省成本，还能适用于各种不同的车型。在大家的努力下，公司总产值从 2016 年的 300 多万元到 2017 年的 3500 万元再到 2018 年的保守预估 9000 多万元。

“宝剑锋从磨砺出，梅花香自苦寒来。”回望这七年，他感慨颇多，收获颇多。就像开篇所说的，他从一个 20 岁出头的毛头小伙长成一个可以独当一面的部门负责人。

有一天，他从一位故友口中得知，母校由原来的“浙江水利水电专科学校”更名为“浙江水利水电学院”，他心中无比的欢欣，原来在这七年之中，不止是他在奋斗、成长，母校也在与他并肩作战。

悠悠寸草心，难以报春晖。蒋建东说，他将继续砥砺前行，以自我的不断成长来回报母校的恩情，也祝福母校越办越好！

（供稿：电气学院）

对自己负责

——记2008级电气02班校友、杭州美仪营销中心副总兼市场部经理郑功尧

郑功尧，男，1989年2月出生，浙江临安人，中共党员，浙江水利水电学院（时为浙江水利水电高等专科学校）电气工程学院电气08－2班学生，2011年毕业。2010年进入杭州美仪自动化有限公司实习，参与公司电商建设，先后担任电商部经理，杭州米科（子公司）副总，杭州美仪市场部经理，现任杭州美仪营销中心副总兼市场部经理。

时光如白驹过隙，距离他初入大学校门已十载有余。从初入学时的稚气未脱，到毕业、工作，再到现在的成家立业、结婚生子，这十年来水院一直见证着他的成长。回想在水院度过的时光，虽然没有多么的轰轰烈烈，但给他的人生留下了很多精彩的印迹，那些欢笑与泪水在多年后也值得怀念。

爱上读书　对自己负责

初入大学时，他和很多同学一样都有一段迷茫期，不知道自己是不是适合这

个专业，也不知该如何融入这个集体。一天，郑功尧在学校图书馆无意间读到一本名为《哈佛琐记》的书，薄薄的一本小册子，读起来很方便。书的作者通过随性而细腻的描写，将“让柏拉图与你为友，让亚里士多德与你为友，更重要的、让真理与你为友”的哈佛校训娓娓道来。每个小篇章里的故事都在诉说着哈佛人正在践行的“VERITAS”（美丽真实）的承诺，有他们对大师的尊敬，对学术的探索，对美好自然的向往……而这一切的前提是“对自己负责”。迷茫中的他茅塞顿开，大学不同于之前接受的义务教育阶段，上大学就应该学会对自己负责。从此他爱上了图书馆、爱上了读书，而后来水院“博学、求实”的校训也成了他的座右铭，常伴他左右，让他始终坚持务实、学习，对自己负责，进而对他人、对公司、对社会负责。

校园生活　丰富多彩

从小到大他一直热爱美术，期间也获得过大大小小各类奖项。因此大学期间他参加了学院团总支宣传部的学生工作，美术爱好得到了充分的展现和提升，并结识了很多志同道合的朋友，也增长了自己各方面的见识。他说在学生组织中锻炼，有助于培养自己的兴趣爱好和人际交往能力，而从团总支宣传部工作中还可以与不同性格的小伙伴打交道，认识了很多有想法，也很有能力的人，在这里总能有一些不一样的思维碰撞，头脑风暴也提升了自己对各类问题的思考，得到更多的启迪，懂得了团队合作和创新精神，为未来走入社会打下了基础。

老师启蒙　进入电商

他的英语老师，是马云的上下铺大学同学及一同创办海博翻译社的同事，每每到英语课讲得最多的是老师与马云他们的创业故事，在高中时就萌生了对淘宝的兴趣，并在高中毕业的暑假中试水淘宝。后来在水院这片自由的土壤中，在老师的指导下，在完成学习任务的情况下坚持并发展了他对于电商的兴趣爱好。毕业后，进入美控公司（从事过程自动化仪表的公司）实习，公司也恰巧有布局电商的方向，他也非常有幸参与到了公司电商的建设和发展阶段。因为他有过电商的经历，自然负责起了电商业务方向的拓展。起步的工业品电商可以用一片荒芜来形容，工业品几乎无人问津。贸易初始，公司从经销定时器、优盘等民用品中找流量，因为当时电商的主营产品方向和公司主航道是不一致的，而且每天做着亏本的业务，期间也受到了非常多的质疑，这样下去究竟有没有存在的意义。但领导对发展电商方向的决心很大，不计成本，甚至做好了在电商上持续亏三年的决心。就这样他在质疑声和公司领导的决心中坚持了一年，他坚信一定会成功。

随着第一台有纸记录仪的卖出，工业品电商看似有了转机。公司领导灵敏的直觉下架所有民用品，并全面转向工业产品的销售，奇迹般的第二年就扭亏为盈，并进入了电商业务蓬勃发展的快车道。现在电商业务已占据公司两个亿总销售额的百分之六十。一入淘门深似海，只有耐得住寂寞，有坚持不懈的毅力以及有公司巨大的决心才能在这似海深的商场上脱颖而出。

老师教诲　支撑他前行

记得刚入大学时，老师曾对他说过："如果你不知道要到哪儿去，那么你哪儿也去不了。关于未来，要有想法，更要有梦想。"后来毕业求职时、工作中面临难题时，以及要做出重大选择时，老师的这段话都时常在他的脑海中浮现，大学的经历让他懂得了每个人都应该拥有或大或小的梦想并为之努力，这样的人生才不会后悔。

都说"人无法选择自然的故乡，但人可以选择心灵的故乡"，母校对他而言就是心灵故乡式的存在，是在经历社会洗礼后仍能安抚内心的精神家园。他说他很幸运，大学毕业至今都未离开下沙，水院于他而言也不是远在天边的母校，而是经常可以回去看看的"老地方"。每当遇到什么困境或要做出什么选择时，他都习惯回水院走走曾经走过的路，心情也会轻松很多。

坚持，他觉得这个词是从毕业到现在以来执行的最好的一项，就像起初做看似无望的电商一样，正因为坚持，让电商道路慢慢走通，也为日后的发展壮大埋下种子。工作也是对自己的修行，把工作当作乐趣来做。在就业的时候老师对他讲的是先择业再就业，选定一个方向就要坚持做下去，一直记着老师们所讲的，也很庆幸自己毕业以来一直坚持在仪器仪表这个行业。希望学弟学妹们在校期间可以早些走出校门，提早熟悉职场环境，在空余时间可以坚持发展至少一项自己的爱好。

寄语母校　无尽感恩

他很感恩母校一直以来为他提供的良好学习环境，感谢恩师们在他成人、成才道路上的谆谆教导。无论他身在何处，无论他经受多少风雨，母校永远是他心灵的故乡，灵魂深处的栖息地。博学求实的校训将一路陪伴着他从校园走向社会，读好书、做好人，为社会发展贡献自己的一份力量。他说："'今日我以母校为荣，他日母校以我为傲'不只是一句空口号，而是每一位水院学子发自内心的期盼。"

2018年6月7日，杭州美仪自动化有限公司和母校的电气工程学院举办"美仪创新奖学金"捐赠签约仪式，作为公司优秀校友代表，他也应邀参加仪式。让他记忆深刻的是公司丁程董事长在讲话中说道："在公司过去几年的快速发展过程中，水院特别是电气学院所输送的优秀人才为企业发展做出了重要贡献，很多毕业生都成长为企业董事、股东和部门重要负责人，公司内还因此成立了水院校友会且运作良好。公司始终以一颗感恩之心奉献社会，积极承担公司的社会责任和义务，'美仪创新奖学金'的设立就是公司多年来回馈社会的重要举措之一。希望奖学金的设立能够为学校培育更多的优秀人才尽一份心、出一份力，期待有更多的毕业生今后能够加入到美仪大家庭中一起协力奋斗，同时也希望校企今后能够进一步加强合作，实现学校与公司的双赢发展。"

作为水院校友，他骄傲自豪，也深感责任在肩，希望能够帮助到更多的学弟学妹们，也希望未来公司能够吸收、培养更多更优秀的校友。寄语母校：为母校送上最诚挚的祝福，祝母校65周岁生日快乐，越来越好，桃李芬芳！

（供稿：电气学院）

忆往昔峥嵘岁月，看今朝美好时光

——记 2008 级风电 1 班校友、杭州联华华商集团有限公司鲸选执行总监姜飞勇

姜飞勇，男，汉族，浙江江山人，中共党员，1988 年 4 月出生，校 2008 级电气工程系发电厂电力系统（风电方向）专业毕业，现任杭州联华华商集团有限公司（世纪联华）鲸选执行总监、部门主任、集团中级讲师、杭州有赞科技特约讲师等。

2008 年入学以来，姜飞勇先后担任风电 08－1 班班长、团支书，电气工程系外联部干事，风电 10－1 班副班主任，校团委组织部部长等多项职务。在校期间多次荣获校一、二、三等奖学金、优秀团员、优秀学生干部、校优秀毕业生等多项奖励，各项专业课成绩也名列前茅。

水院三年是他人生重要的阶段，在这里他从一名学生逐步成长，开始慢慢了解社会，从稚嫩走向成熟。专业课的学习让他的专业技能得到有效提升，各种公共课的学习让他拥有了更多技能。各位老师的专业与敬业让他深深认识到水院多年办学的经验沉淀与内涵。三年的大学生涯是丰富多彩的，在这里，他参与了学校丰富的校园文化生活、也提前进入了杭州顶益食品有限公司（康师傅）实习，学习沉淀了丰富的工作经验。不但如此，在校期间他还积极参与社会公益活动，

并主动参与无偿献血，累计献血达4000毫升，获得2009—2010年全国无偿献血贡献奖（铜奖）。

踏入社会，水院的学习经历让他迅速融入工作，快速完成学生到职场人的改变。2011年3月，他以大学生储备人才进入杭州联华华商集团有限公司工作至今，先后从事世纪联华东阳人民路店企划、庆春店洗化课助、集团公司营运部营运督导、商管一部自有品牌运营督导及采购工作。从基层管理开始，到业务课长、总部营运督导、采购经理，再到部门主任及现在的世纪联华鲸选项目执行总监。七年来，是在水院的学习让他学会了很多应对工作的相关能力，避免很多弯路。

进入公司以来，伴随着公司一步步的成长，姜飞勇的个人能力在不断提高，工作经验也逐渐积累。他的工作能力先后得到了公司各个部门领导的肯定，获得公司2011年营运部年终优秀新人、2012年营运部年终最具活力奖、2014年商管一部部门辩论“舌战群儒”奖、2015年大综业态管理部年终优秀新人、2016年度大综业态管理部半年度“优秀员工”、2017年优秀员工等多种荣誉称号，所带团队也获得了公司2016—2017年工人先锋号称号。

2013年进入商管一部，姜飞勇接触到了公司的采购体系，在采购负责自有品牌运营的两年中，自己对公司商品采购流程有了完整的认识，学会了商品如何从源头采购至卖场到顾客手中，如何进行商品的经营及毛利管控、供应商维护等。2014年公司自有品牌销售业绩突破6亿元，姜飞勇负责了公司自有品牌“她树”“他洗”“优滋”“优飨”等全新品牌的门店及市场推进工作，在市场份额增量上取得了较好的业绩。

2015年下半年工作调整，姜飞勇调入公司大综业态管理部负责O2O业务的开展。O2O业务对于集团公司来说是一个全新的领域，对于非电商出身的姜飞勇来说也是一个极大的挑战。负责项目以来，他利用工作之余努力学习电商知识，努力提升业务技能。从最早的公司微信平台有赞优选商城，到2016年1月上线的京东到家，2016年8月上线的美团外卖及公司的淘系（淘宝C店、天猫旗舰店）平台多形式的业务开展，他负责的这个项目自上线以来，目前已累计实现实物销售335万元，毛利40余万元，卡券销售200余万元。他负责策划实施的公司微信鲸选商城中秋超惠券门店分销销售活动，实现5000张卡券20小时售罄，销售50余万元。

姜飞勇负责世纪联华鲸选全零售工作以来，2017 年全零售项目累计实现销售 2.73 亿元，同比增长 397.37%，并推进联华多项新零售业务的发展构建。

回首过去，水院生活历历在目。姜飞勇认为，大学是梦开始的地方，为了不使这个梦在毕业时落空，就要用一种认终为始的心态去规划与度过大学生活。大学也是人生中最集中的能够扬长避短的时期，能够尽情折腾的时期，所以如果谁的大学默默无闻了，平平淡淡了，那他就没有真正理解大学的含义与作用。他告诉学弟学妹，一旦失去青春的激情，便永远也找不到了，所以大学必须要且行且珍惜！

值此建校六十五周年暨升格本科五周年之际，姜飞勇表达了对母校诚挚的祝福：六十五载风雨，造就精英无数；六十五载沧桑，培育桃李满园。祝福母校越办越好、永铸辉煌！

（供稿：电气学院）

男儿志兮天下事，但有进兮不有止

——记2008级计算机应用技术1班校友、阳光雨露信息技术服务（北京）有限公司杭州服务部经理郑超

郑超，信息工程与艺术设计学院计算机应用技术08-1班校友。目前就职于阳光雨露信息技术服务（北京）有限公司，现为阳光雨露信息技术服务（北京）有限公司杭州服务部经理、高级工程师，联想TTT销售讲师。

回望母校

2011年的那个夏天，当毕业的钟声响起，郑超背上行囊，离开曾经充满着欢声笑语的校园，离开了成天在一起“嬉笑怒骂”的室友，离开了给予谆谆教导的老师。他心中百味杂陈，有感激，有不舍，有兴奋，却无法掩盖心中那种离校的伤感。

郑超脑海中依稀浮现出三年前的那一幕——熙熙攘攘的人群中，带着青涩笑容的他在学长学姐们的带领下办理报到手续，东张西望充满着对新环境的好奇和期望。唯一一次和父母亲朋一起体验公寓生活；第一次坐在教室里开班会，青涩

地介绍自己；那让人又爱又恨的军训教官……这一幕又一幕，郑超知道再也回不去了。但他想再看一眼南湖北海，听一听清晨时分的鱼跃鸟鸣；想再去一趟图书馆，感受一下初夏时分那奋笔疾书的静谧；还想去趟大操场上，数一数恬静夜晚夜空中的星星……

水院，一直是我心中的那首歌

从走出水院那天开始，郑超就一直摸爬滚打于IT服务一线，现在已是第七个年头。七年来，他干过的工作很多，跨度也非常大，如维修员、质检员、协调员、运营主管、业务经理、项目PM、项目经理、杭州站长等。有很多人觉得很好奇：你一个学硬件开发专业的，怎么就变成了搞IT服务了？这要从郑超的大学经历说起。

2008年左右，计算机应用技术的大环境还不像现在，尽管杭州是众所周知的IT大都市，但是作为一名计算机类的学生，在初学时也挺迷茫，自己到底应该成为一名什么样的人？以怎样的面貌在如今的社会环境下生存？要如何才能让自己的大学生活变得更加丰富多彩？郑超一直在思考这些问题，直到参加了人生中第一次大学生课外科技作品竞赛，他才找到了答案。

郑超参加的是一个单片机开发项目——月球车。当时，他所在的团队中以低年级的同学居多，很多人连基础的C语言，C++都不会，更别说写开发程序了。竞赛要求一个月内完成设计项目，难度可想而知。面对困难，郑超他们曾经想过放弃，觉得这是一个不可能完成的任务。他们不断尝试，不断失败，程序设计怎么调整都无法达到预期效果。就在想放弃的时候，张海波老师和周志敏老师及时出手相助，给他们提出了一系列可行性修改意见。重振旗鼓后，团队中的所有人都打起了精神，从看懂，到独立编写、调试、完成任务，他们每天都是12点才回到宿舍。经过大家的不懈努力，他们取得了当年挑战杯的全省第三名，荣获特等奖，是近年来学校取得的最好成绩。这段经历让郑超深深懂得，只要肯付出、舍得干，不怕苦、不放弃，任何事情都能取得成功。这次竞赛也点燃了郑超心中对于IT技术的兴趣，为他日后的学习和工作奠定了基础。

联想，职业生涯艰难的选择

有句俗话：男怕入错行，女怕嫁错郎。说的是正确选择对个人成长发展的极端重要性。对这一点，郑超的感受特别深刻。

2011 年 3 月，联想阳光雨露校企合作班正式开班，杭州地区计算机维修中心也同时进驻学校，郑超成为了其中的一员。现在回想起来，当初学校与联想密切合作，双方在人才培养中各自承担了相应的工作，进行了良好合作，对于计算机应用技术专业的学生来讲，是一项开拓性而又具实效的举措。学校和企业各司其职，学校为了合作班制定了专班教学计划，负责专班组建的主要工作，配合企业培训和教学，而企业提供完善的培养计划，按照企业的核心评价指标考核学生，确保人才培养质量。应该说，这次联想班的经历，让郑超真正体会到了计算机行业的社会工作现状，由此他也确定了自己努力的方向。

毕业后，郑超顺利进入阳光雨露信息技术服务（北京）有限公司。当年与郑超一起到公司报到的大专生有 10 多个。公司第一次为他们开欢迎会时领导讲的三句话，让郑超至今记忆犹新：“一是代表公司欢迎你们！”“二是明确告诉你们，招你们进公司的目的就是重新改造！”“三是你们的身份就是服务人员，至于以后发展全凭你们自己的造化和能力！”面对现实，郑超没有放弃，也没有消沉，他在计算和思考着“突围”的距离和路径。郑超认为，当时自己有这样的决心和勇气做出挑战，在很大程度上要感谢在母校学习期间的经历。

进公司后，郑超开始转型过渡，一方面利用业余时间加强学习，弥补技术能力短版，2011 年考过了 Lenovo 服务技术认证；另一方面虚心拜技术人员为师，有意识地学习案例，一门心思放在专业技能上，自得其乐。郑超把维修工厂当成大课堂，把工人师傅当成好老师，多问、多想、多看、多思，积极为自己积蓄质变的实力和本领。事实证明，机遇偏爱有准备的人。一年之后，郑超顺利成为公司有史以来最年轻的金牌工程师。

转型，人生中必须经历的过程

2015 年开始，公司战略转型，一段新的征程就此拉开。SMB 业务成了公司的重点，杭州的任务要求特别高，全国第一，但这给了郑超在业务上锻炼提高的绝佳机会。2015 年 9 月至 2017 年 9 月，郑超担任了杭州地区业务主管。那一段日子虽然特别艰苦，但确是郑超各方面能力提升特别快的一段时期。

有一件事情令郑超记忆犹新。2016 年第一季度，公司下达了挑战任务——单季度完成业务 200 万元。这对一个初创分公司而言，是一项艰难的任务。然而，郑超和他的团队明白，正是经历过那么多的磨难他们才走到了今天，200 万元只不过是多了一项挑战而已。他们通过操作杭州区域的 SMB，在季度达成区域首个百万大单，完成深圳海融科创互联网金融网络服务金额 137 万元，团队 SMB 完成接近 200 万元，完成率达到 300%。并且新拓展 SMB 用户 8 个，实现新的突破。与此同时，郑超在区域 SMB 中对内学习立项合同审批，对外积极获取商机，寻找交付资源，自我训练打单技巧，运用工程师商机奖励到人、成单激励到人方案，调动工程师和每一个区域人员对 SMB 业务商机收集的积极性，激活全员的销售意识。在交付的过程中，优质的交付和良好的客户界面赢得了客户的信任。郑超团队在同年又扩签了深圳海融科创旗下买买提金融 42 万元的打印机租赁项目，回款率 100%！而郑超在这一系列的拼搏和奋斗中，从一个只懂得业务的普通员工成长为杭州服务部的经理，走上了管理岗位。

未来，是你我共同举起的太阳

七年，每当郑超和同学们说起求学期间的点点滴滴，总是依依不舍，水院的一草一木、老师们、宿管阿姨、东食堂师傅，都在他的脑海里萦绕不去。如今的水院今非昔比：成为了水利部与浙江省共建高校，成为了本科院校，更是成为了广大校友心中的骄傲。

七年，郑超经历过成长中的痛苦彷徨和无数次考验，承受过许多压力，接受过很多批评和指责，也拥有过鲜花和掌声，体验过成功后的巨大喜悦。郑超说，他很认同一句话："当奔跑已经成为一种习惯，当振翅飞翔已成为一种宿命，那么，除了继续拼搏，你不会考虑别的选择。"

七年，弹指一挥间。回首过往，郑超常觉幸运。能够走到今天这一步，很多人、很多事都值得感谢和珍惜，包括给予他无限勇气和安身立命基础的水院，以及教他为人处世、学识技能、扶他上马并送上一程的很多老师。

2018 级的学弟学妹即将进入校园，郑超希望，他们能传承水院“博学求实”的校训和“自强、务实、尚德、求真”的水院精神，记住来水院求学的初衷，常怀感恩之心。

郑超谨祝母校：百尺竿头，更进一步！未来越来越美好！愿各位领导、老师家庭幸福、工作顺利、桃李满天下！

（供稿：信艺学院）

拼搏进取　勇闯天涯

——记2009级电信1班校友、杭州银行余杭支行个人业务主管方正

方正，男，中共党员，毕业于我校电信09－1班。在校期间曾担任电信09－1班班长、电气类11－6班副班主任、电气系办公室助理等职务。曾获得过校级各类奖学金、国家励志奖学金、省电子设计竞赛三等奖、省级挑战杯特等奖、全国电子设计竞赛二等奖，被授予校级“优秀学生”“优秀学生干部”“校自强之星”“电气之星”“优秀共产党员”“校级优秀毕业生”“浙江省优秀毕业生”等荣誉称号。现任杭州银行余杭支行个人业务部主管。

自立自强　努力超越自我

与许多同学一样，方正结束了枯燥的三年高中生涯以后，来到了更加自由的大学。原本想着在大学好好轻松地度过美好的三年，却没想到被班主任的一顿痛斥拍醒。从此之后，他就完全改变了自己的想法，积极竞选班长，并且一直担任到毕业。完成从懒散到积极拼搏的蜕变，方正只用了三年。这三年的拼搏带给他

的是一辈子的受用。在担任班干部后，他深知只有各方面都优秀才能让大家都信服，所以方正开始奔波于图书馆、实验室、系办公室。慢慢地，他的学习成绩逐渐提升，直至名列前茅，并保持了多门学科 90 分以上的好成绩，甚至有一门成绩不仅是考试满分，平时成绩也是满分，刷新了历史纪录。

在学科竞赛方面他也担任组长，长期和导师一起待在实验室，不记得利用了多少休息时间，也不记得在实验室睡着过多少次，最终在导师的教导下和团队成员的努力下，他和团队多次获得校级、省级和国家级荣誉。在管理班级方面，方正以身作则，班级同学团结一致、学风优良，获得各学科老师的一致好评，班级因此获得"优秀班级"的荣誉称号。同时他在系办公室担任助理时，配合系里的各位老师，认真做好每一件事，得到了一致好评。在担任副班主任一职时，每天起早贪黑穿梭在新生群里，积极引导他们树立正确的人生观、价值观。就这样，方正度过了充实的三年，这三年是他快速成长的三年，也是自我奋斗的三年。

勇于学习　争当岗位能手

在大三第一学期的首轮招聘会上，方正以优异的成绩被上市公司杭州远方光电股份有限公司录用。在当时多少同学都挤破了头想进入这家上市公司的大环境下，他却在收到 offer 的时候放弃了这个难得的机会，参加了一场 800 多人的台州银行招聘会。经过笔试和多轮面试，最终也被录用。这对于他来说又是一个新的挑战，一个全新的领域，一个完全跟专业不相干的金融领域。经过系统的培训，他考了会计证、从业证，成为了一名银行柜员。由于同时入职的大部分都是应届毕业生，而且还是正规金融专业的毕业生，他感受到了前所未有的巨大压力。但是，在学校锻炼的那三年让他根本没有一丝胆怯。虽然学历比别人低，专业知识比别人少，但是他自强不息、勇于学习，用了半年时间就成了业务骨干，并且被提升为大堂经理。三年的管理经验和人际关系处理，让方正能够从容地面对各种各样的客户，达到了零投诉。在台州银行工作一年半之后，突出的业绩让领导向他抛来了橄榄枝，而这一次，他同样选择了拒绝。因为他知道自己想要什么，他需要更大的平台。在 2014 年他以免笔试的资格进入了上市银行——杭州银行。

勤勤恳恳　甘于默默奉献

一个低学历、非本专业员工出现在了杭州银行塘栖支行，当时他看出了领导不相信、不认同的态度。可越是这样，方正就越有动力，他要证明自己，要用实际行动超越自己。由于学历和从业经历过少，方正被要求继续从基层柜员做起。这一次他用了一年多时间磨练自己。他善于记录笔记，把平时工作中容易出错和复杂的业务都记录下来分析、学习，遇到不清楚的地方及时询问上级主管，在日常的工作中积极带头参加各类活动和学习培训。终于，功夫不负有心人。在一次主管领导突发性生病住院做手术时，行长正好看到了他平时所做的一切。当时由于正处于中国人民银行检查期间，时间紧、任务重，行长就把重任交给了他。接到重任后，方正无需特意准备，即刻就上手了。在那一个月里，方正基本处于一种早上 7 点多到行里、晚上 8 点多再回去、饿了就吃碗泡面、累了就桌上趴会儿的状态。虽然只有短短的一个月，但方正进步飞速。他工作严谨细致，发现并整改了不少问题，平时一有空就带着支行宣传资料走街串巷，为社区居民提供更好的金融服务。经过这一次的锻炼，行长对他刮目相看，通过努力，方正不久后担任了银行主管一职。

天道酬勤　情系母校水院

虽然升职了，但方正并没有因此而骄傲，因为他意识到前方的路还很长。在接下来的几年时间里，他在工作上任劳任怨，遇到困难都是第一个往上冲，连续多年获得辖区行“优秀员工”称号。由于在辖区工作表现突出，辖区行行长直接把方正调任至余杭区总行杭州银行余杭支行担任个人业务主管一职。这对于一个入行才 4 年的他来说简直就是不可思议，因为在这个职位上，一般人需要用 8 年或者更久的时间才能胜任，而方正只用了短短 4 年。辖区行面对的客户群体更加宽广，属下的员工也更多，面临的挑战也是前所未有的。到了辖区行熟悉了两个月后他就做出了一个大胆的决定，重新分配人员编制结构，提高办公效率。

2016 年 7 月，方正被余杭辖区推荐给总行纳入青蓝工程人才培养项目，2017 年培训合格加入青蓝工程人才库。2018 年 7 月在调任余杭支行三个月后，方正又被推荐加入总行青苗人才计划。

方正表示，“拼搏进取、勇闯天涯”，路走得再远，也不忘起点，他的母校水院。祝愿母校能够培养更多的社会人才，愿每个校友能够发扬母校不畏艰辛、努力拼搏的精神！“年轻就是资本！可以奋斗，可以拼搏”，方正如是说。

（供稿：电气学院）

心有所向　用之以行

——记 2009 级物流 1 班校友、杭州瑞康冷链物流有限公司总经理王振林

王振林，河南人，浙江水利水电学院 2009 级学生，时任物流 09-1 班班长，2010 年校优秀志愿者，2010 年暑期社会实践先进志愿者，校优秀毕业生，多次获得校奖学金。获 2011 年全国大学生条码自动识别知识竞赛铜奖、2011 年全国大学管理创意大赛二等奖，获浙江省新苗人才计划立项。现任杭州瑞康冷链物流有限公司经理。

水院时光　团学社历练成长

高考结束后，为了更靠近在临海务工的父母，王振林决定来杭州上大学，也就因此有了和水院的缘分。那时候从河南到杭州，一趟火车单程的时间就要花上 13 小时。在杭州定居的这十年，他爱上了这里的学校、这里的工作和这座城市。“冲着这份热爱，自己也算半个新杭州人了。”

大学期间，在大部分同学都可以悠闲地享受大学生活时，他却给自己定下了目标，最大化地合理分配学习、工作时间，给自己更多的挑战，获得更多的成

长。于是他穿梭于各种团学社活动，在班里是班长，又参加了校外联部，大一下半学期则担任起了校学生会主席助理。在一年的时间里他组织、参与了大大小小数十场活动，如红五月、十佳歌手大赛、自强之星等。忙碌的付出也让他收获到了许多技能，在短短的一年中，组织、策划、管理和沟通，他样样精通，这也为他日后步入社会工作积累了一部分经验。

在外联部拉的第一笔赞助，让王振林记忆犹新。一开始跟大部分同学一样，开不了口去商家拉赞助，面对商家的拒绝也会感觉到没面子和挫败感。但为了完成任务，只能硬着头皮一家家地跑、去谈去说服。慢慢地，王振林对“赞助”二字的理解有了改变。他认为“赞助”是双方共赢的，“赞”是商家对我们的各种活动的认可与支持，也是我们对商家的信任；而“助”指的是我们与商家互相帮助对方达成目标，商家帮助我们开展活动，我们帮助商家做校内宣传。你我双方是平等的，是合作关系，摆正心态，合作才能共赢。思想转变了，王振林面对商家时也更为自信和从容，最终在与一家店铺反复协商、推敲后，他为学校的迎新晚会拉来了三十箱娃哈哈矿泉水。虽是一次小小的成功却给他带来了无穷的动力。每当再遇到商家冷眼拒绝想要放弃时，想想第一次成功也是无数次的拒绝换来的，就又有了重新争取的信心，“下一次我要准备更充分!”红五月大合唱、平安夜送温暖活动用品，各种大大小小晚会的奖品，王振林为团学社活动拉取的赞助品越来越多，沟通协商也越来越顺利，这也使得他日后工作中面对各种情况和压力都可以从容面对。

家庭贫困的王振林比同龄人更为自强自立。一方面注重生活朴素节俭，另一方面在外兼职自给自足。他的兼职历程可以说遍及母校周边地区，从各大商超的促销员到银泰周年的补货员，其中干得最长的是婚庆司仪。台上台下跑、周末全天跑、城里村里跑，边跑边学，边学边干，就是那段时间他几乎跑遍了整个浙江省，当然也让他这个外乡人深深地爱上了江浙这片热土。

时至今日，王振林唯一遗憾的是大学时没能学好运筹学，真正到了工作岗位上才发现书本知识是一切实践的基础理论。技术在更新、知识在进步，但是底层逻辑是决定上层建筑可以盖得多高的基石，这也是他现在为公司招员工时尤为注重的。他劝诫母校的学子在大学时一定要专注学业，无论是专业成绩排名、获得的各类奖学金，还是参加的学术型比赛等都是一个人努力打下基石的有力证明。

职场奋行　专业积铢累寸

2012年毕业时王振林毅然选择了与所学专业对口的物流行业。他的第一份正式工作是进入海尔日日顺。日日顺是海尔集团旗下综合服务品牌，以社群为基本单元，致力成为物联网时代开放的引领平台，旗下有物流、健康、乐家等产业平台。王振林就职的日日顺物流，是大件物流领导品牌，承接的主要是家电、家居等业务，为客户提供全流程的供应链一体化解决方案。王振林很感谢一毕业就可以在这样规模化、标准化、体系完善的物流行业区域领域的领军公司工作。王振林在这里学习规章、流程、设计，学习做事的标准。“那应该是我职业生涯中最忙的时候，每天我早上8点多上班，晚上11点后才下班，连续两年，就是为了能够锻炼自己，让自己学到更多的东西。”

重整旗鼓　专业深耕精进

在积累了一定的经验后，心怀梦想的王振林尝试和朋友一起在杭州创建过一个物流公司，但是最终没有成功。这次创业失败让他吸取了经验教训，并找出了失败原因，主要分为两个方面：一是没有一个好的财务管理，账单不清晰；二是和朋友一起创业，处理事情方面存在分歧。任何一个公司的创立都离不开背后无数的心血与汗水。一次失败并不意味着人生失败，王振林很快重整了行装，加入到杭州瑞康冷链物流有限公司。

对于自己的职场经历，王振林用“大公司学习，小公司做事”来进行总结。转战杭州瑞康冷链物流有限公司后，王振林担任经理职务，公司2016年成立，处于成长期，规模不是很大，所以很多事要亲力亲为。但他说，多做一些事，就多一份伴随公司成长的成就感。

杭州瑞康冷链物流有限公司物流涉及领域广，其中冷链物流对时间、温度要求相较于一般的物流运输要求更高。王振林在公司的管理上需要更加用心。一方面，努力拓展合作伙伴，建立自己的物流合作网络；另一方面，要提前做好规划，以便于出现运输问题时进行紧急救援。

目前，王振林不断思考的是怎么在这个行业里走得更远，他觉得最重要的是提升自己的能力。一要提高自身专业技能，熟悉所在领域，精通所负责的岗位，二要提前做好规划，提前储备能力，随时把握机会。王振林告诫学弟学妹，切忌随意转行，认定了一个行业就要在一个行业深耕精进。“想清楚自己的未来，一鼓作气，冲冲冲。”

寄予期望　与母校学子分享心得

王振林认为，大学不只是接受知识的场所，更是进行选择性学习与探索的天地。大学生的学习，应该是在高等教育知识层次的系统教育内容框架下，有针对性的自主学习。

一是要提高学习能力。大学里试错成本较低，但进入社会犯错可能会付出惨痛的代价。所以，在大学里要多学习、多交流，多出去看看。二是最好确立一个目标，不管是长期还是短期，坚持朝着目标前进更有利于在学习和工作中走得更快、更准。

王振林在水院成立六十五周年之际也对母校表达了由衷的祝福：“希望母校能越来越好，学弟学妹们都能成为精英！”漫步于善湖湖畔，眺望校园的美景，王振林心里充满对青春时期的美好回忆，还有对未来事业的满腔热情。

（供稿：经管学院）

敢于拼搏的筑梦者

——记2010级建筑设备专业校友、浙江“至梦餐饮”有限公司创始人谢永亮

谢永亮，一个喜欢阿甘同时又像阿甘一样傻傻坚持的人；福建三明人，2010级浙江水利水电学院建筑设备专业，2013年毕业。

求学的不如意——创业的开始

因为家道中落带来的拮据窘境，与其他积极参加各种社团、争相竞选学生会的同学不同，谢永亮一入大学，就仿佛开了挂似的，开始寻找各种兼职机会：校园代理、快递打包、外卖配送、周末肯德基打工，几乎能想到的校园兼职都做过。

大学期间，大部分同学都可以无忧无虑地享受自己的大学生活，他却不可以。当时他只能通过努力打拼来实现经济独立，挣出学费和生活费以减轻家里负担。从大一开始，他就一边努力，一边承受着对未来不确定的心理煎熬，度过了

三年。这三年间，他不敢跟任何人谈及个人的兴趣爱好和所谓的梦想。

甚至，为了节约生活开支成本和方便创业，大一下学期，他便从寝室搬到了学校的创业园。最苦的那段时光，他每晚都在创业园冰冷的地板或阁楼楼板上度过。每当快坚持不住想要放弃的时候，他母亲无助时流下的泪水和奶奶期望的眼神就会浮现在眼前。于是，强忍着身心俱疲的双重煎熬，谢永亮咬牙坚持干了三年。下雨天，大家都经常能在校园看到身形单薄的他拖着辆破旧的三轮车去回收毕业大学生不要的旧书。这一切，正是他创业的起点。

从业经历的多样——方向的摸索

卖二手书，摆地摊倒卖学生用品，开格子铺，卖水果，开服装店，倒腾商铺，谢永亮为了生计尝试了很多项目。后来，他开了小吃店、开了面馆，再后来他包下了美食一条街，成立了自己的餐饮公司，注册了商标并推广连锁加盟。

项目的不断失败并没有让谢永亮气馁，反而让他不断地尝试新的领域，寻找新的出路。正是这种不放弃，让他最终找到了就业的方向，打开了创业的大门，在餐饮行业开始慢慢稳住自己的脚步。关于为何选择餐饮行业，谢永亮的答案是“考虑到自身条件，我只能从这个做起”。

的确，创业是找适合自己做的事情去做，而不是一味盯着有前景的去做。

一年前他的那句“一无所有的时候我都敢拥有梦想，如今，我又何惧”至今让很多人记忆犹新，都市快报、浙江电视台等都通过恰同学少年给予了多方报道。

奋斗历程的漫长——步入成功的铺砖石

随着创业规模的不断扩张，谢永亮目前在下沙开了7家餐饮店，在滨江开了2家，同时承包了下沙大学城里的一条美食街，其中2间自己用，另外33间全部出租。这些项目目前都处于盈利状态，单店的年利润是15万～40万元。他的店铺客流量，30％来自线上的外卖平台。

在谢永亮的团队里，有从国有企业辞职过来的、有五星级酒店过来的、还有鲜丰水果店长放弃10万元年薪过来的，也有大学生来这里兼职毕业后留用的。

随着规模的不断扩张，谢永亮面临了人员尤其是优秀管理人才欠缺的问题。目前，他的公司旗下至梦餐饮店长以上级别年收入是10万～20万元，有的甚至达30万元，但谢永亮却一再说工资不高。

“店长的工资不可能太高，我们给的是一般水平，但我们要打造的是一个共同创业的舞台，优秀的店长可以得到公司新店低价股份配额，得到公司低价股份配额就意味着每个月除了工资还有分红，我们公司管理的小餐饮店铺的成功率目前在90%以上，只要做好本职工作就可以得到新店的股份配额，你越优秀得到的配额就越多。分配股份配额就是为了提高店长以上管理层的收入。简单说就是店长以上管理层都会成为股东，一起分享公司的成果。”

虽然谢永亮一直在筑梦，在搭建舞台，但是他在人员使用上总是捉襟见肘，左支右绌。“我现在一点都不缺开店的钱，就缺人才，等人员管理跟上了，我一天开一家店都没问题。”

的确，熟悉餐饮行业的人都知道，这方面的人员十分紧缺：一是多数人会觉得做餐饮没有面子，二是实在太累太苦。

“甘传奇”——不得不说的阿甘精神

谢永亮成立餐饮公司后就开始注册品牌商标，形成标准化的餐饮小吃店，推广品牌连锁加盟。

“甘传奇”这个自创品牌打响知名度后，为了让身边一同创业拼搏的小伙伴也能共享成功的果实，他还学习华为，将公司进行员工股份制改革实行全员参股：所有试用期后合格员工都可以超低价参与公司新店受限股投资，店长以上管理层可以不受限制持多店股份，普通员工只能持员工所在工作店铺单店股份。

改制之后，参与持股的情况下，公司最普通的员工月收入一般不低于5000元，高的可达几万元，并且每个员工还可以得到良好的升职空间，从店长到片区经理、大片区经理，再到城市经理、区域经理等。随着职位的上升，基本工资增加，持有股份增加，工作的劳动强度会逐步降低，苦尽甘来。他曾向所有伙伴承诺过：只要来到至梦餐饮，并且考核合格后留下来一起奋斗，就一定不会是穷人。

正是这一机制，让谢永亮有一种保证店铺不亏钱的自信，他甚至在合同里承诺加盟商：如果全委托直营店亏本了，投资亏损的钱全部由他的公司垫付。他想要打造的是一个共同创业的平台，希望那些对小餐饮感兴趣的朋友可以加入这个共赢的平台，资源共享，抱团取暖，共同致富。谢永亮倡导的企业文化就是像阿甘正传的主人翁一样的诚实善良、勤劳正直，傻傻地坚持和默默努力的阿甘精神。

在谢永亮的QQ空间和朋友圈里，可以看到他写了很多颇有文采的文章，虽然他念的是设备专业，但其实是个喜好文学的人，他自豪地说："读书的时候，其他同学一听到老师布置作文就很头疼，而我每次都会很开心，因为一提笔便文思泉涌，我写的文章经常被语文老师当做范文展示。"

谢永亮说，等自己的事业处于稳定上升期，就抽空再续学业，学管理、投资和金融。"学成之后我想去投资公司做5年，然后辞职到大学里做个老师帮助更多的年轻人。做大学教师，是我最大的职业追求。"

做一个筑梦、追梦的人

谢永亮经历坎坷，每当"遭受困苦时，就不停问自己为什么活着。心中会跳动着很多愿景，大概那就是梦吧"。他偏执地喜欢"梦"这个字，给自己的团队取名"筑梦者"，希望用一生去追逐梦想，并将追逐梦想当作人生的幸福。他希望自己能够建立一个强大的梦之队，像狼一样的团队，团结、敏锐、凶狠、毫无畏惧。

在去年的招聘公众号上，他提到了自己梦想的由来："曾经的我很穷，穷得没有尊严，穷得被很多人看不起，穷得看着我妈流泪，看着我爸被别人嘲笑，心真的很疼，我不停地告诉自己，我要挣很多的钱，出人头地。这几年，我每天都在想怎么进步，甚至连做梦都在思考。现在我真的做到了，在夜里，我笑了，然后哭了。我笑是因为欣慰，付出终于有了回报；我流泪是因为内心有说不出的痛。我站在新房的楼顶，脑袋里满是爸爸的身影。如果他能看到今天的我，一定会很自豪地和邻居说他儿子有多能干。"

如今，日子过得越来越红火的谢永亮，常把感恩挂在心头。他不会忘了曾经帮助过他的人。他希望自己，告诫自己，在自己有能力去帮助别人的时候，去帮助别人。谢永亮也通过实际行动证明了自己。在"至梦餐饮"，他充当了无数次的“伯乐”，帮助一大批有梦想的人开启事业，成就人生。

不忘初心　方得始终

作为浙江水利水电学院的一名学子，他说：一路走来，要感谢很多人。其中他大学时期的创业导师——王望峥老师就是在他迷惘无助时，给他很多鼓励和帮助，令他受益匪浅且亦师亦友的一位人生向导。谢永亮希望自己在不久的将来，能重新踏上深造之路，并学成归来，成为一位可以点亮心灯的人生导师。“不忘初心，方得始终”，为了自己最初的梦想而不懈奋斗，是谢永亮一直在践行的，也是他想告诉学弟学妹的人生体悟。他希望母校能发展得越来越好，学弟学妹在人生的奋斗道路上收获自我，收获成功！

（供稿：建工学院）

路虽弥，不行不至

——记 2010 级测量 1 班校友、杭州市勘测设计研究院项目负责人李永亮

李永亮，中共党员，浙江水利水电学院 2010 级校友，浙江省优秀毕业生。他就读于测绘与市政工程学院工程测量专业，任测量 10-1 班班长，兼任测市学院勘测协会会长和后勤寝室楼层长。目前在杭州市规划局下属事业单位杭州市勘测设计研究院工作，任工程负责人、杭州市“五水共治”领导办公室小组成员。

匆匆那年

李永亮的大学生活是忙碌而充实的，他努力提升各方面的能力，以适应竞争激烈的社会。

入学前，班主任得知他一直是一个人生活，无依无靠，非常担心学费和生活费会成为他就读期间的最大困扰。但令人没想到的是，大学期间他出色地完成了自己的学业，在履行好所承担的责任外，还利用空余时间去兼职。他做过超市售货员、派单员、送过外卖。每年的奖学金加上兼职的工资让他顺利完成了学业。

时间长了，轻车熟路的他会带同学一起赚取生活费用，寒暑假则找一些跟专业相关的工作，在赚取生活费的同时，尽早接触与专业相关的实践工作。李永亮的经历深深地打动了老师和同学，他以总分第一名的成绩获评校第三届自强之星。

由于专业成绩优异，李永亮还经常被同学戏称为“专业带头人”，在校获得的奖状摞起来有膝盖那么高。通过学校选拔他曾先后两次代表学校参加水利部主办的全国性竞赛，均获全国水利技能大赛二等奖；他多次获校级专业技能竞赛一等奖，校奖学金更是每年都有他的身影；多次获得积极分子、先进个人、优秀学生等荣誉称号。大学匆匆，浙江省优秀毕业生荣誉的获得给李永亮的大学生涯画上了完美的句号。

在校期间，李永亮还担任着不同的角色。作为班长，他团结同学，积极带领全班同学参加学校和所在学院的各项活动，增强班级凝聚力。红五月大合唱比赛第一名、院新老生篮球赛第二名、团日活动评比第一名，都是他作为一个好班长的最好证明；作为勘测协会会长，积极组织会员开展技术交流、仪器培训，增强同学们的专业操作技能，他组织了大大小小很多专业技能竞赛，带动了同学们对专业学习的热情；作为楼层长，他协助生活老师做好日常工作，每月按时抄写各寝室水表并帮助同学检查寝室是否存在安全隐患，除此之外还带领自己所住的5号楼不同专业的同学们连续两年拿到拔河比赛第一名。

谁的青春不迷茫

毕业后，李永亮的经历并非一帆风顺。大学实习期间他曾在杭州市勘测设计研究院实习，也受到了实习单位的认可，但是他不甘于现状，想改变自己的命运轨迹，毕业后并没有选择留在实习单位成为一名正式员工，而是去到浙江省第一水电建设集团股份有限公司工作，成为了一名水电行业的一线工作人员。

“我当时信心满满地来到平湖项目部，准备大展拳脚。当时正在造码头，在工地不是单一做施工，同时还扮演测量员、质检员、造价员、材料员、资料员等角色，在这段时间里我切身体会了生活的风霜雨雪。”李永亮来到工地的第二天就遇到了难题，由于长时间没有碰测量仪器，加上学校所用仪器和工地上的有所不同，如何准确操作仪器就能成了他工作上第一块绊脚石。李永亮不好意思问人，担心被同事们笑话“在大学里白学了”，就自己抽空研究、琢磨。好在功夫不负有心人，没过多久这个仪器就被他了如指掌了，一个问题解决了又来另一个问题：很久不碰仪器的手也不听话了，一操作手就打颤。他说：“这让我有些苦恼，不过我在心里告诉自己，我一定可以的!”利用一切可以利用的休息时间多次反复练习之后，他慢慢熟练起来，问题也迎刃而解了。对待工作中遇到的困难，李永亮认为最重要的是相信自己，通过努力，今天的工作一定会比昨天好。

李永亮积极学习各种知识，努力做好本职工作。不到半年，就在集团公司小有成就，成为企业一级升特的分公司联络员，项目部十分器重他。然而，不断重复的工作让他慢慢陷入了迷茫。考虑再三，他终究选择了离开。“我选择去寻找真正适合自己的路，但是我非常感谢这一段经历，每一段经历都是专属于自己的财富。”

天 道 酬 勤

兜兜转转，李永亮又回到当初实习过的杭州市勘测设计研究院工作，主要从事杭州规划所涉及的各项测绘活动。几年时间下来，他从菜鸟到技术员，从技术员到技术负责人，再从技术负责人到工程负责人。每一步都是他努力的见证。

现在的工作朝九晚五有双休，但是几乎每天李永亮都是 7 点半就到办公室，开始一天的工作，更加没有双休日的概念。如果有人问他为什么经常一个人跑去加班，他总是回答得很接地气：“因为收入跟工程量挂钩的呀，你不努力怎么会变得更优秀，不努力怎么挣更多的钱养家呢。”

工作期间，李永亮参与并管理了九堡大桥北接线、东湖路高架、秋石高架、紫之隧道等杭州大型市政项目竣工验收测量，以及杭州市区内成百上千房产项目的测量工作。现在他主要负责杭州的测绘项目和非杭州项目的管理工作。非杭州的项目别人不乐意去，不好做，但是他自告奋勇，勇于迈出这一步，他说这些事总要有人去做的。

李永亮不仅本职工作做得好，其他方面也很积极。他代表杭州市规划局参加运动会，所在运动队获得篮球赛第一名、足球赛第一名。他还多次组织或参加篮球比赛，获得了规划局系统文体活动积极分子称号；2016 年担任社区党支部组织委员，G20 杭州峰会期间他协助社区和单位做好治安巡防活动，并获得了社区党员积极分子荣誉称号；2017 年被单位选派参与“百千万”蹲点调研，即联百乡、结千村、访万户，积极深入基层，了解民情，然后针对当地民生问题进行了总结，并编写了相应的调研报告，得到局领导好评；被选派进入杭州市“五水共治”领导办公室小组，积极参与剿灭劣五类水督导工作，真正做到了干中督、督中干，负责的区域都通过了验收，李永亮也因此获得了杭州市规划系统“双百服务之星”荣誉称号、单位优秀员工荣誉称号。对待工作，他总结道：“工作不仅仅是工作，更是我的事业，是我提升自己、实现人生价值的地方。”

路虽弥不行不至

李永亮的人生起点并不高，但他的人格品质与吃苦精神却令很多人望尘莫及。他说，“定好目标，你就有了方向；把期望值降低，你会发现人生处处都是惊喜”。他还经常用母校的校训规训自己：“千里之行始于足下，理应求知若饥，虚心若愚，博于问学，笃于务实。”李永亮说，是浙江水利水电学院让他走到了今天这一步。他希望以后可以回报母校，不忘当初自己的承诺。

在他眼里，大学的时光像流星一样转瞬即逝，但流星又确实是浪漫、执著的。他希望学弟学妹能做那执著一念的流星，在短暂的一瞬，给人们留下永恒的光明。大学时光，做自己喜欢的、自己认为有意义的事，积极主动面对丰富多彩的课余生活。在保证学习的基础上，让自己其他方面的能力尽可能得到充分的发挥。他希望大家度过一个不悔的大学。

“路虽弥不行不至，事虽小不为不成”出自《荀子·修身》，意思是路程即使很近，但不走就不能到达；事情即使很小，但不做就不能成功。李永亮将这句至理名言当做座右铭，从不浪费一寸光阴，他坚信勇敢地朝着既定的目标向前走，一定会得到意想不到的收获。

（供稿：测市学院）

做一名实干家

——记2010级给水专业校友、杭州市水务集团城西分公司团总支书记、营业管理科副科长李光跃

华北平原腹地，太行山东麓，滹沱河上游，有这样一座城市，叫石家庄，又称石门，给排水工程2010级校友李光跃就来自这里。2010年李光跃前往浙江水利水电学院求学，在校期间学习努力、表现优秀，2013年毕业后任职杭州城市建设投资集团有限公司下的杭州市水务集团，先后在管网普查科、GIS科、综合管理科、城西管网部、城西水费管理等岗位工作，现任城西分公司团总支书记兼营业管理科副科长。踏实肯干又热心公益的他，工作之余，最热衷的就是帮助老人，为社区，为社会服务，今天就让我们走进杭州市水务集团，走进李光跃的生活，了解他的故事。

一名实干家

坐定后，李光跃开始了与我们的对话。也许是看到学弟学妹的关系，李光跃眼神中满是亲切和对母校的怀念。

李光跃2013年1月开始在杭州市水务集团实习，起初是被分配到了城东的污水处理厂，在这段时间里他踏实、能干、肯吃苦，实习期满后顺利留在单位。受到单位认可的李光跃更加努力工作，每一天都坚守在工作岗位上，从不掉以轻心。在正式工作半年后转到了管网普查科，负责GIS综合治理方面的工作，与老师傅一同采集杭州境内的管线、阀门等水务设施的数据并将其整理放入GIS信息库中。经过三年风吹雨打的测量与一丝不苟的数据管理工作之后，李光跃因工作出色，被调往城西分公司的管网部，管理GIS工作。2017年开始李光跃任城西分公司水费管理科副科长，初到营业管理科，他就发现了水费管理任务重、耗时长、工作量大等一系列问题，每年共计1.3亿吨水，4.3亿元的营业额，面对如此大的工作量，李光跃并没有退缩，仍然把认真工作牢记于心，虚心向前辈们学习水费管理的经验，并不断摸索，形成自己的管理方法。

“很多新来的同事，吃不了苦，这个不愿意做，那个不愿意做，比如之前碰到的一个新来的同事，在工作中遇到了问题，他就选择逃避，他说他不会。我说那你不会就要学习，学着去解决这些问题。他其实不是不会做，而是不愿意克服困难去做，许多事情都是要通过自己克服，才可能完成的。我在刚工作的时候，认为年轻人是最应该吃苦的一批人，现在不吃苦，就无法成就将来的你，记住，不要在你最能吃苦的年龄选择安逸。”李光跃那个时候就是抱着这样的心态，把能做到的事情都尽善尽美地完成，绝对不马虎，也不拖拉。碰到不会的，他想的是如何去解决问题，而不是逃避。他认为吃苦耐劳的精神应该被永久传承下去，而且这一品质是工作中最需要的。

李光跃说自己是水院出来的人，应该继承水利人“献身、负责、求实”的精神，并且将这些精神发扬光大。这就是李光跃，一名实干家。

一位服务者

“老吾老以及人之老，幼吾幼以及人之幼”这句流传千古的佳话一直铭记在李光跃心中。

工作上的李光跃一丝不苟，在中华传统优秀文化的继承发扬上，李光跃同样是一名实干家。作为分公司的团总支书记，李光跃在工作之余，经常组织一些服务社会的活动，与城投集团一起开展公交劝导活动，组织志愿者礼让行人，力争让礼让行人成为杭州的第二张城市名片，为杭州增光添彩。有一次李光跃主动提出组织一次工作之外的志愿者活动，在人口最多的市中心地段穿上属于公司的志愿者服装，对来往的行动不便的行人提供帮助，同时提醒、纠正交通陋习，希望人们不要忘了最基本的道德素养。在这次活动中，李光跃他们用实际行动让广大市民了解体会了“道德”两个字的真正内涵。

李光跃说，在我们现在有能力帮助别人的时候，对他们给予帮助，等到哪一天我们需要帮助的时候，也才会有人来帮助我们。你做了自己力所能及的事情，别人会感谢你，你自己也会开心。正如一句老话：“赠人玫瑰手有余香”。

杭州市水务集团城西分公司被评为省级敬老爱老文明号，也离不开李光跃的付出。除了为福利院的老人送温暖，在九九重阳节的时候他们还为老人们献上了“浓浓敬老情”的主题演出，并根据每一位老人的需求，私人定制送上礼物。李光跃告诉我们：“我们准备好礼物之后，去每一位老人的房间，将礼物亲手交给他们，我到现在还记得他们眼里闪烁的泪光，和他们伸出的略微有些颤抖的双手。这让我深有感触，是我一生都难以忘怀的。希望我们做的事情不仅仅是一个形式，而是让老人们真正感受到社会给予他们的帮助和关爱。”讲到这里，李光跃的目光变得温暖，也让我们感受到了这样一个男子的柔情。

在服务老人的过程中，有件事情最让李光跃记忆犹新。那是一个深夜，晚上十点多，敬老院的联系人员给李光跃发起了视频对话。在对话中，敬老院的工作人员告诉李光跃，敬老院近期的用水量特别大，可能出现了管道破裂的问题，李光跃挂了电话之后也是心急如焚，生怕老人们的生活出现问题，当晚就召集团队针对问题进行了研究。他们推断是内部管道漏水，次日李光跃就带领公司内优秀的听漏人员前往实地听漏，在没日没夜的几天不间断工作后，终于发现了漏水处。李光跃和自己的团队通过努力，一周之内就解决了敬老院存在的水费问题，为敬老院节省了一大笔开支。这些事情虽然不是李光跃的分内之事，但是每次完成这些事情之后，李光跃却更加开心，因为他帮助了需要帮助的人。

这些，只是李光跃志愿服务的一小部分，能够运用自己的知识，为老人们解决问题，使他觉得人生更加有意义。“其实也没什么，只是尽自己所能，做些力所能及的事罢了。”李光跃笑着说了这句话，如此的云淡风轻，这就是李光跃，一名谦逊的社会服务者。他和他的单位，也被评为了省级敬老爱乐文明号。对于这些荣誉，李光跃却摆摆手，说这只是一些微不足道的小事而已。

李光跃和他志同道合的伙伴们，更希望的还是能用自己的专业知识帮到别人。他们希望自己的专业知识不仅仅可以运用在工作中，也可以运用到帮助别人上，这才不辜负自己的专业，不辜负自己在水院的这三年。

一位勤学者

“在人生的道路上，很多事情可以缺少，很多事情可以不做，但是有一件事情是不可或缺的，那就是学习。一个人，一家单位，一旦停止学习，他的结局就可想而知了，那就是失败。所以任何时候我们都要有学习精神，每一天都要走上坡路，哪怕说这条路走起来有那么一点累，那我们就走慢一点，但是绝对不能停下来，因为一旦停下来，结局就被定下来了。”李光跃在说起自己的经历时，不由得这么感慨道。粗略地了解李光跃，你会觉得，他仿佛什么都会做，污染治理、开展活动、测量数据、综治安全、管网普查，但是沉下心来仔细一想，他是如何做到样样精通，并且还把这些事情做得一丝不苟，得到大家的认可的呢？答案就是学习，不断地学习。

李光跃从实习以来，由老师傅带着进行测量工作，但其实他大学所学的专业是给排水，在测量方面可以说完全陌生，但在短暂的迷茫后他很快就目标明确地投入到学习之中，并尽快掌握了这个专业方面的要领。李光跃认为，只有学习才能使自己成长，也只有学习，才能使自己完全胜任这个岗位。“从最简单、最基础的开始学，一点一点地学习，这些事情其实都很繁琐，但是你不能嫌麻烦，也绝不能放弃，刚开始的时候可能会比较难以接受，学习进度很慢，但是沉下心来，慢慢地总能学会。这些东西都是实打实的，学到了就是你自己的东西，受用一生。”

每转到一个不同的科室，李光跃都会抓紧学习，“多思考，多领悟，多请教。”通过勤奋学习，他在短短的5年，就已经在6个不同的科室进行过历练，并且都取得相当不错的成绩。每一次，他都在不停地学习，等到学成之后，又马上为另一项新的工作内容做准备。就在这样的循环往复下，李光跃积累着一名给水人的经验，积蓄力量，向更高的平台发起挑战。这就是李光跃，一名勤学者。

一位追忆者

李光跃在工作之余，还经常了解母校的情况，也万分怀念大学时光，他表示自己在工作上取得的成就离不开当初母校的培养，在讲到母校的时候李光跃总是很开心。当李光跃得知母校在升本之后越来越好，不由得露出了笑容，他由衷地祝愿水院，这个陪他度过三年青春的地方，能够越来越棒，越来越出色。希望水院的学子能学好理论基础，养成吃苦耐劳的精神，要相信勤奋和努力的作用。今天我以水院为荣，明天水院以我为荣。李光跃引用一句名言“有德有才之人，重用；有德无才之人，培养；无德有才之人，不用”，有时比起才华与学识，品德可能更为用人单位所看重。但丁曾经说过“道德可以弥补智慧的缺陷，但智慧无法弥补道德的缺陷”。在工作中，往往要先学会做人，再去学习专业技能。只有将自己的品行端正了，才能更好地在工作中学习专业知识。他希望所有的水院学子都能坚定自己的信念，追逐自己的梦想。

（供稿：测市学院）

漫漫求学路，深深校友情

——记 2010 级模具专业校友、杭州老板电器股份有限公司培训总监陈毕成

陈毕成，男，中共党员，浙江天台人，1992 年 5 月出生。杭州市优秀青年，余杭区十大杰出青年，中国优秀讲师，中国好讲师大赛全国百强讲师。在校期间担任模具 10-1 班班长，机电学院社联主席。曾获“校十佳大学生”“机电学院十佳歌手”“班级学风建设优秀个人”“校乒乓球双打冠军、单打亚军”“优秀辩手”等荣誉称号。现为杭州老板电器股份有限公司培训总监，曾荣获老板集团 2013 年度优秀员工明星奖，2014 年度优秀员工金牛奖，2015 年度提名老虎钳精神奖，2016 年度创新奖，2017 年度入选集团最年轻中层干部，2018 年度入选为集团高潜干部。

坚定理想信念　做合格的党员

陈毕成高三入党，是机械学院唯一一名大一预备党员，他深知自己肩负重任，除了严格要求自己，积极参加党员志愿服务工作外，还发挥着榜样引领作用，用

自己的行动号召身边的同学主动投身于社会服务中。陈毕成自从进入大学后，就不断告诉自己，不仅要做一名优秀的大学生还要做一名合格的党员，这样才无愧于党组织对他寄予的厚望。就这样一个简单的理想信念竟支撑起了他的大学天空。

2011 年 3 月，他创办“爱车爱自己，爱心爱他人”的党员志愿者服务项目，号召汽车专业的同学在校园内开展“创先争优爱车服务日”活动。在此次活动中，他们为全校教职工免费提供“车辆保养和使用咨询”“车辆简单故障检修”“胎压检测”“车辆外观清洗”“车辆易耗件代购”五项服务，受到全校教职工的广泛好评。陈毕成作为一名共产党员，争做坚定理想信念的宣传者、传播者、先行者的同时，也在广大师生中传播党的声音、送上党的温暖、弘扬党的作风，让学校师生真正感受到一名共产党员信仰的坚定和气节的高尚。

投身公益事业　诠释志愿精神

在校期间，陈毕成积极投身于公益活动事业中，诠释新时代的志愿服务精神。从大一刚进校时他就很荣幸被选中成为一名光荣的青年志愿者。他说，在献出爱心的同时，得到的是帮助他人后的满足和幸福，得到的是无限的快乐和感动。而这些又汇集为强大的动力，激励着他将志愿服务继续开展下去。2011 年 10 月 11 日，全国第八届残疾人运动会在杭州举行，陈毕成成为了残运会的一名志愿者。在为期 15 天的志愿服务工作中，他严格遵守各项纪律，默默地奉献着自己的青春和力量：帮助运动员组装器械、引导参赛团队到黄龙体育中心热身、提供必要的生活照顾……从早上 6 点到晚上 8 点，面对每天来回 45 公里的路程，每天 14 小时的工作时间，他都带着饱满的热情，坚守岗位毫不松懈，因为他知道，奉献，是对志愿者最好的奖赏。2011 年 11 月 14 日下午，他和另外一名志愿者陪安徽长跑运动员（无臂残疾）——任耀，到酒店旁边的浙江工业大学训练。考虑到运动员要进行耐力训练，当天下午需要跑四十圈，他就提议，自己骑车在前面带他，这样他在训练的过程中有人做伴与鼓励，训练效果也许会更好。于是陈毕成向浙工大借了辆自行车，一直陪着任耀练习。在整个赛事服务期间，他们和所服务的运动团队的队员们都结下了深厚的友谊。湖北队的教练还为他和学校都送上了锦旗。作为志愿者，他始终践行“奉献、友爱、互助、进步”的志愿服务精神，奉献自己、帮助他人、服务社会、传播文明。他默默无闻却又兢兢业业，在与各类服务对象沟通接触的过程中，赢得了赞誉、赢得了肯定、赢得了友谊，以实际行动完美诠释了“志愿者”这一称呼的内涵和机械青年青春活力的形象！

搭建梦想舞台　投身老板电器

他很庆幸能够成为老板电器这个大家庭的一员。还记得那个热浪滚滚的夏天，他告别莘莘校园，满志踌躇，心似雄鹰宏图展望；他怀揣青春激荡，义无反顾，却只为追寻心中的梦想；他穿越重重人海，牵手老板，征途在这里启航。

他从管培生开始做起，经历了三个半月的轮岗，初步了解了各个业务端口，最终定岗在服务部门。从大区服务专员开始，负责片区服务管理工作，花了三个月的时间就将自己负责的华南片区做到全国优秀片区，扭转了佛山区域连续17个月的排名垫底，进入全国服务前十强。同时，他也花了11个月时间从大区专员晋升为大区经理（正常需要三年）。

2013年，陈毕成跟着公司领导去参加全国会议，会议上大家都认为当下的服务培训支持力度不够，全国服务人员的能力良莠不齐，还存在很多短板。会议之后，陈毕成临危受命，转型做培训，这一干就是五年。在这五年时间里，他一手搭建老板电器服务培训体系，打造了服务培训“三三一”工程，即：三个项目：精英训练营项目、灯塔服务顾问咨询团项目、嵌入式强化营项目；三个平台：培训课程库平台、线上知了学习平台、培训讲师平台；一个目标：打造一支有激情、有自信、年轻化、有狼性的服务营销铁军，并为全国输送了认证服务工程师800余人。师者，传道、授业、解惑也！

为了当一名优秀的培训师，陈毕成一直严格要求自己，不断学习成长。五年内自费为自己充电，同时拓宽自己的人脉圈。很多时候，很多夜晚，陈毕成都是不断地在跟自己对话，自己给自己上课，哪里都是讲台，哪里都是培训的素材。有时候看到电影的这个桥段不错，回家就赶紧剪辑下来；有时候坐地铁看到地铁上的广告不错，于是马上拍照；有时候去餐厅吃饭看到这边的服务态度，服务设计不错，于是马上用手机备忘录记录下来……陈毕成始终坚信，认真的男人，运气不会太差。终于在2015年，陈毕成参加了中国培训界的年度大赛——中国好讲师大赛。从浙江赛区的初赛到复赛，再到全国总决赛，最终从全国35000名培训讲师中脱颖而出，入选成为全国百强讲师。2016 年，他参加了中国培训杂志的线上授课比赛，最终获得了中国优秀讲师荣誉称号。现在，陈毕成经常给各大高校的同学们培训，分享自己的经历，帮助学弟学妹们答疑解惑，一起遇见更好的自己。陈毕成一直用实际行动诠释成长的力量，诠释了一名 90 后身上的担当，传递青春正能量。

难以割舍的母校情怀

回想这些年自己的成长，更多的还是感谢母校的栽培。陈毕成大概是回母校最勤快的那个。每年都会回去几次，看看老师或者给学弟学妹分享经验。他说他喜欢回学校的感觉，有朝气，有回忆，有老友，能让他忘掉工作上的疲惫，静下心来，回归本真，重遇最初的自己，提醒自己一定要不忘初心，继续前行。在母校的时候嫌弃她这不好，那不好，现在回想起来发现母校哪都好；在母校的时候，自己有太多的试错机会与空间，进入企业之后，你的试错成本会越来越大；在母校的时候，身边的朋友你可以无话不谈，有非常多可以真正交心的朋友，到企业之后当然会有，但或许数量上会打折扣；在母校的时候，你有大把的时间可以自己安排，甚至还没毕业就想着去企业实习，实现抱负，到了企业一段时间之后，你或许会发现，自己原来那么渴望回归校园生活。

人生或许就是这样，总存在一个矛盾区，就像围城一样，外面的人想进去，里面的人想出来。但是我们需要做的就是不断地调试自我。陈毕成特别想对学弟学妹们说的就是：母校是一个平台，更是一座舞台，一个小型的社会。要珍惜在母校的锻炼与学习的机会，尝试更多的可能性，不断试错。我们要有犯错的勇气，和快速修正错误的能力。保持个性，磨掉锋芒的棱角，风雨兼程，始终如一!

作为培训讲师的陈毕成常年出差，走遍了全国各地，他不由感叹："走遍千山万水，看过潮起潮落，历经风吹雨打，尝尽酸甜苦辣，始终觉得您的怀抱最温暖！不论我走多远，心中永远眷恋。忆往昔峥嵘岁月，何其匆匆；望未来岁月峥嵘，何其漫漫。六十五载辉煌，六十五载岁月，借母校六十五载华诞，祝福我的母校，生日快乐!"

（供稿：机械学院）

投身乡村振兴的梦想家

——记2010级商务英语专业校友、杭州搜沙网络有限公司总经理张峰

张峰，2010级国际教育交流学院商务英语专业，2013年毕业于浙江水利水电学院。在校期间曾任班委、学习部副部长。曾荣获第四届浙江省大学生职业规划大赛一等奖、2012年浙江大学生职业大赛创业组“十佳之星”。毕业后参加普通高校全日制专升本考试，被浙江财经大学市场营销专业录取。

2015—2017年从事阿里巴巴农村淘宝业务，期间负责运营多家上市公司等。

2017年响应国家振兴乡村战略，联合浙大硕博，创办天天乡村平台，致力于振兴乡村美丽中国，现任杭州搜沙网络科技有限公司总经理。

校园生活：去尝试挑战

谈及校园生活，张峰回忆道：“在母校的学习生活，是一生中最美好最关键的三年。在这三年中，知识得以充实，眼界得以开阔，能力得以提升”。对于大

学时期学习能力的提升，他更是感悟良多。他称高中到大学的过渡是人生一次质的飞跃。“在高中，学习内容和学习方式比较统一，而在大学，学习内容和学习方式出现了很大变化，对自主学习的要求更高”。张峰正是在三年的自主学习中，在不断发现问题、思考问题、解决问题的思维锻炼中，能力得到潜移默化的提升，为今后创业打下了坚实基础。

母校浓厚的创新创业氛围对张峰影响很大，他认为年轻人就应该有勇气去实践和挑战，年轻就是有资本，大学期间所学习的知识与以后实际工作中实践技能之间拥有密不可分的关系，认真学习好大学基础课程对以后解决工作或创业中的难题有很大的帮助。大学期间，他除了学好自己商务英语专业的课程，还辅修跨专业课程如市场营销、计算机、电商专业等，学习的同时还积极培养兴趣爱好，拓宽视野。另外，张峰一边积极参加各种社会实践工作，一边创业实践，不断地寻找自己的方向。

他说，“创业需要一个全面的团队，需要有技术和管理等多种人才，做事要有韧性；与专业知识相比，更重要的是做人做事的态度。大学所学的课程能很好地培养思维方式，增强自信心，提高日后工作中的判断和学习能力。其实学校里学的基本都是有用的，用处大小就要看一个人对知识的运筹把握和转换能力了。”

张峰在大二期间参加了2012年浙江省大学生职业规划大赛，并获得浙江省一等奖和“十佳创业之星”荣誉，这段经历为他大学毕业后就业和创业做了很好的铺垫。他说“每个人都有属于自己的梦想和目标，也许没有进行科学的规划，没有勇敢地展示出来。如果能正确地认识自己的优点和缺点，更清楚自己的职业梦想，会为将来的创业以及生活奠定基础。每一个人都有自己的梦想，我的梦想和目标是帮助农民脱贫致富，实现乡村振兴美丽中国。其实每个人的梦想都需要与时代的潮流、国家的富强、民族的振兴相连。梦想重在行动，为梦想行动会使人生更加精彩。”

创业道理：要坚持理想

“如果远方呼唤我，我就走向远方；如果大山召唤我，我就走向大山。”

大部分成功者都多次创业才获得成功，每个成功者的背后都有许多心酸的故事。刚开始，张峰的想法是为果农与游客之间建立连接，提供服务方面的创业，如果园信息、农产品电商等，成立了“果真游”品牌，用户量超过10万人，这让他很兴奋，野心也跟着膨胀了，希望公司能更快地发展。他和团队开始租办公场地、聘用了一百多个代理，由于花费巨大，公司很快面临资金短缺，在资金周转不开的情况下，张峰无奈地宣告了第一次创业失败。

面对失败，张峰意识到，想在农村干成一番事业，仅凭一股创业热情是远远不够的。他说，“在校学生基本没什么社会经验，这时候直接创业有很多弊端。一是涉世不深，容易被骗；二是没有经验，不会操作和运营项目。其实当时可以先工作，把工作当做积累经验的跳板。随后，张峰成为了阿里巴巴农村淘宝的一员，全国各地跑，走进农村，走村串户，与农民畅谈，倾听心声、了解需求，工作两年积累了丰富的乡村市场经验，提高了项目运营能力。

“农村长期以来交通不便、信息闭塞，农民的思想也就相对封闭落后，农民只知道闷头种地、干活，却不知道怎样通过营销提升优质农产品的价值、不知道如何更好地卖出去。到头来辛辛苦苦劳作，却没有获得更好的收入。”辞职创业的念头在张峰脑海里渐渐萌生。

说干就干，2017年张峰把自己辛辛苦苦赚的150万元全部用于平台开发和团队建设。他说，如今越来越多的“农二代”懂互联网不懂农，离开乡村涌入城市，扎根城市，而懂农不懂互联网的“农一代”逐渐老去。2017年，全国人口中60周岁及以上人口2.4亿人，占总人口的17.3%，中国乡村人口的老龄化程度正在加速加深，那么明天谁来种地，十年后又谁来种地呢。另外，城乡信息不对称现象十分严重，农民种出好粮没市场，乡上风俗青山绿水没客源，然而城里人面临着各种大而全的APP，导致选择众多却无从下手，而且各种平台倒买倒卖，实际与预计不符合，也就是说城市消费者存在有需求缺好粮，城市节奏快压力大无去处的窘境。习近平总书记在党的十九大报告中也强调，要实施乡村振兴战略，并要坚决打赢脱贫攻坚战。2018年的中央一号文件，对我国实施乡村振兴战略作出了系统、全面的部署，党和国家高度重视乡村振兴，从政策上给予了大力支持。作为有效、快速实现乡村脱贫的重要途径之一，我们注册了“天天乡村”品牌用以搭建城乡美好生活解决平台，成为中国城乡社群交互平台，助推乡村振兴战略落地生根，未来能够带动农民就业增收和脱贫致富，促进城乡融合，让城乡生活更美好。

张峰和团队通过共享共创的方式，做好城里人下乡和农产品进城的双向流通，实现乡村游线下线上一体化和乡村供需求服务线下线上场景化，构建城乡生活体系。他说，“比如你明天想去摘葡萄，打开天天乡村附近，便可以看到附近乡村，采摘、农家乐、垂钓休闲等一目了然；你也可以进行采摘预约、购买代金券或者商品，到果园出示二维码或者消费码核销即可；除了看到附近果园，哪里有农家乐、哪里有休闲娱乐的，都可以进行预约下单，轻松简单就安排好了乡村一日行程。如果没有进行预约，到了采摘的果园，你也可以直接打开页页进行选购，商家也可以查看订单的收款信息。另外，还可以查找发布供需求服务，比如你在异地，想吃隔壁乡村的杨梅，只需发布求助即可，附近的人可以接单，顺便帮你带杨梅到家门口。而且我们负责直供直销全国各地各乡村优质的农产品和农副产品，采用拼团砍价、众筹等农产品营销模式，自营和多商户模式，真正实现订单农业的云上乡村。”

“未来两年将在全国各地陆续上线”，他说，“预计到 2020 年，用户突破 400 万人、合伙人突破 30 万人，最终实现城乡美好生活，为振兴乡村实现美丽中国贡献一己之力。”

“从小生活在农村，对农民、农业都有很深的感情。”张峰感慨，“农民和市场打交道处于弱势地位。我回乡创业，一个重要目的就是帮助乡亲们架起一座通向市场的桥梁，让大家的钱袋子都鼓起来。”

不甘碌碌无为，不屈服于命运，相信梦想，不忘责任，这是张峰最为真实的写照。他起于卑微之壤，生于贫困之乡，却凭借着自己的微薄之力变得不平凡，怀着一颗感恩和谦虚的心，朝着成功，一步一步往前走。

在讲述自己的创业之路时，张峰十分淡然，没有常见的栉风沐雨的故事，更多的是波澜不惊的描述，仿佛所有的挑战和困难都不值一提。经历过的艰难困苦，早已化作一砖一瓦，构建起一个强大而坚毅的内心。

张峰觉得现在只是一个新的起点，并没有实现真正意义上的成功。他一直严格自律，不让自己沉醉在小成就里。大学期间坎坎坷坷，创业初期会走的弯路和会犯的错误，他都经历了。在创业征途上，他觉得最大的收获不是赚了多少钱，积累了多少经验，结识了多少人脉，而是收获了一帮志同道合愿意长久为乡村振兴创业付出不懈努力的伙伴。

生活感悟：不放弃梦想

谈及生活，张峰始终坚信十个原则，即活着、坚持、创新、文化、品质、服务、突围、发展、责任、梦想。有一位哲人曾经讲过一句话："你可以放弃一切，但是不能放弃梦想，你可以不接受任何的东西，但不能不接受别人对你的关心。"多简单的一句话，但是里面富含深刻的哲理。我们已经习惯丢弃来自外面的机会，因为丰富多彩的世界已经让我们不敢去面对，又因为现实的世界让我们对什么都有恐惧，多数人已经习惯说"我不行""干不了"，真的是这样吗？失去一些钱，我们还可以挣回来，但失去一次机会，却是我们用几年甚至几十年都难以再等到的，现在的社会到处是机会，可是有多少是我们可以抓住的？人，不能以不变应万变，因为世界每天在变。过去的已经是过去了，一觉醒来，我们还得重新去选择、面对。今天我们的选择可能不是最好的，但可能是适合我们的。要学会抓住机会，把不可能变为可能，让自己成为一个真正可以有梦想的成功人。"

寄语水院：愿母校更加绚丽辉煌

在谈到对母校的期待时，张峰眼里满是欣喜，他说相逢于母校，相交于梦想。水院的风采，像搏击长空的雄鹰展翅翱翔。回眸过去，历经沧桑，奋发图强；展望未来，前途似锦，英姿飒爽。量杯量筒怎能量师生情谊，卷尺直尺何可测母校胸怀，愿母校更加绚丽辉煌。

（供稿：国教学院）

杭州路桥，因为有你而更加绚烂

——记 2011 级道桥专业校友、杭州市路桥集团股份有限公司团委副书记汪天福

在杭州市路桥集团沥青子公司，有一位被大家亲切地称呼为“小黑”的人，他略黑的肤色中透露出勤劳质朴、兢兢业业，他就是就职于路桥集团沥青拌和有限公司路面施工部的年轻大学生，名副其实的 90 后，汪天福，浙江水利水电学院 2011 级校友。毕业没几年，汪天福凭借着自身的努力与勤奋，已从一名一线工作人员成长为杭州市路桥集团股份有限公司团委副书记。这份成功的背后，充满了汗水与泪水，饱含着奋斗与坚持。

从实习生走向正式工

汪天福，男，中共党员，2011—2014 年就读于浙江水利水电学院道路桥梁工程技术专业。在校期间担任测绘与市政工程学院社联副主席、测绘 13－2 班副班主任。先后获得 5 次校二等奖学金、暑期社会实践先进个人、文化艺术节先进个人、学术科技节先进个人、浙江省结构竞赛三等奖等多项荣誉。现任杭州市路

桥集团股份有限公司团委副书记，负责市路桥集团党建和团建以及工会工作。

2014 年 2 月，他进入了路桥集团实习，担任施工管理员，他把老施工管理员的好习惯继承了下来，每天出班前提前给班组人员做好安全技术交流工作，清点施工工具等。施工班组工作时间长、任务重，经常从早上 8 点出班奋战到晚上 9 点，由于公司提供给实习生的住宿条件十分有限，所以他要在公司和学校之间奔波，而公司和学校之间的路程又比较远，每天来回赶路十分辛苦。但他从未抱怨，也从未想过退缩。

经过几个月的实习，这个岗位已有很多人选择放弃，但正当大家以为汪天福也会放弃时，6 月份的一天他办理了原实习单位的入职手续，签了第一份工作合同，从 2014 年 7 月到 2017 年 7 月，工作岗位就是施工管理员。

有人问他，这个工作这么累这么苦，是否考虑换一个轻松一点的岗位？他说："首先，我学的就是这个专业，在这方面已经有了一定的积累，干对口的工作能充分发挥自身所学，为城市建设发展贡献自己的一份力量；其次，年轻是奋斗的资本，我不想在这个吃苦的年纪选择安逸。"一旁的同事们听了，都为他点赞：这个年轻人，真不错！

万事开头难，一切向前看

涉世之初，万事开头难。毕业第一年，汪天福就遇到了前所未有的挑战，他发现要学的东西太多太多，必须保持一颗好学的心。于是他一边自己钻研，一边跟着经验丰富的老师傅努力学。由于工作性质的原因，汪天福的上班时间难以固定，什么时候有活干什么时候就得出工。出工的时间长短也是由工程的难易决定的，到了饭点却吃不上饭那是常有的事儿。汪天福的工作是典型的"白＋黑""五＋二"。所谓"白＋黑"，是不分白昼黑夜拼命干；"五＋二"则是五个工作日＋两个双休日，持续作业，周末无休。

汪天福回忆，当时在一线作战的时候，有沥青运输过来，就得干活；没有沥青运输过来时，就在马路边睡觉。有一次，因为某个环节的疏漏，他最长在一线连续工作了 38 个小时。虽然体力已经透支到极限，但他咬牙坚持到了最后，他认为这是一种责任的体现，更是一个男人的担当。

在一线工作期间，汪天福除了身体经常疲惫不堪，还有很大的心理压力。他所在的班组里，大部分工人都有四五十岁，而他，仅仅是一个刚毕业的大学生，一个初入社会的愣头青。天天跟着这帮“糙汉子”吃苦受累，还是这么高强度的工作，老师傅们都十分心疼他，劝他换个轻松点的单位，去好好享受大学生该享受的生活。坐办公室，吹吹空调，每天准时上下班，过着舒坦的日子，领着可观的工资，谁不向往这样的生活？汪天福也曾一度做过思想斗争，可最终，他的责任感与使命感迫使自己选择了坚持。留在岗位上继续工作确实是一项高难度的挑战，但他的好胜心源源不断地给他提供战胜自己的驱动力，驱使他勇往直前地拼搏。汪天福说，谁不是一边迷茫，一边前行，当做出一个决定的时候，最难的其实已经过去了。

严慈相济，尽展领导风范

鲲鹏水击三千里，扶摇直上九重天。从施工管理员到项目负责人再到团委副书记，汪天福就是这样一步一个脚印地向前走。在班组 16 位老一辈工作者看来，这位“小黑”是一名优秀的领导者。他一丝不苟地完成项目的施工组织设计，引导班组出色地完成每一项任务。在担任项目负责人期间，他时刻保持着对工人及工程项目负责的态度。每次施工前都会跟甲方通电话，确认好时间和施工的具体事项，并做好一系列的前期工作，在施工结束之后，不会提前离开，必须整理好所有施工资料，所以他所带领的班组总能出色地完成任务。

他不仅业务过硬，还是一位大暖男，时刻关注着工人们的需求，并给他们提供帮助。他帮助工人们操办日常生活用品，准备热水瓶、毛巾、洗漱用具之类，事无巨细。考虑到下雨天工人们骑电瓶车出工存在很大的安全隐患，他主动向上级汇报情况，并为工人们申报下雨天的打车费用，这样不仅能及时出工保证效率，还保证了工人们的安全。炎炎夏日，工人们出工的次数不在少数，而经过太阳暴晒的水是无法正常饮用的。为了能让工人们及时喝上安全的饮用水，他就为工人买矿泉水……通过生活中一件一件的小事儿，他慢慢走进工人们的心中，得到大家的认可。

他也熟知恩威并重的道理，绝不允许班组里面出现懒散气息。因此，只要看到工人们偷懒了、懈怠了，绝不会因为私下里关系好就迁就他们，而是通过严格管理让工人们意识到散漫会导致的严重后果，进而自觉规范自己的行为。在工作之余，他会时常跟工人们宣传公司政策，让他们明确公司的发展目标，让他们体会到每一个个体的力量对于助推整个团队发展的重要意义。

备战 G20，全身心投入一线

2016 年 2 月份，G20 杭州峰会沥青路面工程整治工程施工正式拉开序幕，汪天福带领的班组成为路面施工部的施工队伍主力军，由于施工任务量大、施工点分散、班组人员不足等问题，很多时候汪天福要身兼多职，不仅要充当施工管理员的角色，还要辅助机械设备操作手进行作业。自己亲手拉起钢丝绳，打石灰线，在摊铺机电脑旁进行找平，检查摊铺机故障，等等。在一些交通复杂的十字路口作业时，为了保证施工班组人员的安全，汪天福就把控制电脑的工作交给班组里的老同志，自己则去指挥现场交通；到了吃饭时间，有时候由于班组驾驶员临时有任务没时间回基地拿午饭，汪天福就开着自己的私家车给班组人员带盒饭，班组哪里需要他就到哪里去。当时，他带着三个班组同时作业，把精力一分为三，在三个点之间来回奔波。生活作息被打乱了，洗澡也来不及，换衣服也来不及，累了直接在车里倒头就睡，这就是当时的生活状态。G20 期间，他带领的班组完成了钱江新城 CBD 中心以及西湖景区七条一级市区道路的施工，为 G20 的顺利召开贡献着“路桥人”的职业操守。

从初进路桥公司的青涩大学生到现在成为公司和部门的骨干成员。汪天福靠的是他吃苦耐劳、坚持不懈的精神，这位 90 后的帅小伙，正以踏实稳重、积极向上的行动和作风，展现着路桥年轻一代的风采！

立足团队，让担当成为一种习惯

小成功靠智慧，大成功靠团队，汪天福将他现有的成就都归功于团队。同时，他一直强调，对待任何事情都要有所担当，千万不可推卸责任，而担当不是挂在嘴边，而是要落实到具体的实际行动工作中，按照“一分布置，九分落实”的要求，以头悬梁、锥刺股的钻劲儿，以不达目的不罢休的韧劲儿，以创先争优、不甘落后的拼劲儿，以雷厉风行、敢于拼搏的狠劲儿，言必行，行必果，高标准、严要求地出色完成所担当的各项工作任务，在真抓实干、有所作为中检验担当效果。

对于目前的工作状态，汪天福说："现在是新时代，杭州正处于后峰会前亚运的历史机遇，在这一阶段，他会带领新的工作团队吹响新时代号角，勇当时代弄潮儿，做实干担当的路桥人！他会同新的工作团队认真落实干在实处、走在前列、勇立潮头的精神，做克难攻坚的路桥人！他会同新的工作团队拥抱新时代、扛起新担当、展现新作为，做使命必达的路桥人！"

也许，前方的道路很艰苦，但他用亲身经历告诉我们，一切的坚持都是值得的。路虽远，行则将至；事虽难，做则必成！

（供稿：测市学院）

不忘初心的 90 后

——记 2011 级市场营销（中新合作）专业校友、浙江省公安厅高速交警总队温州支队民警胡兴隆

胡兴隆，浙江温州人，2011 级市场营销（中新合作）专业校友，2015 年通过浙江省公务员社会招聘考试进入高速交警队伍，从一名普通公民成为了一名行政执法人员。

满怀期待推开大学校门

2011 年秋天，高中生的稚气尚未褪去，胡兴隆就迫不及待地撞开了大学的大门。他拖着行李箱在新生报到处认识了副班长，去寝室的路上一路好奇，一路观望，一路向前……

他依然清楚地记得他本想借助校外联部这个平台锻炼自己的交际能力，却在校外联部面试中失利，但他没有灰心，最终通过努力加入了学院里的外联部。第一次拉赞助，第一次办活动，还有第一次参加辩论赛等，一年的外联部干事经

历，让他充分感受到了大学生活学习之外的精彩。2012 年，他担任院外联部长，终于有了自己的小团队；2013 年担任团总支副书记，他不曾想过自己有一天能同老师和学生会主席一同并肩作战，同年他光荣地成为一名预备党员。那一年他明白了很多，切身体会了付出终将会有回报。

在大学阶段，他庆幸遇到了一群活泼的室友，如果说在学生会里从事的是工作，那他们的学习和工作便是生活。学校里的几位可爱的辅导员老师，虽不是千里马但却是他的伯乐。

不忘初心踏上志愿者岗位

2014 年的夏天，胡兴隆迎来了毕业。他匆匆在图书馆前拍了毕业照，那天太阳很烈，晒得大家睁不开眼，“咔嚓”一声为大学生涯画上了句号。终于毕了业，可以赚钱，可以去想去的地方，可以去实现自己的“中国梦”，一部分同学来不及寒暄，便各奔前程，在夏日里挥手告别。

而他伫立在原地，望着陪伴了自己三年的教学楼、图书馆、宿舍楼和食堂，手里攥着“两项计划”志愿者报名表，他决定去海岛当一名服务当地发展的志愿者。那里不是大城市，没有高薪，却有他的梦。

“两项计划”的梦想实现了，大学毕业后的他走上温州市洞头县总工会办公室办事员岗位上。初入工作岗位，他认真了解岗位性质，学习岗位所需的能力，以最快的时间全身心投入到工作岗位当中。一年里他还积极参与工会“职工环岛跑”、羽毛球赛、气排球比赛、职工各项比武竞赛、职工技能培训、普法宣传等各种活动，一边努力熟悉工作环境，一边为实现梦想增强本领。

追梦的路上他也曾有迷茫，迷茫自己与毕业后的同学们渐行渐远，身边的同学不断升职加薪，而他只有每月一千元的生活补贴。但他知道通往成功的路注定要孤独前行，不论遇到再大的困难，再难熬的日子，心中的初衷不变，定会实现人生的价值。

牢记使命坚持为民服务

2015 年他通过浙江省公务员社会招考进入高速交警队伍，从一名普通公民变成了警察，迎来了自己的身份大转变。从警三年，他参加过两次世界互联网安保，以及杭州 G20 峰会安保、厦门“金砖会晤”安保，获浙江省公安厅嘉奖一次。执法者的身份，让他变得严谨，有担当，有敬畏心。

胡兴隆说，从警不仅要雷厉风行，更要细致用心。2017 年厦门金砖安保例行检查时，有一名女子无法提供身份证件，这本是一个普通事件，但胡兴隆注意到女子的言行举止有点异样。“那个女孩在报身份信息的时候，非常着急，正常人谁会像学生背书一样慌慌张张地背出自己的身份证信息，像是生怕自己忘记了似的。”胡兴隆说着，陷入了回忆。那时已是晚上 11 时许，夜色正浓，分水关公安检查站安保任务也已进入攻坚阶段，检查站中的每位警员心里那根弦都是紧绷着。一辆鲁 K 牌照的银白色轿车缓慢驶入检查通道，车上坐着一男一女，盘查人员按照既定流程请他们下车做身份核查。男子很快出示身份证并核查通过，但身边的女子却极度不配合，迟迟不愿提供有效身份信息，工作人员只好将他们请到滞留室内等待处理。

随着时间一分一分流逝，该女子开始变得焦虑不安。胡兴隆的严肃警告让她彻底慌了神，她连忙表示自己愿意给家人打电话询问身份信息。在比对本人与所提供身份证上的照片后，胡兴隆发现两人的外貌出入极大，他心中猜测，此人极有可能是谎报信息。

“我再三质问，她却依旧坚持身份证上的是本人。”而该女子提供的身份信息人也恰好显示是独立户主，这意味着从父母方着手调查的线索断了。凭借着丰富的交管经验，胡兴隆决定从侧面入手，查看该身份证乘坐动车的信息，在发现该身份证在近期有购买车票的记录后，他对女孩进行了地点问询，但后者却答不上来。在随后的观察中，胡兴隆还发现其四肢上留有墨水笔书写的蝇头小字，并与她提供的身份信息相吻合，他更是确定了心中的猜测，此人身份必定有疑。

在胡兴隆的再三质问下，该女子终于交待了自己的真实身份信息。经过核查，原来该人不仅有吸毒前科，更在随后的毒品尿检后发现，该女子吸食冰毒呈阳性。不愿放过任何可能的胡兴隆，怀疑始终陪伴在她身旁并有包庇行为的男子，可能也存在吸食行为。于是他要求该男子也进行检验，果不其然最后结果显示该男子同样也是一名“瘾君子”，只是尚未被公安部门查获而已。

在法与情之间，他心中有把尺

成为警察后的胡兴隆工作十分忙碌，日常能陪伴父母的时间更是少之又少，和他们一起爬爬山散散步，是享受天伦之乐的难得方式。警察不同寻常的作息时间，使他常常错过同学的婚礼、好友的聚会。“当了警察后我都快没朋友了。”胡兴隆有些无奈地苦笑。

在温州市洞头县做“两项计划”志愿者期间，他的工作便是维护工人的权益，胡兴隆深刻了解劳动人民的辛苦与不易，走上真正的工作岗位后，他仍坚持能帮则帮的良好习惯。“我算是容易同情心泛滥的一个人吧，虽然有时候会被人骗，但是能帮到真正需要帮助的人还是值得的。”有一次看到货车司机因为事故滞留，为了省钱睡公园吃泡面，再三劝说无果后，胡兴隆默默地跑去小店买了食物塞给他，并在下班后主动加班以尽快完成事故的处理，好让司机能早日重新上路。事故处理结束，那位连吃饭都不舍得的司机为了表示心中的感谢，花了 45 块钱买了一包中华烟准备送给他。胡兴隆看着窗外驶过的一辆辆货车，感慨道：“我没要，我告诉他没这个必要，他连饭都不舍得吃，何必花钱为我买烟，更何况我只是做我该做的。”他至今难忘那个画面，朴实的大汉在他面前哭得像个孩子，“生活的重担压得人喘不过气，有时候点滴关怀对于他们来说就是救命稻草。”

在这全长 12 千米的高速路上，胡兴隆遇到过形形色色的人，有真正有困难的，也有在求情无果后翻脸辱骂的，但在他心中一直有一把尺，一把以法律为标准的度量尺。他说，这是作为合格的执法者必须要把握的。

生活中也有“职业病”

看到警车呼啸而至，那红蓝两色的警灯急促闪烁，红的炽烈如火，蓝的冷峻似钢，一如执法人的心一般。不知不觉间，警徽早已深深烙印在他的灵魂深处。

作为警务工作者，不管是否在岗，他都是用一个共产党员的身份来严格要求自己。胡兴隆还给我们讲了另外一个故事。在连日阴雨的晚执勤下班后，潮湿和浮躁弥漫在整个城市上空。行人小心翼翼地走着生怕身上溅到泥水，下班路上的他正赶着赴约，车窗外迷蒙一片，忽然间他发现一个身影横亘路中央，是人？他猛地一个急刹，车轮止在一名男子身前。倒车，靠边，开启双跳灯，放好三角牌，一切和他平时执勤时一样，只是此时他一身便衣。躺在路中央的男子一动不动，他的一声声呼唤招致的是更多质疑、担心的眼神。不少过往车辆从他身边绕行，围出一个尴尬的空地，司机纷纷探头看询，惊讶之余又匆匆离开。

他真希望这名男子没有受伤，心里问自己这难道是道“扶不扶”的难题？若是故意为之，讹人行为定当要绳之以法，如果是受伤倒地，那更要义不容辞地救死扶伤，再或者是轻生念头作祟，那也要在他人脆弱之时拉上一把，作为一名警察，于情于理他都得管。

没来得及撑伞便急忙赶到男子身边，男子侧身躺着，左手无意识地挥动着，指头夹着将要燃尽的烟头，全然不顾危险的处境。稍作试探，男子身上并无伤痕，却有一股浓烈的酒味，几番呼唤并无回应。当务之急是保证人身安全，路上的司机稍不留神，后果将不堪设想。

一边拨打110，胡兴隆一边指引过往的车辆，熟悉的场景让他迅速进入角色。雨越下越大，与交警指挥中心简单沟通后，他一边指挥交通，一边关照着这名醉酒男子。很多人好奇地看看，一声唏嘘后又悄然离去，这让他一个人在雨中略显狼狈，虽是一身便衣，但使命感与责任心促使他更加坚定救助男子的决心。

热心人渐渐围拢来，一个阿姨给他撑住伞，一个大叔也下车当起了交通指挥员，人越聚越多，嘈杂的声音议论纷纷，但也都没闲着为男子遮雨，到对向引导，远处望风焦急地等待警察，善意在这雨夜中传递着。很快，一声“警察来了”打破了这份焦躁，红蓝色的警灯进入了视线，照亮了街景，车上下来民警，天蓝色的制服，红蓝色的警灯都同他上班时一样，这种安全感，让他心安。

与民警做完简短的交接后，他才放心离开。聚会当然迟到了，告知原委后朋友没有责怪，反而笑说：“爱管闲事不正是你们的‘职业病’吗?”胡兴隆说，常听身边的同事抱怨这磨人的“职业病”，但大家心理上却因为这“职业病”而更加骄傲、自豪。入警宣誓的那一刻起，“爱管闲事”这“职业病”便烙在了胡兴隆心上。全心全意为人民服务，群众危难见义勇为，群众报警决不置之不理，这些都是不知不觉中就已染上的“职业病”，甚至成为“顽疾”。其实从警的意义，就是懂得献身于这份职业，献身于周围的群体，去创造一种能给自己目标和意义的价值观。有言“繁华落尽见真醇”，华丽的背后付出的是汗水，肩负的更是沉甸甸的责任。

对世界满怀热忱

工作中受到责难在所难免，遇到质疑与辱骂，每个人心中都会产生愤怒，尤其是还未饱受社会打磨的年轻人，但作为一个执法者，却需要克制。因为年岁小，胡兴隆在执法过程中常常会受到质疑，更有甚者对他扬声恶骂，他心中虽然有些愤懑，但表示理解，成长毕竟需要经历磨炼。

他是个无论对生活还是工作都满怀热忱的人，虽然偶尔喜欢吐槽，却从不懈怠。警察是一份枯燥乏味的职业，但他乐于去学习新事物，用心去感受生活的点点滴滴。

（供稿：国教学院）

逆风奔跑的追梦者

——记2011级计算机信息管理（中新合作）专业校友、
浙江笑眯眯电子商务有限公司总经理何郑峰

何郑峰，2011年入校，2014年毕业于国教学院计算机信息管理（中新合作）专业。毕业4年来，从相对稳定的工作岗位离职进入民营企业，从企业从业者到返乡创业，即使疾病缠身，也难挡他逆风追梦，他说：“当多数人看好的时候，我必须问问自己是否要转变；当别人想到要做的时候，我必须已经在做了。”

当小伙伴都平平淡淡，他的大学却焕发光彩

2011年进入大学，何郑峰与其他同学一样，按时上课、按时作息，似乎就过得很平淡。但是平淡的外表下，他的内心却经常发出疑问“我将来要做什么？我的大学要怎样度过？我将会以怎样的面貌迎接毕业后社会的选择呢？”

大学就是他踏入社会的前站，他称之为“半社会模式”。何郑峰认为，在大学里学的不仅仅是专业知识，更多的是如何融入这个社会，成为一个社会人。所谓活到老学到老，永远在生活道路中做人，写好一个“人”字很简单，但现实中

却是难上加难，永远摸索不到边，要社会接纳你，自己就得融入社会，环境不会为谁而改变，适者生存，只能去适应环境，改变自己。

在校期间，何郑峰曾经担任过班级团支书、学习委员，出色的工作能力让同学们得到认可；他也竞聘担任副班主任，帮助学弟学妹答疑解惑；通过自己的努力，成功当选学院学生会副主席，带领更广大的国教学院的同学们奋斗青春、充实生活。当然，大学生活中，他也流连于小吃街，也会在钱塘江畔骑车洒脱。让他难忘的，便是大学期间的创业实践，也算是兼职。大二时，他在劳务市场做了暑假工，发传单、打包整货、加班加点，让他清楚地了解到跨出校门，走进现实社会的心酸和艰苦，看到了现实的骨感，社会的残酷。找一个适合自己的工作实在难，找一个合适自己的环境更是难上加难，让他知道了历练成长的重要性，没有足够资本前唯有卧薪尝胆，再创宏图。

这些都是何郑峰出校门后的宝贵财富，对他很多选择和决定产生了影响。不忘初心，方得始终，活着，即是一种修行。初心易得，始终难守。若忘初心，幻湮迷灭。不拒本心，是谓自在。这也是何郑峰大学三年最深的体悟，也是他踏入社会的自我警示。

当第一份工作顺风顺水，他却毅然离职重新规划

与很多毕业生一样，何郑峰临近毕业，也有很多就业的选择。比如参与并逐步接手父亲的企业业务，入职某个企业上班，又或者到外地经营一个小店……何郑峰毕业后就有了一份相对稳定的工作，看上去一切顺风顺水，在岗位上认真工作，坚守一份职责，努力成为一名优秀的工作人员。在旁人看来，这是多么稳当、多么让人艳羡的一份工作呀。

就这样，毕业后的第一年，何郑峰朝九晚五，但他自己的内心一直在寻找另一个机会，一直想实现他自己挑战社会生存的最终梦想，一颗不安分的心一直在等待时机。2016 年 1 月，正值大家都准备过新年时，何郑峰向所在单位正式递交了离职申请，毅然离开稳定的工作岗位，选择来到杭州四喜信息技术有限公司，成为一名民营企业的销售人员。问他为什么这样选择，他说兴趣是最好的老师，他的兴趣是市场营销，稳定的固定的工作与他个人性格不太相符，自己最清楚自己，这也是扬长避短的一种选择。来到杭州四喜信息技术有限公司后，何郑

峰开启了另一段不一样的旅途。

当更多人选择留在大城市，他却选择返乡创业

在杭州四喜信息技术有限公司，何郑峰就像羽翼日益丰满的鹰，一步步地在营销的岗位上发挥着自己的想象力，用高效的执行力得到了企业的认可，越飞越稳，越飞越高，他从销售人员到销售经理，再经多岗位锻炼后，用了差不多一年的时间，2017 年初农历新年伊始，何郑峰被公司任命为副总，成为公司管理核心 13 人中最年轻的高管。

说到这里，大家一定脑补了很多画面，想必大家都会认为何郑峰在杭州发展越来越好。但是，事实的画风转变很快。当何郑峰成为公司副总经理的那一刻，另外一个念头就立刻产生——返乡创业。

因为在何郑峰心里，一直是想回到老家——诸暨店口——为老家的经济发展和年轻人就业提供自己的微薄之力。这个梦想，也是在他离开政府部门那一刻就有的，总有一天他要回来，因为这有市场，有机遇，有挑战，更有责任。经过一段时间的市场调研分析，店口初步构筑了铜加工、汽配、制冷、节能环保装备等多元化产业格局，他和自己的小伙伴发现了店口电商的可挖掘性，无论是地理优势还是经济优势，都是理想之地。

2017 年 3 月 29 日，浙江笑眯眯电子商务有限公司成立，入驻店口镇三新创业园，何郑峰任总经理。这也是经过长时间酝酿，在四喜集团公司的支持下，在老家诸暨店口成立的分公司。自始，何郑峰离开大城市，在诸暨店口老家逆风起飞。

当常规电商服务频频碰顶，他却以深度定制和业务拓展重新起飞

“笑眯眯”的经营理念就是致力于企业电子商务托管服务、企业商铺装修、企业信息托管维护、企业信息推广和企业信息化建设。事实上，类似“笑眯眯”这样的电商服务企业在浙江省不下数万家，经营模式也比较类似，尽管在店口，城市相对较小，但是经营仍然是曲折并充满荆棘的。“笑眯眯”最初销售团队仅有 4 人，从最原始的电话销售到地推模式的成型，一直在摸索探讨，遇到过无数

次的碰壁和失败，也看着众多的兄弟企业频频碰顶，发展缓慢。于是，何郑峰与团队成员一起开始琢磨如何维持公司的可持续发展。

电商服务的“深度定制”成就了“笑眯眯”的脱颖而出，本着“为客户所想，走成功之路”的经营理念，何郑峰的企业切实挖掘电商经营中的数据价值，降低服务企业的推广成本，精准把握销售时点，帮助众多中小企业实现了电子商务的顺利运转。

到截稿时，整个“笑眯眯”团队已达400多人，人数还在增加，他们从普通托管到深度代运营的合作模式出发，一步步深度挖掘客户资源。他们凭借良好的口碑和态度，得来了一批又一批客户的认同，至今已有1000多家合作伙伴与他们深度合作。

何郑峰与伙伴们也不仅仅止步于此，他们发掘了很多智能家居的市场，发现年轻客户对智能家居的接纳度很高，而他们的优势就在于总部拥有30000家企业的支撑，经与国内一线知名房地产商达成合作，在精装修的同时，融入店口区域内水暖五金等建材行业的代入，进一步拓展了“笑眯眯”的发展。公司软件部不仅与阿里巴巴一同开发智能家居市场，也积极开发E伙伴、加密软件、云端等项目，帮助中小企业做好线上运营管理，依托科技不断延伸自己的产品线，在做好线上的同时带动线下发展，把自己的产品做精、做好、做全。

于是，何郑峰畅想他们的未来会建立店口电商贸易联盟，会避免价格战的爆发，会联系他们的客户开展多方面的合作，从单一的产品到完善的产品系列，为打造店口的产业联盟做准备，在此同时植入笑眯眯的产品理念，并拓展他们的品牌效益。

上市，是何郑峰下一步的计划。

当身体有恙人人劝慰，他却仍以满腔热情奋战一线

如今见到何郑峰，很容易看出他走路的姿势与别人不同，五年前的一次受伤，因为治疗不当，如今他患上了强制性脊椎炎，导致现在连走路就有点歪斜跛脚了。

很多同学见面或者同事说起，都会关心地安慰和劝慰何郑峰要注意休息，保重身体，毕竟企业的发展需要领路人健康的身体作为保障。然而，何郑峰却一笑

而过："我现在从店口开车到杭州，再当天开回去都没问题，只要不站的太久就好，那我就坐着思考吧。"

在交流的时候，何郑峰仍然会谈他的"青年观"。"当你年轻的时候，不想对自己狠，不想严格要求你自己。等你步入中年或者老年的时候，你即使严格要求你自己，你所获得的存在价值和机会比年轻人也会差很多。年轻的时候，你找一批和你一样拼命的人，一起携手努力，多年以后这批优秀的人就是你最可靠、可信赖的伙伴。我现在还年轻，身体的疾病只是外在的表象，我的内心仍然充满活力，也不会因疾病而影响我奋斗的激情。"

现在在何郑峰的微信朋友圈，仍然可以看到半夜的集团高管会议，周末的跨地飞行，更有企业培训的亲力亲为和销售谈判的第一现场。

说 到 母 校

谈到浙江水利水电学院，何郑峰认为是他踏入社会的开始，对于大学生活，他内心更多的是美好回忆。无法忘记的是毕业季，那年看着大家一个个离去各奔前程，是一种无奈，更多的是不舍。大学三年，他交了一群挚友，无论学习、生活都在一起度过，那已经不叫室友，或许就是真正的知己亲人了，整整三年学习生活在一起，分别时发现，原来在一起三年了，虽然现在联系也渐渐少了，但是在自己最深沉的回忆中，这些都是弥足珍贵的。回想起来，甚至会在心底高兴，时不时也会看一下以前微信朋友圈的点点滴滴，回忆很多、很美好。

学校更多的是寄托他精神载体的地方，他在水院最感谢的是辅导过自己的老师，在他人生道路中做了许多引导，让他少走了许多弯路，帮助他成长为一个相对成熟稳重的男孩。

（供稿：国教学院）

博观约取，厚积薄发

——记2012级计算机信息管理（中新合作）专业校友、
中国人寿浙江省总公司信息技术部吕叶晖

吕叶晖，国际教育交流学院计算机信息管理专业2015届毕业生。在校期间曾担任学院团总支副书记、学院青协会长、信管W12－2班班长、信管W13－2班代理班主任。曾荣获浙江省高校优秀毕业生、校优秀毕业生、校优秀团干部、校优秀学生干部、校优秀志愿者等称号。毕业后参加普通高校全日制专升本考试，被浙江工业大学软件工程专业录取，完成学业后签约于中国人寿保险股份有限公司浙江省总公司，担任信息研发岗位。

化蛹为蝶——在蜕变中获得新生

在没进入大学之前，吕叶晖和很多人一样，经历过了高考的洗礼，憧憬过大学生活，当时他脑海里都是高中班主任说的，等上了大学你们就轻松了，但是事实真的如此么？显然高中班主任是一个“大骗子”，他的大学生活过得可一点都不轻松。

在专业学习方面，对一个 IT 学生而言，实践才是检验真理的唯一标准，因此吕叶晖珍惜每一次动手实践的机会，尝试着将课堂上的理论知识转化为看得到的各类生活小程序，他的学科成绩在本专业不算最拔尖，但在校期间也多次荣获校奖学金，得到了老师们的高度认可。

在学生工作方面，起步于学院的青协，每一次志愿服务都让吕叶晖收获很多。其中最主要的是一种感觉，可以说成就感，也可以说是满足感，它会让你感觉充实，有意义，其实，他觉得做志愿者要的就是这种感觉。期间他作为志愿者在老师的带领下参加了学校、学院组织的大大小小的很多活动，如老年社区公益服务、幼儿园节能节水宣传活动等。志愿服务是奉献社会、帮助他人，是传递爱心的过程。“被需要也是一种幸福”，这种感觉是他在做志愿者之后才真正理解和领悟的，把志愿服务当做自己的生活内容和生活方式，他认为这就是做一名志愿者的真谛。大一大二两年在学校青年志愿者协会的历练中，他表现突出，在随后的全院公开竞选中表现出众，最后走上团委副书记的工作岗位。上任伊始，他做得最让自己满意的要算对院学生会进行了制度建设，从学生中来，到学生中去，因为他一路从学生干部走过来，清楚地了解本院学生干部中存在的弊端和诟病，所以为了让全部学生干部都能端正自己的态度，他在人员任务分配上实行了责任到人的规章制度，人人头上有任务，人人头上有指标。推行之后效果显著，学生干部队伍工作有序，纪律严明。

在社会实践方面，为提高自身潜力，做到全面发展，每年假期，吕叶晖都会参加社会实践，其中让他印象最为深刻的是 2014 年 7 月，他带领学生干部团队前往嵊州通源乡支教。大山里的孩子不像城市里的孩子们，他们在日常生活中除了接触书本中的内容、电视里的内容之外，基本没有其他途径可以了解外面的世界，他们好奇，渴望走出大山，去看外面的世界。所以支教期间他组织山里的留守儿童开展了常识学习、手工物品制作和简单英语单词教学等，通过活泼的教学形式让孩子们在快乐中汲取知识的营养。

读万卷书，行万里路

临近毕业，大家都在为自己未来做着打算，吕叶晖也不例外。摆在他面前的路有两条，一条是继续深造，专升本；另一条是直接就业。因为他参与过多次社会实践，清楚地知道自己当前的学历背景和学科能力要想在专业对口的岗位游刃有余还比较困难，所以他坚定地选择了继续升学这条路。通过不懈努力，吕叶晖在普通高校全日制专升本考试中取得优异成绩，最终被浙江工业大学软件工程专业录取，他还被学院邀请作为代表参加了13届学院升本经验分享会，在分享会上他介绍说：任何一件事情都要认真对待，都要做好规划，把每一个礼拜都作为一个时间节点，清晰地规划每一个节点需要完成的内容，然后回过头来审视自己的努力是不是能让自己满意，并且及时分析原因。他认为，在这个过程中最难的就是坚持，在别人享受毕业旅行的时候，他早出晚归在图书馆认真备考，数学成绩本就一般的他曾经无数次地想过放弃，他说多亏了当时身边有一群志同道合的小伙伴们，大家相互帮助，相互鼓励，一起坚持走下去。

两年的本科学习结束时，他决定步入社会。在校期间最让他印象深刻的要算那段实习时期。都说杭州是一个互联网公司扎堆的城市，他作为一个计算机专业的毕业生，算是赶上了时代的浪潮，但理想是美好的，现实是残酷的。他曾给各大互联网巨头公司投去简历，比如阿里巴巴、网易、恒生等，但这些巨头公司好像对他并不怎么“友好”，因为缺乏实际项目的经验，往往在应聘过程中通过了笔试却止步于面试。一次一次的个人简历投递石沉大海，一次一次的面试碰壁，这让从大学入学一路走来都顺风顺水的他备受打击。但是，他并没有放弃，而是吸取每次碰壁的教训，不断根据不同公司的需求修改简历内容，提高面试技巧。后来一次偶然的机会让他在学校举办的校园招聘会中遇到了一家名为“校宝在线”的互联网企业，在与HR交流之后，成功通过了笔试和面试，开始了实习生活。实习期间他非常珍惜每一次机会，充分地把在学校中学习到的理论知识运用到实战中，实习的这一年是他专业水平进步最快的一年。

实习结束后他没有选择与公司签署劳动合同，因为他想多去看看外面其他公司的样子，了解它们的系统架构，熟悉它们的管理体系和业务范畴。最后，在几家公司的比选中，他选择了中国人寿保险股份有限公司浙江省总公司。当时他的父母和同学都很不理解，一个学计算机的为什么会选择一家金融保险机构上班，这个问题的答案他很清楚。首先，这对他来说是一个完全陌生的行业，他渴望去了解更多，知道更多；其次，这是一家世界五百强的企业，一家企业能够成长到这种规模，那么它的系统架构与管理体系一定有值得学习的地方；最后，这家金融保险企业恰好也设有专研IT技术的信息技术部门，他可以在这里施展身手。

博观约取，厚积薄发

厚积薄发，要的是不显山露水的积聚。如今，吕叶晖踏上工作岗位已快三年，他不断努力进取，在学习、工作等方面都取得了不错的成绩。在自我成长的过程，吕叶晖始终没有忘记培养他、指引过他的母校与老师。他说，无论何时，都不会忘记下沙学林街583号这所学校的故事。未来，他将不断地更新自我，争取在激烈的社会竞争中取得更大的进步和成功，做一名有益于人民、有益于社会的水院人！

（供稿：国教学院）

青春，在奉献中闪光

——记2012级计算机信息管理（中新合作）专业校友、
温州市烟草专卖泰顺分局（分公司）饶正航

饶正航，中共党员，浙江温州人。2012年进入浙江水利水电学院国际教育交流学院计算机信息管理专业（中新合作）学习，2015年毕业后，考入浙江工业大学软件工程专业。现供职于浙江省温州市烟草专卖局（公司）泰顺分局（分公司）。他的个人格言是：青春，在奉献中闪光！

每个人都可以成为“最美丽的人”

从“最美妈妈”吴菊萍到“最美司机”吴斌，再到“最美教师”张丽莉，他们来自各行各业，普普通通；他们来自基层，平平凡凡。这些看似名不见经传的“小人物”，却被人们称为最美丽的人，人们用世上最美好、最温暖的词汇来赞美他们，他们的事迹感召着无数人加入到“最美一族”的队伍当中。饶正航也总向往着有一天能够在水院，成长为一名“最美丽的人”。

水院，确实有一群“最美的人”，那就是水院“小柠檬”，而饶正航就是其中一员。其实他们是水院的志愿者，他们常常会统一身穿黄色的志愿服，洋溢着青春和热情，活跃在水院的大大小小志愿服务活动中。之所以亲切地将水院的志愿们称作“小柠檬”，不仅仅是因为他们服务时穿的工作服和柠檬的颜色相似，更是因为志愿者的工作，就像柠檬一样，酸涩中带着一丝甘甜，只要能够给大家带来哪怕一点点的帮助，即使再苦再累，也都心甘情愿。因为对他们来讲，这是一种赠人玫瑰手留余香的幸福。

饶正航是一个十分爱笑的人。微笑，在他看来，是人与人之间最美、最真诚的语言之一。初入水院，学校的各个社团开始选拔新人，饶正航加入了校青年志愿者协会（简称青协），成为了一只有爱的“小柠檬”。

初次接触志愿服务工作，饶正航充满好奇和新鲜，在工作上勤勤恳恳，随叫随到。那时候每次组织志愿活动，前期的准备工作总免不了要搬桌椅、搭帐篷、布置场地等。这些看是小事，但往往能够以小见大，考验一个人是否有大局意识和奉献精神。做活动的地方与存放桌椅帐篷的地方有一定距离，每次活动都要靠人力一张张搬到活动场地，经常一搬就是一两个小时。有时活动是在上午一下课就开始举行，而负责布置场地的同学为了不影响上课，需要在上午上课前完成场地布置。如果需要桌椅多的话，早晨6点多就得起来“干活”了，寒冬酷暑，也不例外。正因为如此，有些同学在经历了几次活动之后，就渐渐失去了热情，认为自己身为青协的干事就应该干点“高端”的事儿，而不是一天到晚在搬桌椅。而饶正航却很踏实，他总是在团队最需要帮助的时候主动站出来，勤勤恳恳地完成每一次学长学姐交代的任务，即使是搬桌椅帐篷的体力活，他也从不推诿，在青协做了一年干事，也做了一年苦力。因为他知道，往往是小事最能考验一个人的细心，锻炼人的意志，和“一屋不扫，何以扫天下”的道理一样。正是他的勤劳与踏实，让学长学姐和团委老师逐渐放心将一些重要活动交给他负责，培养他的领导能力。天道酬勤，他的努力和默默付出使他在换届竞选中成功当选了校青协的副会长。

爱心诚可贵，责任重如山。担任校青协副会长以后，饶正航感觉肩上的担子顿时重了不少，做活动也更加用心了。大学期间，他组织和参与过校自主招生志愿服务、暑期赴山区爱心支教、六十周年校庆志愿服务、浙江自然博物馆等校内外志愿服务活动三十余次，累计服务时长两百多个小时。此外，在母校的三年里，他前往浙江省血液中心无偿捐献血四次。多年的志愿服务，让他成为了杭州市 2015 年“最美大学生志愿者”候选人。“志愿者”这个词陪伴了他大学三年，他愿意一直做懂得感恩的人、敢于承担社会责任的人。他想用自身的一点力量让更多的人感受到社会的温暖和人与人之间的友爱。这是他想做的，也是他能做的。

用一段不长的时间，做一生难忘的事情

爱心支教，是饶正航在母校做过的最难忘的事。暑假学院要组建一支赴嵊州“感恩回馈社会，关爱留守儿童”支教实践小分队。作为青协的一员，作为一名党员，饶正航第一时间申请并成功加入支教团队。

在支教团队中，饶正航负责团队的财务工作以及给学生们上音乐课。虽然这些孩子年龄大小不一，各个年级的都有，但他们对音乐有着共同的热爱，这让他很开心，并有了更大的动力。他教的第一首歌是周华健的《朋友》……10 天的支教活动中，他教会学生们唱《朋友》《外婆的澎湖湾》和《团结就是力量》等多首歌曲，让孩子们在音乐中感受友情、亲情、正义和力量。

支教活动很快结束了，离开的那天，孩子们依依不舍，这更加坚定了饶正航从事志愿工作的决心。他在心里默默说道：一定会再来，一定努力让更多的人到更多需要帮助的地方去。

一分耕耘一分收获

对于学习，饶正航从大一开始，就保持着积极的态度，他所学的专业是与新西兰合作的专业，有一半的课程是外教授课，这就需要学生有较好的英语基础和口语水平。他的高考英语基础较差，在经过大学入学英语水平检测后，不出所料地被分配到了 LevelB 班（英语基础较差的班级），但饶正航没有就此放弃。每天早自习，他早早地就来到教室背单词背文章；口语课上积极发言，即使说得不好发音不标准，也硬着头皮站起来回答。因为他知道，口语是需要不断练习的，不大声说出来，永远也讲不出流畅的英语；上中外文化案例分析课时，他积极思考中外文化的差异，尽可能了解更多西方文化，这样不仅利于和外教交流，也有利于提升自己的英语知识面。就这样，通过一个学期对英语的“猛攻”，他的英语

成绩有了突飞猛进的提升，从 LevelB 班调到了 LevelA 班，与更高水平的同学一起学习。此外，他还成功获得了美国 TOEIC Bridge（托业桥）2013 年度中国地区奖学金。托业桥奖学金是美国教育服务考试中心推出的奖学金项目，该奖学金用于表彰学习成绩优异、积极参加课外活动、具备良好综合素质的中国托业桥考生。值得一提的是，该奖学金有 13000 多人申请，浙江省仅有两个名额。

刚进入大学，他很清楚专科并不是他大学生涯的最后一站。他给自己定了一个小目标，那就是三年后要参加专升本考试进入本科院校学习。在他看来，以专升本考试的难度，只要肯下功夫，静下心来认真学习，肯定能够考上自己心仪的学校，关键是不能掉以轻心，就像唐僧取经一样，每走一步都是在攻克一道难关。

在大三的第一个学期，他就开始复习备考，每天穿梭于图书馆、寝室和食堂，三点一线。漫长的努力终于获得了一个令自己满意的结果：被浙江工业大学计算机学院录取，就读软件工程专业。他相信，一分耕耘一分收获，幸福是需要靠自己的双手奋斗出来的。心中若有梦，就朝着这个梦想去努力，你付出多少，就会收获多少。

停下来，找对人生的方向再前行

大四，饶正航在杭州的一家准独角兽互联网公司实习，是一名 Web 前端开发程序员。后来，他到了浙江水利水电勘测设计院信息中心，做软件后台的开发。再后来，他到了中国人民财产保险温州市分公司信息技术部担任软件开发一职。

经过一年多的实习，他在软件开发专业技能方面有了很大的提升，但同时也感到自己并不适合做一名程序员，也许依靠现有的技术能够让自己在央企安稳度过下半生，但他始终不能从软件开发中找到乐趣。他意识到，人的一生还很长，需要在年轻的时候不断调整方向，找到真正适合自己的工作。于是，他毅然辞职，最终决定到泰顺烟草公司工作。泰顺县是浙江温州的一个欠发达县，生活水平较为落后。他来到泰顺烟草公司后，经常要跟一线的员工风里雨里跑市场，干配送、稽查假烟走私烟等累活。饶正航认为，任何事业都不会一蹴而就，从基层做起是一种很好的磨练，应该趁年轻踏实而努力地工作和学习。

做人如水，做事如山

浙江水利水电学院，一个留下他成长足迹的校园，他充满感激和热爱的母校。这里打造了一个不一样的他，从学生干事再到学生干部，一个经过磨炼成熟、不断成长的他，一个勇于拼搏、甘于奉献的他。母校，教会了他做人要如水一般温柔纯净，要有海纳百川的大度、适应百态的历练豁达、万变不离其宗的从容淡定、以柔克刚的聪慧与灵巧，要拥有一个平和的心态；做事要像山那样坚定、不动摇，勇于面对各种各样的困难和挫折，压不垮，推不倒，矢志不渝。作为一名水院学子，不管将来走到哪里，他都会秉承着“博学求实”的校训，上善若水的哲理和“奉献、友爱、互助、进步”的志愿者精神，不断充实自己，完善自己，奉献自己，脚踏实地，感恩社会，扎根基层，在新时代中实现自己的一番价值。

（供稿：国教学院）

扎根环材　奋斗不止

——记 2013 级工管 01 班校友、杭州稳牛建材有限公司总经理朱少波

朱少波，女，浙江水利水电学院 2016 届工程管理专业毕业，现任杭州稳牛建材有限公司总经理。

初见朱少波，觉得青春干炼，浑身散发着作为职场女性所具有的美好气质。在之后与她的交谈过程中，笔者更是深深感受到了其独特的人格魅力。

朱少波说话不急不缓、面带微笑，让人顿生亲切之感。她不仅热情地接受采访，还详尽地表述自己对于这份事业的理解，从容不迫地介绍着自己的学习生活经历。外貌年轻的朱少波，待人处事却成熟老练。

大　学　时　光

大学生活对于朱少波而言，是十分重要的一个阶段。在这几年中，朱少波学习到了很多，无论是专业技能还是待人接物上都有了很大提升。

朱少波说，虽然已毕业两年，但回首在建工学院度过的岁月，一切仍历历在目。

“大学最让我留恋的还是人，无论是谆谆教导的老师，还是日夜陪伴的室友，抑或是一起上课的同学，这份感情将永远珍藏在心中。”这是大学岁月给朱少波留下的最深刻的感悟。

为什么“人”扮演着如此重要的角色？朱少波解释道：“无论是现在读书，还是将来工作，最终都将围绕着‘人’。因为人是所有事物发展的前提，在社会中同样需要和各种各样的人打交道。”

在学习之余，朱少波还积极参加各类兼职，积累了丰富的经验。她的第一份兼职是做天猫的分拣员，但做了一次后，她就意识到这并不是自己今后想从事的工作。朱少波认为，自己应当做有技术含量有挑战的工作，而不是这样简单重复劳动，年轻人不应当追求安稳，而应大胆创新、努力尝试。

第二份兼职是做项目校园经理。在做校园经理期间，朱少波拥有年轻的团队（成员大多都是刚毕业几年的大学生），这段经历让她体会到作为领导者应尽的责任和拥有的权力。那是一段激情澎湃的岁月。朱少波说，这是她拥有的第一份相对正式的工作，并且这种生活与她梦想的职场生活很相近。

然而，现实远比理想更为残酷。在最初两个月，扫楼、贴海报所付出的泪水和汗水，却没有换回任何业绩的回报。在主管的再三鼓励下，朱少波选择了坚持，并成功激发了自身的积极性。从第三个月开始，慢慢地，朱少波从颗粒无收到有一两个单子，再到能够盈利，最后一举成为下沙校区销售第二名。说起这个，她眼睛里泛起了明亮的光，“虽然最终被奖励的只是一辆自行车，值不了多少钱，但这段奋斗的岁月却刻骨铭心。”

关于工作与专业是否需要对口的问题，朱少波表示，专业是否对口并不是最重要的，重要的是你想要做什么，什么是你喜欢的，你自身某方面的能力是否得到提升。年轻就是本钱，追寻梦想本就应该在当代大学生身上得到体现。

始于责任　终于人心

对于未来想从事的工作，朱少波在大学初期就进行了规划，充分研究了市场前景及发展现状。

2016 年毕业之后，朱少波先进入一家公司进行运作系统学习，主要是为了熟知具体流程和操作方法，为之后创业打下基础。

谈及令自己印象最为深刻的事件时，朱少波提到在刚毕业进入实习期的那段日子里，工作上的一件小事至今影响着她。那时恰逢公司举办周年活动，而分配给朱少波的工作是负责联系来访的客户，并安排好住宿问题。时值深秋，其余客户她都已安顿好，唯独一个从江苏赶来的客户迟迟未到达。虽然一直保持联系，但当朱少波得知对方是只身一人来到杭州，而且又是位女士时，她没有选择将这位客户委托给同事，而是一个人去车站等她，一直等到晚上 8 点。在这期间，老板多次打电话给朱少波，催促她回去，因为在老板看来，这个客户并不能为公司带来效益，没有必要浪费人力。但朱少波依旧继续在车站等，因为内心的声音告诉她，无论在何种岗位上，人都需要有责任心，生而为人，我们的眼睛里不能只有利益，若不以真心视人，又怎能让别人以真心待你？

事情的发展也如老板所料，这个客户在第二天的活动中确实没有和公司达成合作意向。但是，本着以服务为宗旨的原则，朱少波依旧待她如初，活动结束后，还亲自送她到车站，寒暄一番后才目送她离去。

在往后很长的一段时间里，朱少波和这位女士依旧保持着联络。在她看来，业务上的合作成与不成，除了硬件以外，更多的还是看缘分，但这并不影响彼此之间的情谊。迄今为止，只要是朱少波接待过的客户，她都保持着联系，如好友一般。

但是，故事到这里还未结束。一年后，朱少波开始自主创业，还是从事老本行，而这个客户也成了她的第一个客户，一直到现在都是非常支持她的朋友。

她说，服务的开始就是销售的开始。企业要想在激烈的市场竞争中立于不败之地，就要勇于承担责任。正所谓，始于责任，才能终于人心。

巾帼不让须眉

2016 年 10 月，在积累了一定的工作经验后，朱少波开始创业。这在外人看来过于大胆和冒进，但她还是咬牙坚持了下来。创业的契机是源于对硅藻泥涂料的接触与了解。环保材料与建筑材料结合，新颖又环保，符合社会发展的新理念、新趋势。

朱少波的公司运营快两年了，作为公司总经理，她掌管方方面面的事务。作为一个年轻女性，从事实业创业异常辛苦。在建筑行业内，很多都是三四十岁的男性老板，鲜有年轻女性。为了打拼出一片天地，朱少波常常工作到深夜，每次从工厂回来都灰头土脸，洗个澡化个妆又要赶去见客户。她正是凭借这股“巾帼不让须眉”的拼劲，才一步步走向成功。

对于创业的辛苦，朱少波说，一方面，自己责任重大、事务繁杂，大事小事都需一手抓；但另一方面，自己乐在其中，因为这是自己所热爱的事业。

在平时的工作中，朱少波一直秉持严肃认真的态度，对员工也是高标准严要求。“不让自己搞特殊”是她一贯的行事准则。虽然身为总经理，但她经常和员工一起，跑工地跑业务。她说：“每个人在工作时都要兢兢业业，作为领导更是要起到良好的带头作用。这是进入社会后所应该具备的品质。”

生　活　感　悟

如今，朱少波在事业上已经小有成就，公司也走上了高速发展的通道。但她反复强调，自己创业是建立在深刻了解这个行业的基础上的，这句话也送给那些想要创业而不知道从何着手的人。她表示，做实业如同造房子一样，需要慢慢搭垒基础，她对该行业也是从一无所知开始，到逐步搭建起整个公司的框架。创业如同西天取经，需经过九九八十一难方能修成正果，恒心、决心、信心，缺一不可。

与此同时，朱少波强调了学习的重要性。她认为，作为学生，仍然应该将学习放在首位，在大一大二期间，必须打下扎实的专业基础，到了大三大四，可以逐步去寻找和发现自己真正想要什么。对于自己内心想要做的事情，就要及时付诸行动。在今后漫长的职业生涯中，如果能够找到真正感兴趣的事情去做，将是一种难得的幸福。

在择业问题上，朱少波说，或许很多人都向往安稳平淡的工作，但其实创造财富的往往是那一小撮不甘安稳的人。在她看来，迎接挑战的感觉很好。如果一个年轻人什么都可以去做，却选择了最轻松的，那便是对人才资源的浪费。实业就是一条挑战自己、创造社会价值的道路，她为自己的选择自豪。

母 校 寄 语

对于母校，朱少波说，水院是她梦想开始的地方，也是她最念念不忘的地方。在母校的生活是充实而精彩的。难忘师恩，难忘母校。她衷心希望母校越办越好，更上一层楼。

（供稿：建工学院）

心怀灯塔　穿越迷雾

——记 2014 级计算机信息管理专业校友、合肥神之梯文化科技有限公司赛事总监程天泽

程天泽，温州乐清人，一个对新鲜事物保有强烈好奇心又敢于不断尝试的人，2014 年就读于国际教育交流学院计算机信息管理专业，2017 年毕业。

艺　考　失　利

高考几乎是所有人步入大学的一条必经之路，高考的成绩可能很大程度上决定了一个人能否实现他美好的大学憧憬。程天泽的高中成绩并不理想，尽管他所读的学校是当地管理最严、口碑最好的高中，但他在高中时将绝大部分精力花在了兴趣爱好上——他担任校摄影社社长、开办个人校园校友论坛、带领团队完成大型晚会，以一己之力完成累计 60 个小时的后期剪辑与包装等。

距离高考还有一学期左右的时间，有人建议他去尝试一下浙江传媒学院的艺

考，电影制作、编导类专业也许对他来说会是一个很好的机会，文化科目方面的要求也相对低一些。但程天泽的家长对此有所顾虑，毕竟去参加艺考的学生来自全国各地，而且很多人都是从刚上高中就报班培训专攻艺考，他们认为程天泽并不具有竞争力。虽然程天泽最后利用有限的几周时间备考，也顺利通过了浙江省艺术类统考，并顺利通过了广播电视编导（文编）、广播电视编导（电编）、电影制作、摄影摄像等四门专业课的面试及笔试，但令人遗憾的是，最终因几分之差，落榜了。

艺考失利对他打击很大。最初班里的同学得知他艺考大获全胜时，都开始喊他“程导”，但高考后其他同学大都步入本科院校，而他只能选择专科，并且是全班为数不多的几个。他的专业和大学志愿都是母亲帮忙填写的，因为那时候对于他来说，上哪所大学已经没有什么太大的区别了。面对家里人的安慰，他也知道自己这一跤摔得很重，没那么容易爬起来。

厚 积 薄 发

步入大学，一切都很新鲜，程天泽很快跟同学们打成一片，这种气氛也缓和了他因高考不如意带来的压抑情绪。他和同学们一起参加学院团学社联的招新，他也因优秀的表现得到了社联以及学生会的肯定，最终加入社联，之后还担任了社联副主席、辩才协会副会长、副班主任、班级的团支书等。

程天泽在同学的影响下开始接触网络游戏，玩游戏显然是一个非常花费时间的事情，为了只利用碎片化的时间玩游戏，他抛弃了玩一局就得占用大量时间的英雄联盟，改玩起了另一款游戏——炉石传说。

程天泽自己都没想到，自己居然有玩游戏的天赋。从最开始的新手，到后来的“传说等级”，再到后来登顶了中国服务器的第一名，接着他加入了游戏战队，开始参加国内的一些官方比赛，两次闯进了全国的 16 强。这一技能让身边的同学目瞪口呆。

他开始将自己所擅长的技能与游戏结合，做出了自己的第一期游戏视频，完全由他自己写文案、配音、解说以及独立完成所有的后期工作。他的视频以教学为方向，一出现便得到很多人的认可。因为笔记本电脑经常无法满足做视频的硬件需要，父母买来新的台式电脑，于是他就在寝室里日复一日地开始游戏教学视频的制作。

程天泽现在是一名游戏视频作者，他的第一个作品的名字叫做“看看怎么赢”，非常通俗易懂。凭借着精良的制作，这个作品在游戏圈子里广为人知。游戏官方还对他做了一次“黄金人物志”系列访谈，讲述了他是如何从一名普通的游戏玩家转变为一档精品游戏节目视频作者的。

大二时，有两家电竞公司向程天泽伸出了橄榄枝，邀请他去工作。由于学业尚未完成，他回绝了这份好意。他知道自己现在的主要任务，也知道这一切并非偶然，凭借自己扎实的自身素质，这样的机会还会很多，但现在显然并不合适。

心　怀　灯　塔

随着毕业季的来临，身边的同学们都开始了各自的实习之路。当要真正面对社会的时候，很多人都是迷茫的。但程天泽清楚自己现在要做什么，他一边实习，一边继续制作视频并运营。慢慢地，他的微博粉丝涨到一百、一千、一万，视频播放量也从最初的一千、一万变成了十万、百万。

面对繁重的前期、后期任务，一个人单枪匹马其实很难支撑下去。对于单纯的视频流量、有限的更新频率，他也很难做到对流量的有效变现。这样一来，现在所做的事情也会慢慢从实现梦想变成一种义务劳动。如果继续做虽然能为自己提供知名度与曝光度，但是眼下的生存问题就很难得到解决，若就此放弃，那之前的一切辛劳就付诸东流了。

程天泽开始尝试与视频平台合作、尝试去开直播以及接手一些后期工程，这样勉强能维持下去。虽然当时也有一些团队以及公司想找他担任视频后期，但均被他回绝了，因为他心里非常明确一点，他的优势是自己的作品，而不是单纯地去做一个视频编辑，只是为了一份工资的话，他也不会去从事这个行业，他希望把自己的兴趣爱好变成带有自己思想的作品。

“山重水复疑无路，柳暗花明又一村。”不久，程天泽迎来了一次难得的机遇。他参加了一次国际性的选拔赛，虽然在进入线下比赛前的决赛阶段的最后一刻被遗憾淘汰，但他以及他的节目，却引起了赛事主办方的兴趣。在一番交谈后，双方明确了合作的意向。这次，他完成了从一个视频作者到一个大型国际性赛事举办方团队成员的蜕变。

雏 鹰 展 翅

他受邀加入了一个初创电竞公司——合肥神之梯科技文化有限公司。因为他是游戏圈内的顶层玩家，参与了众多的大型赛事，又是圈内知名的教学视频作者，同时对网站建设也有自己的独到想法，公司给了他大展拳脚的天地。

因为是创业型公司，他的工作面就变得非常广，较强的综合素质使得他很快得到了团队的认可。经过一年的发展，公司从最初的 5 个人，到现在的十几个人，公司举办的国际性赛事的阵容也逐年强大。

在公司举办的“2018 年炉石传说神之梯国际精英赛”中，参赛的国内外选手有 2016 年的世界锦标赛冠军——Pavel（俄罗斯）和 2017 年的世界锦标赛冠军——Tom（中国台湾）等，可谓是众星云集。从赛事的前期筹备、赞助商的洽谈、赛事的规划到直播方、执行方等方面的工作，都由程天泽团队负责对接与开展。

现在他在公司担任赛事总监一职，负责线上线下的所有赛事相关工作。同时他已成为公司的一名股东，持有公司的股份，这也算是对他工作的一种肯定与认可。

从毕业到现在，入职的一年多时间里他为自己创造了机会，他相信自己，一步一步踏实地走着。

他从走出校园不过一年多的时间，通过自己的努力，有了一个很好的起点。从他的高中到大学，再从大学毕业到现在的这段经历，面临过或大或小的挫折以及人生的不如意，但他不放弃不颓废，找到了自己的方向。

程天泽从事的是电竞行业，这个行业对很多大学生来说非常有吸引力。电竞是一个非常大的产业，无数人心里都有一个电竞梦。

长 路 漫 漫

说到大学生活，他觉得大学是一个扬帆启航的地方。在大学里，可以更加自由，自由地交友、自由地学习、自由地生活，但这也要求你更加自律。在大学，你所学习的不仅仅是课本知识，更需要开始规划人生，并将自己的想法付诸实践。经历过大学，他觉得高考只是人生的一小部分，到了大学才发现人生的路完全掌握在自己手里，自己才是那个掌舵人。如果把一次的失意视作远航路上的一块礁石，你看到了，绕过去便是。

条条大路通罗马，每个人的路不尽相同，总有一条属于你自己的路。所以，对自己保持希望，谁都免不了遇到人生的低谷，只要能走出来，那便是一次成长！

程天泽希望，学弟学妹们看到自己的故事时能有所启发，人生难免不如意，只要重整行装、背上行囊勇往直前，一定能寻找到照亮自己远行的灯塔！

（供稿：国教学院）

以肌肤之柔，展创业之美

——记 2014 级市场营销（中新合作）专业校友、浙江淳尔生物科技有限公司董事长陈诺涵

在同龄人眼里，她就是那个明明可以靠颜值却偏要靠才华的新一代大学生创业者——国际教育交流学院市场营销（中新合作）专业 2017 届毕业生陈诺涵。陈诺涵于 2016 年创立护肤品牌 CHIN NHER，同年在香港注册，于 2017 年创办浙江淳尔生物科技有限公司。市场营销专业的她在创立品牌之初便大胆尝试电子商务等多种营销渠道，后来更是引入 O2O 的商业模式，现拥有多家线下 GHIN NHER 专业皮肤管理中心，线上产品与线下体验充分结合，在消费者群体中赢得了较好的口碑，为未来扩大经营规模奠定了基础。CHIN NHER 品牌的多效修护霜系列产品更是被评为“中国 3.15 诚信品牌”。

追寻梦想，不负青春

从高中拘谨约束的生活到大学里自主安排学习生活，很多人在这种转变中变得迷茫和不知所措，陈诺涵也是一样。当初满怀期待地踏入了大学的校门，但紧接着却是一种对大学生活的迷惑：在大学到底应该做些什么呢？大一时与大多数人一样，她平时准点上课，业余时间与三五好友相约玩耍，日子虽说平淡无奇，

却也有滋有味。

生活的转折往往出现在意想不到的节点上。2016 年微信正是大红大火的时候，她突然注意到微信里很多好友“偷偷”转行做起了微商，经营的产品类型也是五花八门，最多的当然是护肤品和化妆品，卖大牌 A 货的也是数不胜数。但是这些鱼龙混杂的微商卖的产品真的都可靠吗？尤其在护肤品这一类目下，许多打着“国货之光”的自有品牌大肆宣传自己堪比大牌的功效，但是又拿不出各类质检和成分说明，盲目跟风购买的消费者权益又该如何保障呢？这时陈诺涵就突然冒出了一个念头：别人都在做微商，为什么我不可以？我一定要做那个真正给消费者带来实惠的商家，一定要拿出真正具有卓越功效的产品！于是，在别人都宅在家里当快乐“肥宅”或者去找兼职赚零花钱的时候，她已经萌发出了创业的念头，并且研发自主品牌。从这一点上来说，她确实走在了很多大学生的前面。正如她自己说的那样：“在最值得奋斗的年华里努力追逐梦想，才能不负青春。”

千淘万漉虽辛苦，吹尽黄沙始到金

创业的想法是灵光一闪的成果，但真正创业的过程注定不会一帆风顺。之所以选择护肤品这一类别进行创业，陈诺涵有自己的考量。在传统的护肤品市场，质量参差不齐，消费者无法识别真正适合自己的产品，导致拥有问题肌肤的爱美人士越来越多。而国内外大小品牌眼花缭乱，但更多的还是在做明星效应以及投入大笔广告费用进行铺天盖地的宣传等。

陈诺涵的外公是皮肤科医生，她从小就被皮肤医学所吸引，她懂得护肤品必须靠恰当的浓度以及成分才能更好地发挥作用，因此她开始创立自主品牌，打造“纯净”的护肤品理念。在她的观念中，皮肤不仅是一层外表，更是一层生命组织，塑造健康的肌肤，是对生命的呵护。

接下来就是实践的过程——对产品进行研发。陈诺涵找到了专业的皮肤科医生针对护肤品配方进行探讨，力求研制出更适合亚洲人使用的护肤品，摒弃一切皮肤不需要的成分。但就像俗语所说：“千淘万漉虽辛苦，吹尽黄沙始到金”，研发过程十分漫长，即使成功的产品在试用过程中也会出一些小插曲，为了能够做出真正安全无害纯天然无添加的合格护肤品，研发团队一遍遍商讨产品配方配比，将不合格产品不断进行“回炉重造”等，最终，在经历了严格的质检环节后，陈诺涵团队的“CHIN NHER”产品达到可以投入生产的标准。看到自己团队研发出的产品成功了，这无疑是她最开心的一刻。

品牌的名称可谓是产品之魂，如何才能确立一个精准又打动消费者的名字，这使得当时还是大学生的陈诺涵绞尽脑汁。有一次外教课上，外教老师喊自己名字“Chen Nuohan”的时候不是那么标准，音译过来很像 CHIN NHER 的发音，于是“淳尔”这个名字就这样在她脑海里有了雏形。后来仔细一想，“淳”这个字在汉语中本身就有“朴实”的意思，正好符合品牌“纯净配比，至简至需”的理念，于是 CHIN NHER 这个品牌名就此敲定。2016 年，陈诺涵在香港正式注册了 CHIN NHER 品牌，给了消费者强有力的品牌保障。

品牌有了，产品有了，销售渠道呢？开实体店铺显然不太现实，一是开店成本太高，作为学生的陈诺涵无法负担；二是 CHIN NHER 作为自主品牌，在大众群体间认知度不高，难以进行传统营销。于是正值火爆的微商成为了她进行销售的绝佳平台。为了先招揽消费者，她前期通过微信朋友圈的平台进行宣传，逐渐有了第一批稳定的客源。因为产品的真实效果出众，这些客户渐渐成为了她的代理，开始分销 CHIN NHER 产品，此举大大提高了品牌知名度。之后在多位代理的齐心协力推广下，越来越多抱着尝试心态的消费者逐步成为稳定的客源。

摆在她面前的挑战一个接着一个。在销售产品前期，总是有人在不断质疑：你们家的产品真的有这么好？我之前怎么从来没听说过？你宣传的产品纯净配比又是什么意思？对消费者来说真的有用吗？售后有保障吗……诸如此类的问题有时她一天就要回答上千遍。创业前期，招不到代理，只能是每天自己在拼，从工厂订货到线上接单，充当客服、寄送快递、处理售后、整理宣传资料等都是她一手操办。

“说到辛苦，确实是有点，因为自己一个人身兼数职，每天忙到要飞起来，但其实是越忙越开心，因为忙就证明我的产品卖得好啊！看到这么多人因为使用了我的产品解决了困扰多年的皮肤问题，心里真的是美滋滋的，觉得自己的付出都有了回报。当然，也要非常感谢创业之初支持我的家人朋友和老师，他们是我坚实的后盾，有了他们我才能后顾无忧地一直往前走。”谈起自己从前的种种，她有些释然又有些感慨地说道。

从 2016 年创立 CHIN NHER 品牌，同年在香港注册，短短一年时间，陈诺涵没有停下前进的脚步，2017 年又创办了浙江淳尔生物科技有限公司。有了公司实体，她的创业之路也终于走上正轨。

对于创业，她有自己的想法：“创业是一场没有止境的长征。不要期望等创业成功之后如何如何，要享受创业的过程，在创业过程中实现自己生活中方方面面的理想。”

她就是这样对待自己的生活，终于在万千砂砾中淘到了属于自己的那颗黄金。

不忘使命，砥砺前行

在创业的长征路上，陈诺涵一直都有着自己清晰的认知。

“O2O 模式是很成熟的商业模式，也是我自己一直推崇的方式。之前因为资金的短缺以及管理经验的不足，我觉得自己没有足够的能力去经营线下的实体店面。但是有了这两年的经验加持，我现在终于有底气去开属于自己的门店了!”经过两年创业的积累，她在自己家乡台州运营了线下 CHIN NHER 专业皮肤管理中心。简约的装修风格，精准的美容仪器，专业的皮肤管理团队，无不彰显着她对自己品牌一直持有的专业负责态度。

“CHIN NHER 一直以纯净、高效、精简、以人为本的科技创新作为自己发展的动力，我的线下皮肤管理中心也是严守这个标准。”她每次谈及自己的品牌总是自信满满，让人很受鼓舞。

目前，陈诺涵已在台州开了几家门店，未来她希望可以在杭州、宁波、浙江省甚至是全国范围内都有自己的线下门店，让更多人免受问题肌肤困扰。

成功总是垂青于有头脑的人，仅用了短短的两年时间，她就从一个普通的大学生，一跃成为小有成就的创业者。陈诺涵相信，自己的公司销售链日趋完善，各方面都将稳步上升。

戒骄戒躁，展望未来

陈诺涵始终有清晰的人生规划，她相信厚积才能薄发。在校期间，她一直在各方面严格要求自己，努力学习专业知识，弥补自身的不足。特别注意各方面的均衡发展，锻炼自己的综合能力。她性格开朗，乐观向上，乐于助人，在她的脸上经常可以看到自信、感染力超强的笑容。

即使在同龄人看来她已经是个“小富婆”，但她也没有丝毫的骄傲，她说：“我创业只是刚起步，我对未来还是充满信心。每个人的人生都是靠自己去创造的，这个过程是很难熬的，但是只要用积极的心态去披荆斩棘，就能把握住人生航向。未来的征程我会更加努力，创造更美好的未来，为美丽做出我应有的贡献。”就像很多刚毕业的大学生一样，陈诺涵有着年轻的血液、蓬勃的朝气，以及“初生牛犊不怕虎”的精神，而这些都是一个创业者应该具备的素质。

谈到母校，她有一肚子的话想说：“四年前，我拖着行李箱匆匆地迈进了这个校园，迈进了一个陌生、全新的大学世界里，从没想过自己会在象牙塔里这样快速地成长起来。母校，留给她太多美好的回忆，有太多珍贵的记忆。亲爱的母校是我人生的一个起点，教给我知识与财富，让我的生命中有了一道绚丽的彩虹，让我有了创业的勇气。衷心感谢我的母校！”

将自己的梦想分解为目标，将目标细化为具体的计划，将计划付诸行动，直到成功。陈诺涵的创业之路还在继续，祝愿她未来能够有更为出色的成绩，收获更大的成功！

（供稿：国教学院）